国家社科基金
后期资助项目

# 联盟政治：
# 两次世界大战之间的欧洲外交

黄宇兴　著

社会科学文献出版社
SOCIAL SCIENCES ACADEMIC PRESS (CHINA)

图书在版编目（CIP）数据

联盟政治：两次世界大战之间的欧洲外交／黄宇兴
著 . -- 北京：社会科学文献出版社，2024.6（2025.9重印）
国家社科基金后期资助项目
ISBN 978-7-5228-3346-0

Ⅰ . ①联…　Ⅱ . ①黄…　Ⅲ . ①外交史-欧洲-1919-
1938　Ⅳ . ①D850.9

中国国家版本馆 CIP 数据核字（2024）第 051262 号

国家社科基金后期资助项目

## 联盟政治：两次世界大战之间的欧洲外交

著　　者／黄宇兴

出 版 人／冀祥德
责任编辑／高明秀
文稿编辑／贾宏宾
责任印制／岳　阳

出　　　版／社会科学文献出版社·区域国别学分社 （010）59367078
　　　　　　地址：北京市北三环中路甲 29 号院华龙大厦　邮编：100029
　　　　　　网址：www . ssap . com . cn
发　　　行／社会科学文献出版社 （010）59367028
印　　　装／河北虎彩印刷有限公司

规　　　格／开 本：787mm×1092mm　1/16
　　　　　　印 张：16.75　字 数：290 千字
版　　　次／2024 年 6 月第 1 版　2025 年 9 月第 2 次印刷
书　　　号／ISBN 978-7-5228-3346-0
定　　　价／89.00 元

读者服务电话：4008918866

# 国家社科基金后期资助项目
## 出版说明

  后期资助项目是国家社科基金设立的一类重要项目，旨在鼓励广大社科研究者潜心治学，支持基础研究多出优秀成果。它是经过严格评审，从接近完成的科研成果中遴选立项的。为扩大后期资助项目的影响，更好地推动学术发展，促进成果转化，全国哲学社会科学工作办公室按照"统一设计、统一标识、统一版式、形成系列"的总体要求，组织出版国家社科基金后期资助项目成果。

全国哲学社会科学工作办公室

# 目　录

# 导　论

## 研究问题

依据国家之间是否存在安全冲突和安全承诺，国家间的战略关系可分为四类：敌对性竞争、预防性竞争、战略性合作和联盟。前两类为冲突关系，后两类为伙伴关系。① 联盟是一种特殊的伙伴关系，即有安全承诺的伙伴关系。联盟是指成员国家在与某个国家发生武装冲突时成员国家间承诺彼此互助的预期。② 联盟定义了潜在的朋友和对手。③

本书致力于研究 5 个理论问题。①为什么大国结盟（结伴）关系会引发公开的或者秘密的军事协作，或者无法引发军事协作？②结盟大国履行安全承诺的条件是什么？③大国与中小国家结盟的条件是什么？④大国推动与之结盟的多个中小国家之间建立新的安全承诺的条件是什么？④⑤小国集团形成共同政策的条件是什么？④ 这 5 个理论问题可分为三类。第一类问题围绕大国间联盟或伙伴关系展开，主要涉及问题①、②。第二类问题围绕大国-小国间联盟或伙伴关系展开，主要涉及问题③、④。第三类问题围绕小国间的联盟或伙伴关系展开，主要针对问题⑤。这一分类奠定了本书讨论联盟与伙伴关系的基本框架。

既有理论以"安全利益"和"国内政治体制/意识形态"作为解释

---

① 孙德刚和李典典认为，安全伙伴指两个或两个以上国家针对共同威胁而形成的正式或非正式安全合作关系，包含四个要素：行为体为主权国家，合作议题为国际安全，合作指向为共同威胁，合作载体为正式或非正式协定。相关讨论参见孙德刚、李典典《俄乌冲突与中东安全伙伴的异化》，《国际政治科学》2023 年第 1 期，第 40 页。

② Glenn H. Snyder, "Alliance Theory: A Neorealist First Cut," *Journal of International Affairs*, Vol. 44, No. 1, 1990, pp. 104-105；曹玮：《不对称同盟下的小国：行为模式与理论启示》，中国社会科学出版社 2021 年版，第 27—28 页；刘丰：《美国联盟政治研究与国家安全》，《中国社会科学报》2022 年 9 月 15 日，第 5 版。

③ Glenn H. Snyder, *Alliance Politics*, Ithaca: Cornell University Press, 1997, p. 6.

④ 本书讨论的共同对外政策特指共同的安全政策。

联盟和伙伴关系形成及运转的主要条件,[①] 增进了学界关于联盟与伙伴关系性质、特点和变化的认识。然而,既有理论存在两个明显局限,即选题局限和经验局限。在选题局限方面,既有理论缺少对大国间军事协作和小国间政策协调明确的理论解释。在经验局限方面,既有理论的主要经验基础是欧洲国家之间的联盟与伙伴关系。显然,即使对这些应做出解释的案例,既有理论也力不能支。

在既有理论的基础上,笔者提出了关于联盟与伙伴关系的五个新理论,即"能力分异理论""再结盟理论""功能分异理论""谈判能力理论""协调对象理论"。笔者主要提出了以下新观点:大国间相对能力的变化趋势影响伙伴关系能否促成军事协作及表现为何种形式;大国间再结盟的可能性影响结盟大国是否履行安全承诺;小国是否对大国排他性地提供战略资源影响双方结盟的成败;大国对小国的谈判能力影响一个大国能否在多个中小盟国之间建立新的安全承诺;小国集团协调的对象由一个变为多个导致其无法形成共同对外政策。

由此,笔者尝试在三个方面做出理论创新:一是解释既有理论没有解释的新选题,讨论大国间军事协作和小国间政策协调形成的条件;二是提出既有理论忽视的新的因果机制,如以大国再结盟的可能性解释大国履约的条件,以大国与小国之间的"功能分异"解释结盟成败,以大国对多个弱小盟国的"谈判能力"解释联盟转型结果;三是以应被既有理论解释的案例作为改进和完善理论的经验基础,并凸显在多边档案基础上通过跨国比较进行案例研究的理论意义。[②]

---

① 对既有理论相关评述可参见于铁军《国际政治中的同盟理论:进展与争论》,《欧洲》1999年第5期,第14—25页;尹继武《国际关系中的信任概念与联盟信任类型》,《国际论坛》2008年第2期,第55—61页;尹继武《国际关系中的联盟信任形成研究:一项基本评估》,《外交评论》2008年第2期,第105—113页;张景全《观念与同盟关系探析》,《世界经济与政治》2010年第9期,第109—120页;刘丰《国际政治中的联合阵线》,《外交评论》2012年第5期,第56—67页;周建仁《联盟形成理论:评估及对中国的政策启示》,《当代亚太》2012年第3期,第40—63页;宋伟《联盟的起源:理性主义研究新进展》,《国际安全研究》2013年第6期,第3—23页;凌胜利《联盟管理:概念、机制与议题——兼论美国亚太联盟管理与中国的应对》,《社会科学》2018年第10期,第16—25页;董柞壮《从战略到机制——联盟议题研究进展》,《中国社会科学报》2020年6月11日,第4版。这些评述对笔者归纳和整理既有理论的脉络极有帮助。

② 黄宇兴:《国际关系史研究的理论意义》,李丹慧主编《冷战国际史研究》第28辑,世界知识出版社2019年版,第171—175页。

## 研究方法

笔者以 1919—1941 年欧洲国家之间的联盟和伙伴关系的案例（以下简称"这一案例"）检验和发展理论。笔者选择这一案例有三个原因。首先，这一案例是既有理论的经验基础，[①] 也是既有理论应解释的案例。如果既有理论对这一案例缺少足够的解释，那么既有理论应当被改进和完善。例如，美国学者罗伯特·罗森斯坦（Robert Rothstein）和英国学者马丁·怀特（Martin Wight）都以小协约国为例，讨论小国集团的政策协调。前者认为小国联盟的意义有限，而后者强调小国联盟难以形成共同政策。[②] 与二人的案例选择相同，笔者在第六章也将依托小协约国的案例分析小国集团的政策协调；与二人的研究观点不同，笔者将阐述小国集团形成共同对外政策的条件。这种"案例选择"既可更为有效地揭示既有理论的局限，又可改进和完善既有理论。

其次，这一案例涉及的欧洲国家数量较多，各国之间的内外政策差别较大。这一案例涉及 5 个大国（英国、法国、德国、意大利、苏联）和 9 个中小国家（捷克斯洛伐克、波兰、罗马尼亚、匈牙利、南斯拉夫、保加利亚、爱沙尼亚、拉脱维亚和芬兰）。这些国家对外部威胁的认知不同，彼此之间的政治体制差异很大。在不同的历史阶段，这些国家采取了不同的联盟政策，形成了不同形式的联盟和伙伴关系。基于这种跨国差异讨论关于联盟和伙伴关系的共性有利于提高理论的解释力和理论的适用范围。在第二章至第六章，笔者将结合具体的理论选题，讨论依据这一案例控制变量并检验假设的具体方法。

最后，这一案例对人类历史的发展产生了重要而深远的历史影响。相关国家之间联盟和伙伴关系变化的一个重要的结果是第二次世界大战的全面爆发。这不仅意味着既有世界秩序的彻底颠覆，也导致数以千万计的军

① Robert Jervis, "Political Science Perspectives," in Robert W. D. Boyce and Joseph A. Maiolo eds., *The Origins of World War Two: The Debate Continues*, New York: Palgrave Macmillan, 2003, pp. 207-226; Jeffrey W. Taliaferro, Norrin M. Ripsman, and Steven E. Lobell, eds., *The Challenge of Grand Strategy: The Great Powers and the Broken Balance Between the World Wars*, Cambridge: Cambridge University Press, 2012.

② Robert Rothstein, *Alliances and Small Powers*, New York: Columbia University Press, 1968, p. 169; Martin Wight, *Power Politics*, Leicester: Leicester University Press, 1978, pp. 133-135.

人和平民死于战火。因此，这一案例兼具重要的理论意义和经验意义。

为检验既有理论和发展新理论，本书采用定性比较方法，聚焦于既有理论和新理论涉及的概念之间的因果关系。本书将分析欧洲相关国家对国家利益的界定、关于外部威胁的判断、外交谈判过程以及军事政策措施等。本书着重勾勒相关国家主要政策演变的过程，阐释多个国家之间关系变化的时机，从而衡量不同的因素可能造成的影响。在掌握丰富经验证据的基础上，本书分析两次世界大战之间欧洲国家结盟或结伴案例的因果关系，并探寻内在规律。

本书广泛利用大量档案资料和学术著作，将理论构建置于坚实的经验基础之上。本书利用英文、德文、中文的原本或译本档案，涉及英国、法国、德国、意大利、苏联、美国、奥地利、波兰、捷克斯洛伐克、罗马尼亚、匈牙利等国的资料。英国档案主要包括《英国外交政策文件集》。法国档案主要包括《法国外交白皮书》。德国档案主要包括《德国外交政策文件集》《德意志人在匈牙利的命运》《德意志人在罗马尼亚的命运》。意大利档案主要包括《齐亚诺外交文件》《齐亚诺未公开日记：1937—1938年》《齐亚诺日记：1939—1943年》。苏联档案主要包括《第二次世界大战前夜的文件和材料》《第二次世界大战期间苏联为争取和平而斗争（1938年9月—1939年8月）》《苏联历史档案选编》《德国、苏联、共产国际（第二卷）：1918—1943年的档案》。美国档案主要包括《美国外交政策文件集》。其他当事国档案主要包括《奥地利共和国外交文件集（1918—1938）》（第8—12卷）、《关于波德关系和波苏关系的官方文件：1933—1939年》、《外交官在柏林：1933—1939年》、《外交官在巴黎：1936—1939年》、《慕尼黑历史的新文件》、《德国与捷克斯洛伐克：1918—1945年关于德国政策的档案》、《关闭的大门之后：关于罗马尼亚-苏联谈判失败的秘密文件（1931—1932年）》、《一个罗马尼亚外交官的回忆：1918—1969年的日记与回忆录》、《希特勒、霍尔蒂、墨索里尼的联盟：1933—1944年的匈牙利外交档案》、《1938年8月匈牙利领导人对德国的官方访问》等。①

---

①　本书所利用的英国档案主要包括 *Documents on British Foreign Policy, 1919 - 1939* [*DBFP*], London：Her/His Majesty's Stationery Office, various years。法国档案主要包括 *The French Yellow Book：Diplomatic Documents, 1938-1939*, New York：Reynal & （转下页注）

关于上述档案资料，有必要指出以下三点。（1）《德国外交政策文件集》C 辑（第 1—6 卷）、D 辑（第 1—13 卷）（英文版），共包含 11910 件编号档案和百余件补充档案。该文件集系统地收入了纳粹德国

（接上页注①）Hitchcock，1940。德国档案主要包括 *Documents on German Foreign Policy，1918-1945* ［*DGFP*］，Washington，D. C.：United States Government Printing Office，various years；Bundesministerium für Vertriebene，Flüchtlinge und Kriegsgeschädigte，*Das Schicksal der Deutschen in Ungarn：mit einer Karte*，München：Deutscher Taschenbuch Verlag，2004；Bundesministerium für Vertriebene，Flüchtlinge und Kriegsgeschädigte，*Das Schicksal der Deutschen in Rumänien：mit zwei Karte*，München：Deutscher Taschenbuch Verlag，2004。意大利档案主要包括 *Ciano's Diplomatic Papers*，London：Odhams Press，1948；*Ciano's Hidden Diary，1937-1938*，New York：Dutton，1953；〔意〕加莱阿佐·齐亚诺著，〔美〕休·吉布森编《齐亚诺日记：1939—1943 年》，武汉大学外文系译，商务印书馆 1983 年版；G. Bruce Strang，"Imperial Dreams：The Mussolini-Laval Accords of January 1935，" *Historical Journal*，Vol. 44，No. 3，2001。苏联档案主要包括《第二次世界大战前夜的文件和材料》（第二卷），狄克逊存件，苏联外交部公布，莫斯科：苏联外国文书籍出版局 1948 年版；苏联外交部编《第二次世界大战前夕苏联为争取和平而斗争（1938 年 9 月—1939 年 8 月）》，外交学院译，莫斯科，1971 年版；沈志华总主编《苏联历史档案选编》，社会科学文献出版社 2002 年版；Hermann Weber，Jakov Drabkin，Bernhard H. Bayerlein（Hrsg.），*Deutschland，Russland，Komintern，II. Dokumente，1918-1943*，Berlin：De Gruyter，2015。美国档案主要包括 *Foreign Relations of the United States* ［*FRUS*］，Washington，D. C.：United States Government Printing Office，various years。奥地利档案主要包括 *Außenpolitische Dokumente der Republik Österreich，1918-1938* ［*ADÖ*］，Wien：Verlag für Geschichte und Politik，Bande 8-12，2009-2016。波兰档案主要包括 *Official Documents Concerning Polish-German and Polish-Soviet Relations，1933-1939*，London：Hutchinson，n. d；Stephan M. Horak ed.，*Poland's International Affairs，1919-1960：A Calendar of Treaties，Agreements，Conventions，and Other International Acts，with Annotations，References，and Selections from Documents and Texts of Treaties*，Bloomington：Indiana University，1964；Józef Lipski，*Diplomat in Berlin，1933-1939*，New York：Columbia University Press，1968；Juliusz Łukasiewicz，*Diplomat in Paris，1936-1939：Papers and Memoirs of Juliusz Łukasiewicz*，New York：Columbia University Press，1970。捷克斯洛伐克档案主要包括苏联外交部、捷克斯洛伐克外交部编《慕尼黑历史的新文件》，蔡子宇译，世界知识出版社 1962 年版；Koloman Gajan and Robert Kvaček，et. al.，*Germany and Czechoslovakia：1918-1945：Documents on German Policies*，Prague：Orbis，1965。罗马尼亚档案主要包括 Walter M. Bacon，Jr. ed.，*Behind Closed Doors：Secret Papers on the Failure of Romania-Soviet Negotiations，1931-1932*，Stanford：Hoover Institution Press，1979；G. H. and M. A. Bossy，eds.，*Recollections of a Romanian Diplomat，1918-1969：Diaries and Memoirs of Raoul V. Bossy*，Vols. 1-2，Stanford：Hoover Institution Press，2003。匈牙利档案主要包括 Magda Ádám，Gyula Juhász und Lajos Kerekes，*Allianz Hitler-Horthy-Mussolini：Dokumente zur ungarischen Aussenpolitik，1933-1944*，Budapest：Akadémiai Kiadó，1966；Thomas L. Sakmyster，ed.，"The Hungarian State Visit to Germany of August 1938，" *Canadian Slavic Studies*，Vol. 3，No. 4，1969，pp. 677-691。

对外政策制定和执行过程中产生的会议纪要、内部备忘录、与外国领导人谈话记录等资料，是研究第二次世界大战起源和欧洲各国联盟关系变化的核心证据。然而，笔者尚未在国内的任何图书馆中见过完整的《德国外交政策文件集》。① 本书大量参考、引用了该文件集。

（2）《希特勒、霍尔蒂、墨索里尼的联盟：1933—1944 年的匈牙利外交档案》（德文版），是匈牙利科学院 1966 年编辑出版的官方文件集，包括大量德文原件以及由匈牙利文译成德文的匈牙利文件。该文件集系统地记录了 1933—1944 年匈牙利与意大利、德国交往的情况。这一文件集对本书研究极有帮助。首先，笔者可使用匈牙利档案分析德国的对外政策。匈牙利曾与意大利形成针对德国的战略伙伴关系。在德意力量对比逆转后，匈牙利曾谋求与德国结盟。1938—1940 年，德国和意大利仲裁了匈牙利-捷克斯洛伐克、匈牙利-罗马尼亚之间的边界，即两次"维也纳仲裁"，并与匈牙利结盟。因此，匈牙利的相关文件为笔者讨论德国对外政策提供了很大帮助。其次，在文集跨越的时间段内，匈牙利与意大利的关系始终比较亲密，而意大利与南斯拉夫的关系则出现明显变化。在匈牙利与南斯拉夫关系持续紧张的情况下，匈牙利与意大利领导人关于南斯拉夫问题的谈话颇具参考价值。这些资料既能反映意大利对南斯拉夫政策的变化，又能反映南斯拉夫对意匈关系判断的变化。最后，在该文集跨越的时间段内，匈牙利与波兰之间一直存在友好合作关系。波兰与罗马尼亚之间存在联盟关系。在匈牙利与罗马尼亚关系持续紧张的情况下，匈牙利领导人向德国和意大利两国的领导人介绍波匈关系的情况。这对笔者讨论波匈关系和罗匈关系极有帮助。该文件集成为笔者论述德国对外政策、南斯拉夫问题和波罗联盟的重要支撑。

（3）《奥地利共和国外交文件集（1918—1938）》（德文版），此为近年来奥地利科学院陆续编辑并结集出版的档案集。该文件集系统地呈现了奥地利与意大利和德国交往的情况，也涉及奥地利与其他国家（如捷克斯洛伐克）交往的情况。在两次世界大战之间，纳粹德国曾不惜对奥地利使用武力以推动德奥合并，而法西斯意大利曾不惜使用武力抵制

---

① 据笔者了解，中山大学从英国古籍收藏家 Anthony Hall 处购得 2.4 万余册中东欧研究领域的图书，其中包含约十卷《德国外交政策文件集》。中山大学珠海校区图书馆可能是国内拥有该套档案卷数最多的图书馆。

德奥合并。事实上，法西斯意大利是唯一使用武力成功慑止纳粹德国对外扩张的国家。奥地利问题是影响德意关系的关键因素，而德意关系的变化则是影响欧洲战略格局走向的重要因素。因此，研究者可利用奥地利档案分析德意关系的变化。此外，出于历史传统和地理邻近的原因，奥地利与捷克斯洛伐克的交往也比较密切，而捷克斯洛伐克外交危机的升级是欧洲战争策源地形成的标志性事件之一。因此，该文件集成为笔者探讨德意关系变化、捷克斯洛伐克对外政策和世界大战爆发的重要参考资料。

除档案文献外，本书也广泛借鉴和利用相关学术成果。欧美各国一般以 30 年为期解密相关档案文献。第二次世界大战结束后，欧美各国清算战争罪犯的政治需要大大加快了相关档案解密的速度。因此，20 世纪 60 年代，欧美各国出现了对两次世界大战之间的欧洲外交研究的学术热潮。然而，受限于当时的社会条件，中国的图书馆很少引进这一时期国外出版的相关学术著作。

2012 年起，笔者在美国开始对相关资料编制索引清单并撰写笔记。在中国的图书馆中，外交学院图书馆比较系统地保留了与国际关系和对外政策有关的中文图书资料。2013 年 8—11 月，在外交学院老师们的帮助下，笔者逐册整理了该校图书馆保存的 30 万册图书，对其中近 900 本相关著作撰写了研究笔记。这使得笔者有机会了解国内图书馆相关资料的馆藏情况，也为 2013—2016 年笔者系统地比对中国和美国各主要图书馆相关馆藏资料奠定了基础。2017—2020 年，笔者继续在国内图书馆收集和整理与本书写作有关的资料。利用这期间的所有寒暑假，笔者三次在美国、三次在德国的不同研究机构做访问学者，累计半年以上。2023 年 3—6 月，笔者又利用中山大学和牛津大学图书馆的资料对本书做了补充和修订。在本书写作过程中，笔者既利用相关学术成果补充完善档案文献，又吸收学术成果所提出的学术观点。①

---

① 例如，马里奥·托斯卡诺（Mario Toscano）的两本代表著作《钢铁联盟的起源》《外交的设计：20 世纪欧洲外交史的篇章》均大段摘录了意大利外交档案的原文；其学术观点对笔者分析德国对苏政策、对意政策帮助很大。Mario Toscano, *The Origins of the Pact of Steel*, Baltimore：Johns Hopkins University Press, 1968；Mario Toscano, *Designs in Diplomacy：Pages from European Diplomatic History in the Twentieth Century*, trans. by George A. Carbone, Baltimore：Johns Hopkins University Press, 1970.

　　在写作过程中，笔者尝试实现两个目标。其一，检验和发展关于联盟与伙伴关系的理论。笔者曾依据中国古代和当代的外交案例检验和发展相关理论。① 与之相比，本书则尝试依据西方国家的外交案例创新理论。在笔者看来，中国学者对西方案例的熟悉程度相对较低，以西方案例进行理论创新的难度相对较大。然而，以西方案例进行理论创新可更为有效地揭示既有理论的局限，也会为基于跨地区、跨国别、跨时段的理论研究创造条件。笔者希望通过本书的研究表明，研究者不应假定西方学者发明的国际关系理论必然能够充分解释西方学者熟悉的经验事实；研究者利用经典案例研究经典问题仍然能够实现理论创新；中国研究者利用西方学者熟知的案例也能实现理论创新。其二，通过分析国内不易获得的档案文献和学术著作，强调中东欧的中小国家的联盟及伙伴关系对第二次世界大战爆发的影响。中东欧的中小国家的跨国族群纽带与多民族国家的国内矛盾互相交织，影响了这些国家的国内政治生态和国际环境。因此，这些国家通过与外国结盟实现本国内政和外交的目标。同时，这些国家从地理上分隔了欧洲的大国。没有中东欧的中小国家的支持，大国很难超越地理限制投射自身的权力。因此，大国经常将中东欧的中小国家作为结盟或结伴的目标。中小国家的民族诉求与大国投射权力的需求相结合。结果，联盟与伙伴关系伴随着使用武力或威胁使用武力。因此，理解中东欧的中小国家联盟和伙伴关系的形成、运行与解体是理解第二次世界大战爆发和地缘政治变迁的一把钥匙。

**研究局限**

　　本书将展示两次世界大战之间欧洲外交案例的理论意义和历史影响。如后文所述，就联盟和伙伴关系的理论而言，这一案例是既有理论应解释的案例，又是既有理论无法充分解释的案例，还是影响人类历史走向的案例。这一案例兼具重要理论意义和重大历史影响。因此，能解释这

---

①　陈琪、黄宇兴：《国家间干涉理论：春秋时期的实践及对当代中国的启示》，社会科学文献出版社 2012 年版；Yuxing Huang, "An Interdependence Theory of Wedge Strategies," *Chinese Journal of International Politics*, Vol. 13, No. 2, 2020, pp. 253 - 286；Yuxing Huang, *China's Asymmetric Statecraft：Alignments, Competitors, and Regional Diplomacy*, Vancouver：University of British Columbia Press, 2023。

一案例的理论要远远好于虽能解释其他相对不重要案例却不能解释这一案例的其他理论。本书以这一案例评估既有理论的解释力，重塑了既有理论，并提出了新的理论。尽管如此，笔者也注意到运用上述方法可能存在的局限。对此，笔者尝试做出回应。

第一，两次世界大战之间的欧洲国际关系不仅仅是欧洲国家间互动的结果。那么，如何处理欧洲之外的国家对欧洲国际关系的影响？笔者认为，讨论欧洲国家之间的互动不可能完全脱离欧洲之外国家的影响，特别是美国和日本的影响。对此，笔者通过概念界定尽量降低这种影响。在本书开篇，笔者将联盟关系定义为成员国家与其他国家发生武装冲突时，成员国家间彼此进行互助的预期。在后文中，笔者将在某个地区具有军事优势能力的国家定义为"大国"。由此，1919—1941年在欧洲缺少军事存在的美国和日本就被排除于本书的案例分析之外。这并非否定美国或日本对欧洲的国际关系的影响，而是强调在这一时期美国或日本不足以对欧洲国家的结盟决策产生决定性作用。这种判断是有事实依据的。无论是美国的决策者还是欧洲国家的领导人都未将美国作为欧洲联盟政治的主要参与者。在第二次世界大战全面爆发之前，日本极力避免参与欧洲战事。在德苏关系日益尖锐之时，日本与苏联签订了《苏日中立条约》。在第二次世界大战全面爆发之后，日本与其欧洲盟国的军事互助极为有限。[①]因此，笔者聚焦欧洲国家讨论联盟的决策与实践。

第二，依据特定时空的案例研究推导理论可能削弱理论的适用性。例如，在分析联盟管理成败时，苏若林和唐世平指出，既有研究主要关注第二次世界大战结束之后的美国-西欧联盟、美国-东亚联盟或社会主义国家之间的联盟。"受到研究题目的局限，这些分析所得出的结论大多只限于解决单一联盟的问题，不具有广泛的适用性。"[②]笔者赞成这一观点。依据两次世界大战之间欧洲国家的实践而得出的结论能否用于其他历史时期和其他地区？为回应这一问题，在分析理论假设时，笔者一般依据1919—1941年之外的时间段涉及的案例展开讨论，并穿插应用欧洲

---

① 武向平：《1936—1941年日本对德同盟政策研究》，社会科学文献出版社2020年版，第316—318页。

② 苏若林、唐世平：《相互制约：联盟管理的核心机制》，《当代亚太》2012年第3期，第9页。

地区之外的案例。例如，在阐述第三章的假设时，笔者讨论了 19 世纪初欧洲大国履行安全承诺的案例。在阐述第五章的假设时，笔者讨论了冷战时期美国对弱盟友的谈判能力。这种方式有助于笔者在兼顾经验案例深度与广度的基础上拓展理论的解释力和时空性。当然，成功地依据特定时空经验推导普适性理论需要将地区研究和理论研究更紧密地结合起来。这也是笔者在未来研究中应努力的一个方向。

第三，特定时空的案例可能无法包含检验假设所需的所有案例。例如，第三章的法苏联盟和德意联盟的案例包含了检验自变量和因变量每个取值所需的案例，但并不包含检验自变量与因变量每条因果路径所需的案例。对此，笔者的回应是，这是本书所涉及的所有因果路径中唯一无法用两次世界大战之间欧洲国家联盟案例直接检验的。笔者检验了五个理论涉及的每个假设，仅缺少对其中一个假设的一条因果路径的证据。一方面，这表明依据特定时空的案例检验和发展理论是不完美的；另一方面，这也表明这一案例具有很强理论意义。当然，笔者可在本书研究之外考虑使用其他案例检验第三章假设所涉及的所有因果路径。这也成为后续相关研究需要进一步讨论的问题。

# 第一章　对既有研究的评估

如前所述，本书研究的五个问题可分为三类，分别围绕大国间联盟或伙伴关系、大国-小国间联盟或伙伴关系、小国间的联盟或伙伴关系展开。本章将给出"大国"和"小国"的定义，对联盟和伙伴关系进行分类，分别阐述既有理论对大国的军事协作、结盟大国的履约条件、不对称联盟的形成、不对称联盟的转型以及小国集团共同政策的解释。既有理论增进了笔者对联盟政治和伙伴关系的理解。然而，既有理论没有明确解释大国间结盟（结伴）引发军事协作的条件，也忽视了小国集团形成共同政策的条件。既有理论以"安全利益"和"国内政治体制/意识形态"作为解释结盟国家履行安全承诺的条件，但并未解释上述要素发生交互作用带来的影响。既有理论以欧洲国家的联盟和伙伴关系实践作为主要经验基础。然而，即使针对欧洲国家联盟和伙伴关系的实践，既有理论也不能充分解释经验事实。既有理论的局限为发展新理论留下了空间。

## 第一节　大国的协作与履约

### 大国关系的类型

"大国"的一个基本特征是它拥有比其他国家更为强大的军事实力。在无政府的国际体系中，国家面临卷入武装冲突的风险。因此，强大的军事实力不但可以维护国家生存，还可以扩大国家的影响。① 相比较而

① Raymond Aron, *Peace and War: A Theory of International Relations*, Garden City: Double-day & Company, 1966, p. 83; Hedley Bull, *The Anarchical Society: A Study of Order in World Politics*, New York: Palgrave, 2002, pp. 194 - 196; Jack S. Levy, *War in the Modern Great Power System, 1495-1975*, Lexington: University Press of Kentucky, 1983, p. 16; John J. Mearsheimer, *The Tragedy of Great Power Politics*, New York: Norton, 2001, p. 30.

言，中等国家或者小国的军事能力较弱。它们不得不依赖外部援助保证自身的生存。① 技术革命扩大了大国与小国之间的军事能力差异。1914 年之前，欧洲国家无论大小几乎使用相同或相似的武器。例如，比利时的军队在各层级的编制和装备几乎与法国军队完全相同。然而，1914 年之后，情况发生了显著变化。到了 1939 年，小国已不能够再生产大多数主战装备。这进一步凸显了大国与小国之间的能力的根本差异。② 第二次世界大战结束后，大国与小国的能力差距进一步拉大。因此，在后续讨论中，笔者不再区分"中等国家"和"小国"，而将"中小国家"简称为"小国"。

考虑到一个国家的军事投射能力深受地理环境的影响，笔者将"大国"定义为在某个地区具有强大的军事能力的国家。既有研究提出了界定"地区"的办法。穆西亚·阿拉加帕（Muthiah Alagappa）指出，一个"地区"应具备三个特征，即地理邻近、互相依赖的安全关系、共同或相似的历史文化传统。③ 巴里·布赞（Barry Buzan）指出，地区是一个具有独特和重要的安全关系的次级系统。在这个系统中的国家的命运是相互关联的。一个地区内的国家的安全是相互依赖的。这些国家不能在排除地区内其他国家的情况下考虑自身安全问题。④ 阿拉加帕的概念比较严谨，但三个指标之间存在一定程度的矛盾。例如，中国与巴基斯坦互为邻国，两国的安全关系也很密切。但是，中巴两国并无类似的历史文化传统。布赞给出的概念存在局限，却揭示了地区分析的政治特质。例如，美国在东亚地区没有领土，但有重要的军事存在。这种存在将美国安全与东亚安全相联系，研究东亚问题的学者不可能忽视美国在该地区的影响。由此，笔者采用了布赞的概念：一组存在安全相互依赖的国

---

① Arnold Wolfers, *The Small Powers and the Enforcement of Peace*, New Haven: Yale Institute of International Studies, 1943, p. 3; Rothstein, *Alliances and Small Powers*, p. 24; Marshall R. Singer, *Weak States in a World of Powers: The Dynamics of International Relationships*, New York: Free Press, 1972, pp. 273-275.

② Aron, *Peace and War*, p. 305.

③ Muthiah Alagappa, "Regionalism and Conflict Management: A Framework for Analysis," *Review of International Studies*, Vol. 21, No. 3, 1995, p. 363.

④ Barry Buzan, *People, States, and Fear: The National Security Problem in International Relations*, Chapel Hill: University of North Carolina Press, 1983, p. 106; Barry Buzan, "Third World Regional Security in Structural and Historical Perspective," in Brian L. Job ed., *The Insecurity Dilemma: National Security of Third World States*, Boulder: L. Rienner Publishers, 1992, pp. 168-169.

家属于一个地区。

此外，张景全提出的"同盟视野"的概念对笔者限定联盟或伙伴关系的地区属性颇有帮助。在他看来，同盟视野是指联盟成员国家基于安全和军事利益对地理空间范围的界定。[①] 笔者赞成这一观点。因此，笔者仅研究地区性联盟或伙伴关系的形成与运行。在一个联盟或伙伴关系中，大国或小国均必须为某个地区的成员。例如，1919—1941 年的美国或者日本在欧洲没有军事存在。因此，美国或日本不是"欧洲国家"，更不是欧洲的"大国"。美国或日本与某个欧洲国家之间的联盟或伙伴关系（如德国与日本之间的联盟）不在本书的研究范围之内。

如前所述，依据国家之间是否存在安全冲突和安全承诺，大国间的战略关系可分为四类：敌对性竞争、预防性竞争、战略性合作和联盟。前两类为冲突关系，后两类为伙伴关系。联盟是一种特殊的伙伴关系，即有安全承诺的伙伴关系。表 1-1 概括了大国间战略关系的类型。在冲突关系中，安全承诺是相关国家为防止武装冲突爆发或管控武装冲突升级进行合作的预期。在伙伴关系中，安全承诺是相关国家对在爆发武装冲突时进行互助的预期。

**表 1-1 大国间战略关系的类型**

|  | 大国之间无安全承诺 | 大国之间有安全承诺 |
|---|---|---|
| 大国之间有安全冲突<br>（冲突关系） | 敌对性竞争<br>案例：1933—1938 年德意竞争 | 预防性竞争<br>案例：冷战时期美苏关系 |
| 大国之间有安全合作<br>（伙伴关系） | 战略性合作<br>案例：1877—1878 年英奥合作 | 联盟<br>案例：1854 年普奥联盟、1912<br>年英法联盟 |

资料来源：笔者自制。

若各大国能够承受冲突带来的成本，则大国之间形成"敌对性竞争"关系。例如，1933—1938 年，德国和意大利在奥地利存在竞争。德国谋求吞并奥地利，而意大利反对德奥合并。1933 年，意大利独裁者贝尼托·墨索里尼曾对奥地利总理恩格尔伯特·陶尔斐斯（Engelbert

---

① 张景全：《同盟视野探析》，《东北亚论坛》2009 年第 1 期，第 28—29 页。

Dollfuß）承诺，意大利在任何情况下都会保障奥地利独立。如果奥地利需要，意大利会出兵援助奥地利。① 1934 年，意大利与奥地利、匈牙利签署了《罗马协定》。缔约国协调彼此的外交政策，推动建立关税联盟，并反对任何形式的德奥合并。② 陶尔斐斯遇刺后，意大利出兵防止德奥合并。德意两国签署了《反共产国际协定》后，意大利仍然反对德国以突袭的方式吞并奥地利。③ 1937 年至 1938 年 2 月，意大利不断敦促德国保证奥地利的独立。④ 在德奥合并实现之前，德意两国共同的法西斯意识形态并未消除两国之间的安全利益上的冲突。德意竞争时间较长，自1933 年开始至 1938 年结束。这一期间，双方竞争程度较为激烈。这种竞争不仅严重限制了两国各自外交政策选择的空间，而且可能升级为武装冲突。因此，德意之间存在"敌对性竞争关系"。

若各大国不能承受冲突带来的成本，则它们会控制冲突的影响。当各大国对防止或管控冲突形成安全承诺时，它们之间形成了"预防性竞争"关系。例如，冷战初期，美国和苏联都谋求针对对方的优势。这使得美苏关系危机不断，如 1962 年爆发的古巴导弹危机。此后，美苏逐渐意识到擦枪走火的战略风险和发展军备的经济负担。由此，美苏开始就危机管理和裁减军备进行谈判，并达成了一系列关于战略武器控制的协议。美苏达成军控协定是大国之间形成"预防性竞争"关系的标志性事件。

若大国间有安全合作而无安全承诺，则大国间可以在具体问题上针对特定国家形成"战略性合作"。例如，1877—1878 年英国和奥匈帝国之间存在战略性合作。两国均反对俄国使用武力肢解土耳其。游弋于土耳其海峡的英国舰队可在俄国与土耳其战事升级时介入。而奥匈帝国可从陆上介入。俄国缺少黑海舰队的情况为奥匈帝国切断俄国补给线提供

① Amtserinnerung Legationsrat Hornbostel, 23. Juni 1933, *Außenpolitische Dokumente der Republik Österreich, 1918 - 1938* [*ADÖ*], 9. Band, Wien: Verlag für Geschichte und Politik, 2014, S. 155.

② C. J. Lowe and F. Marzari, *Italian Foreign Policy, 1870 - 1940*, New York: Routledge, 2002, p. 234. 协定全文可参见 Römische Protokolle, 17. März 1934, *ADÖ*, 9. Band, S. 377-380。

③ Mussolini's Talk with Göring, January 23, 1937, *Ciano's Diplomatic Papers*, London: Odhams Press, 1948, p. 90.

④ Neurath to Weizsäcker, July 31, 1937, *DGFP*, Series C, Vol. 6, p. 986; Ciano's Talk with Prince of Hesse, February 18, 1938, *Ciano's Diplomatic Papers*, p. 163.

了可能。俄国只能通过喀尔巴阡山（Carpathian Mountains）和黑海之间狭长的通道从陆路向土耳其前线运兵。从俄军背后切断这一通道对奥匈帝国并非难事。英国和奥匈帝国有能力抵制俄国，但英国和奥匈帝国缺少对彼此的安全承诺。一方面，英国不愿意在未获奥匈帝国支持的情况下与俄国发生武装冲突。另一方面，奥匈帝国不愿放弃与俄国达成关于划分巴尔干势力范围的可能性。英国和奥匈帝国都试图抵制俄国，但都希望避免对方利用本国与俄国斗争。英国曾提出对奥匈帝国提供经济援助作为奥匈帝国攻击俄国的条件。对此，奥匈帝国虚与委蛇。正如英国所估计的，在对俄政策上，奥匈对英采取了"平行而非共同"的政策。①这种判断反映出了英奥战略合作的主要特征。

与之相比，联盟或同盟（alliance）意味着相关国家存在预先的安全承诺。联盟指两国或多国在安全事务方面的合作关系。联盟成员彼此做出安全承诺，在联盟成员与联盟外某个国家发生武装冲突时期望可以得到盟国的支持。②因此，联盟定义了潜在的朋友和对手。③联盟存续以年为单位。因此，笔者将联盟维持1年作为结盟成功的最低时间门槛。联盟形成并可以至少维持1年视为"结盟成功"。联盟无法形成或者形成后在1年内解体视为"不结盟"或"结盟失败"。

根据安全承诺的形式，格伦·H. 斯奈德（Glenn H. Snyder）将联盟分为"正式联盟"（alliance）和"非正式联盟"（alignment）。④一般而言，存在多个大国的国际体系比仅存在两个大国的国际体系中更容易出现大国间的结盟。⑤若大国之间的安全承诺由条约保障，则大国之间形成正式联盟。条约往往规定了履行安全承诺的具体条件和形式。例如，1854年3月，俄国军队越过多瑙河（Danube）攻击土耳其引起了奥地利和普鲁士的疑虑。通过策动巴尔干的民族主义运动，俄国可能将多瑙河

---

① Richard Millman, *Britain and the Eastern Question, 1875-1878*, Oxford: Clarendon Press, 1979, pp. 397, 423-424.

② Snyder, "Alliance Theory: A Neorealist First Cut," pp. 104-105.

③ Snyder, *Alliance Politics*, p. 6.

④ Snyder, "Alliance Theory," pp. 104-105; Snyder, *Alliance Politics*, pp. 6-10.

⑤ 在特定情况下，仅存在两个大国的国际体系中也会发生两个大国间的结盟。杨原：《大国政治的喜剧——两极体系下超级大国彼此结盟之谜》，《世界经济与政治》2019年第12期，第38—68页。

变成自己的内河。① 4 月 20 日，奥地利和普鲁士签订了联盟条约。两国互相保障彼此的安全，并将对一国的攻击视为对两国共同的宣战。此时，英法与俄国之间已经爆发战争。因此，普奥试图以结盟保障两国免受或减缓来自法国和俄国的压力。② 普奥商定，俄国逼近巴尔干山脉的军事行动将引发普奥对俄发起攻击。根据军事协定，普鲁士应在当年 6 月前部署 20 万军队；奥地利应在当年 7 月前在匈牙利、特兰西瓦尼亚（Transylvania）和加利西亚（Galicia）部署 25 万军队。③ 在这种情况下，判断结盟大国是否履行安全承诺，将根据联盟成员是否履行针对敌国的联盟条约的义务。例如，普奥结盟后，普鲁士不但没有追随奥地利对俄国发出最后通牒，反而破坏了奥地利在德意志邦联（the German Confederation）内动员军队的计划。普鲁士还允许俄国利用其港口规避英法对俄国的禁运。俄国对奥地利的政策极为愤怒，但对普鲁士的政策则心怀感激。④ 俄国的态度从反面证明了普鲁士没有履行与奥地利结盟的义务。

　　斯奈德定义的"非正式联盟"与孙德刚定义的"准联盟"存在相似之处，即强调主权国家可能通过条约之外的方式形成和展示联盟关系。⑤ 若大国之间的安全承诺以政策声明形式出现，则大国之间形成非正式联

① Barbara Jelavich, *Russia's Balkan Entanglements*, *1806-1914*, Cambridge：Cambridge University Press, 1991, pp. 129-130.

② W. E. Mosse, *The European Powers and the German Question*, *1848-71*, Cambridge：Cambridge University Press, 1958, pp. 57-58.

③ M. S. Anderson, *The Eastern Question 1774-1923：A Study in International Relations*, London：Macmillan, 1966, pp. 132 - 133；John P. LeDonne, *The Russian Empire and the World*, *1700-1917：The Geopolitics of Expansion and Containment*, New York：Oxford University Press, 1997, p. 260.

④ Mosse, *The European Powers and the German Question*, *1848-71*, pp. 58-62；F. R. Bridge and Roger Bullen, *The Great Powers and the European States System*, *1814-1914*, New York：Pearson/ Longman, 2005, p. 119；Thomas Nipperdey, *Deutsche Geschichte*, *1800-1866：Bürgerwelt und starker Staat*, München：Beck, 2013, S. 691-692.

⑤ 孙德刚定义的"准联盟"包含两类，即"非正式强联盟"和"正式弱联盟"。一方面，笔者赞成这一分类。另一方面，笔者认为，一些"正式弱联盟"所包含的安全承诺水平较低以致难以被视为"联盟"。例如，孙德刚认为，1995 年以来，以色列和欧盟之间形成了"正式弱联盟"。在笔者看来，这一联盟涉及的安全承诺水平较低。一旦一方卷入武装冲突，另一方所提供援助的实际意义是有限的。因此，笔者不再讨论"正式弱联盟"，而仅研究"非正式强联盟"。相关定义和举例参见孙德刚《联而不盟：国际安全合作中的准联盟理论》，《外交评论》2007 年第 6 期，第 61—62 页；孙德刚《论"准联盟"战略》，《世界经济与政治》2011 年第 2 期，第 61—62、77 页。

盟。1904 年英国与法国达成了关于非洲殖民地问题的协定。随着英法与德国关系的恶化，英法之间逐渐形成了针对德国的联盟。在法律层面，英法之间没有任何联盟条约界定双方对彼此的安全承诺。1912 年 11 月，英法确认它们之间的军事人员的谈判没有法律约束力。双方声明，军事当局之间的磋商不意味着任何一国政府有义务在战时援助另一方。双方同时声明，如果一方遭到第三方的攻击，那么两国政府应当立即展开磋商，以便讨论应对侵略和维护和平的措施。如果双方认为有必要采取共同行动，那么双方将考虑参谋部门之间的协作以及后续措施。如果比较 1912 年英法声明和 1893 年法俄联盟条约的条款，除文字表述存在差异外，两个文件的条款在内容和精神上均高度一致。至此，英法之间不仅制定了详细的陆军和海军的联合备战计划，而且双方承诺在遇到危险时互相磋商并采取共同的应对措施。此外，英法均曾向俄国表达了如下意见：如果法国遭到德国进攻，那么英法将共同作战。在制定作战计划时，法军假定可以获得英国的支持。① 因此，英法之间存在典型的非正式联盟。又如，后文将讨论的 1936 年英法针对德国的联盟也属于非正式联盟。直到 1939 年第二次世界大战爆发时，英法之间也没有正式的互助性的安全承诺。② 然而，英法领导人均认为两国已经结盟。1939 年英法共同对德国作战体现了两国履行对彼此的安全承诺。由此，笔者将根据联盟成员是否履行针对敌国预先达成的默契判断非正式联盟中大国是否履行安全承诺。

### 大国间军事协作

军事协作指联盟成员间或伙伴国家间制定联合作战计划的行动，是联盟或伙伴关系的最高表现形式。18 世纪，欧洲国家结盟时可能会组建

---

① Bernadotte E. Schmitt, "Triple Alliance and Triple Entente, 1902–1914," *American Historical Review*, Vol. 29, No. 3, 1924, pp. 459–460; Harry Elmer Barnes, *The Genesis of the World War: An Introduction to the Problem of War Guilt*, New York: A. A. Knopf, 1926, pp. 104–109; Luigi Albertini, *The Origins of the War of 1914*, Vol. 1, trans. by Isabella M. Massey, London: Oxford University Press, 1952, pp. 405–406; Samuel R. Williamson, *The Politics of Grand Strategy: Britain and France Prepare for War, 1904–1914*, Cambridge: Harvard University Press, 1969, pp. 297–299.

② Bernadotte E. Schmitt, "1914 and 1939," *Journal of Modern History*, Vol. 31, No. 2, 1959, p. 119.

"战时委员会"（Council of War）。成员国代表在委员会中交换战争计划，制定和执行共同的作战计划。① 军事协作的实践也延续到了当代。需要注意的是，进行军事协作的国家之间会分享情报。但是，分享情报的国家之间可能没有军事协作。例如，1992 年 3 月，美国、俄罗斯和欧洲国家签订了《开放天空条约》，允许缔约国派遣侦察机相互飞越彼此领土，以航空拍摄方式交换并核实情报。条约为每个成员国确定了一定次数的飞行配额，包括对他国侦察的主动配额和受他国侦察的被动配额。② 美国和俄罗斯交换军事情报体现了双方的合作，但这并非军事协作。

　　基于两个原因，笔者聚焦大国间伙伴关系引发军事协作的条件。第一，大国间的军事协作意义更为重大。大国间的军事协作意味着对地区局势最有影响力的国家联合性地使用武力。在和平时期，这种联合可以作为对外政策的依托；在战争期间，这种联合可以作为军事政策的依托，直接影响大国之间战争的结果，进而影响地区局势的走向和地区格局的构造。第二，聚焦大国间的伙伴关系有利于控制大国-小国能力差异带来的各种潜在影响。例如，无论大国的相对能力发生何种变化，只要各大国仍处于"同量级"，那么大国之间武装冲突的结果是难以事先预料的。因此，一个相对较弱的"大国"敢于挑战处于"同量级"的其他"大国"。例如，第二次世界大战爆发前，日本敢于针对美国发动军事进攻。相比而言，大国与小国的国力悬殊。如果大国和小国爆发武装冲突，大国更容易处于优势地位。因此，只要小国和大国的能力处在不同量级，小国对大国的政策都十分谨慎。

　　如表 1-2 所示，联盟或战略性合作都可能引发公开或秘密的军事协作。然而，联盟或战略性合作均不必然引发军事协作。一方面，联盟可能引发公开军事协作或秘密军事协作，如 1936 年英法的公开军事协作、1892 年法俄的秘密军事协作和 1939 年德意的秘密军事协作。另一方面，联盟并不必然引发军事协作。例如，1879 年德国和奥匈帝国的联盟并未引发两国的军事协作。1935 年法苏联盟未引发军事协作也属于这种情况。同样，战略性合作可能引发公开或秘密的军事协作，如后文将讨论

① Evan Luard, *The Balance of Power: The System of International Relations, 1648-1815*, New York: Palgrave Macmillan, 1992, p. 267.
② 《〈开放天空条约〉前世今生》，《参考消息》2021 年 1 月 17 日，第 3 版。

的 1895 年俄国、德国和法国的"干涉还辽"。此时，三国之间不存在互助的安全承诺。德俄、德法之间还存在严重的安全冲突。然而，日本要求中国割让辽东半岛促成俄、德、法形成了针对日本的战略性合作。三国的军事协作是公开的——不仅向日本递交了最后通牒，而且向英国通报了相关情况。[①] 这是战略性合作引发公开军事协作的典型案例。后文将讨论 1935 年法意之间和 1939 年德苏之间的军事协作。这两个案例行为均为战略性合作引发秘密军事协作的案例。当然，战略性合作并不必然引发军事协作。例如，前文提及的 1877—1878 年英奥之间的战略性合作没有引发两国之间的军事协作。后文还将讨论 1905—1914 年英法军事协作。在这个例子中，1905—1912 年，英法之间的战略性合作引发了军事协作。1912年，英法通过换文形成了非正式联盟，进一步推进了军事协作。这个例子表明，各种形式的伙伴关系中均可能引发军事协作。那么，为什么结盟（结伴）关系会引发公开的或者秘密的军事协作，或者无法引发军事协作？

**表 1-2　伙伴关系与军事协作**

| | 公开军事协作 | 秘密军事协作 | 无军事协作 |
|---|---|---|---|
| 正式/非正式联盟<br>（有安全承诺） | 案例：<br>1936 年英法联盟 | 案例：<br>1892 年法俄联盟<br>1912 年英法联盟<br>1939 年德意联盟 | 案例：<br>1879 年德奥联盟<br>1935 年法苏联盟 |
| 战略性合作<br>（无安全承诺） | 案例：<br>1895 年俄、德、法<br>合作 | 案例：<br>1905 年英法合作<br>1935 年法意合作<br>1939 年德苏合作 | 案例：<br>1877—1878 年<br>英奥合作 |

资料来源：笔者自制。

既有理论研究了军事协作相关的问题。布雷特·阿什利·利兹（Brett Ashley Leeds）与其合作者分析了军事协作对结盟国家履行承诺的影响。[②] 詹姆斯·D. 莫罗（James D. Morrow）认为，军事协作给联盟成员带来了

---

① Keith Neilson, *Britain and the Last Tsar: British Policy and Russia, 1894-1917*, Oxford: Clarendon Press, 1995, pp. 158-159; T. G. Otte, *The China Question: Great Power Rivalry and British Isolation, 1894-1905*, Oxford: Oxford University Press, 2007, pp. 59-73.

② Brett Ashley Leeds and Sezi Anac, "Alliance Institutionalization and Alliance Performance," *International Interactions*, Vol. 31, No. 3, 2005, pp. 192, 199.

成本和收益。军事协作要求联盟成员抛弃一些它们喜欢的政策并采纳一些在没有结盟的情况下根本不会被采纳的政策。然而，正是这种成本使得每个联盟成员的军事效率有所提高，也使得军事协作成为联盟可信性的一种信号。[①] 上述理论推动了关于军事协作的研究，但其研究对象是正式联盟框架下的军事协作。非正式联盟的安全承诺比较松散，而战略性合作关系中则不存在安全承诺。在后两种情况下，军事协作发生的条件是什么？

斯科特·沃尔福德（Scott Wolford）尝试回应这种不足，明确区分了"军事联合"（military coalition）与联盟的差异。他所定义的"军事联合"的概念类似笔者定义的伙伴关系，即同时包括战略性合作与联盟。[②]然而，他的研究侧重点与笔者有所不同。其一，笔者并未限定军事协作发生的条件。国家在和平时期或战争时期均可能进行军事协作。而沃尔福德仅讨论危机状态下军事协作产生的条件。[③] 其二，笔者仅研究大国间军事协作发生的条件，而沃尔福德的研究中包含了很多涉及小国军事协作的例子。[④] 如前所述，大国与小国存在性质差异。因此，沃尔福德提出的理论难以直接解答笔者关心的问题。

既有理论的局限为笔者分析联盟及伙伴关系引发军事协作的条件提供了两点重要启示。第一，由表1-2可知，安全承诺与军事协作之间的关系并非十分紧密。无论相关国家之间是否存在安全承诺，联盟或战略性合作都可能引发公开或秘密的军事协作。当然，联盟或战略性合作也均不必然引发军事协作。因此，一个关于军事协作形成条件的理论无须围绕安全承诺展开。[⑤] 第二，伙伴关系中的军事协作存在两个基本功能：

① James D. Morrow, "The Strategic Setting of Choices: Signaling, Commitment, and Negotiation in International Relations," in David A. Lake and Robert Powell, eds., *Strategic Choice and International Relations*, Princeton: Princeton University Press, 1999, p. 106; James D. Morrow, "Alliances: Why Write Them Down," *Annual Review of Political Science*, Vol. 3, 2000, pp. 69-70.

② Scott Wolford, *The Politics of Military Coalitions*, Cambridge: Cambridge University Press, 2015, p. 14.

③ Wolford, *The Politics of Military Coalitions*, pp. 7-8.

④ Wolford, *The Politics of Military Coalitions*, pp. 47-51.

⑤ 董柞壮研究发现，联盟成员提高军事合作水平并不一定能增加联盟成员履行安全承诺的可靠性。这一研究也印证了军事合作和安全承诺是两个不同的研究对象。参见董柞壮《联盟类型、机制设置与联盟可靠性》，《当代亚太》2014年第1期，第121页。

"信号工具"或"效率工具"。一方面，军事协作可以使得非伙伴国家观察到伙伴国家的政策一致性或相似性，从而使得非伙伴国家认为伙伴国家具有相同或相近的利益。例如，在俄、德、法"干涉还辽"的案例中，欧洲三国对日本的军事协作可使得日本观察到欧洲三国相同或相近的利益。另一方面，军事协作使得每个伙伴国家在联合使用武力的行动中更为专业化。这提高了各个伙伴国家对非伙伴国家采取军事政策时的效率。自然，参与军事协作的每个国家也要放弃各自原本的政策偏好，并与伙伴国家协调新的政策。这对每个参与国家都意味着政策成本。例如，第一次世界大战爆发前，英法之间存在军事协作。法国原本制定了通过比利时对德国发动军事打击的计划。然而，英国反对这一计划并迫使法国改变了原计划。对法国而言，英法军事协作的意义远远超过了英国在战争爆发时对法国派遣陆军和海军的具体规模。[1] 法国通过与英国的军事协作提高了自身的军事效率。同时，法国也需要承担改变原有军事计划的成本。在明确军事协作功能的基础上，本书第二章将提出"能力分异理论"，强调相关国家相对能力的变化是伙伴关系能否引发军事协作的必要条件。

### 结盟大国的履约

联盟的存在意味着结盟国家之间存在互助性的安全承诺。如果形成联盟时成员国已经与敌国发生了武装冲突，那么研究者可以观察到结盟国家是否立即践行安全承诺。例如，1941 年 6 月，德国已经与英国交战近两年。此时，德国对苏联发起进攻。1942 年，英国与苏联形成了针对德国的联盟，并签署了互助同盟条约。英苏对德作战践行了两国共同应对德国的承诺。然而，如果形成联盟时成员国尚未与（潜在的）敌国发生武装冲突，那么联盟成员国会形成预期：若盟友与（潜在的）敌国发生武装冲突，则盟友间彼此互助。由此产生的研究问题是：结盟国家是否履行这种安全承诺。

为解答这一问题，学者们提出了不同的理论观点。柯庆生（Thomas

---

① Samuel R. Williamson, "Joffre Reshapes French Strategy, 1911-1913," in Paul M. Kennedy, ed., *The War Plans of the Great Powers, 1880-1914*, London: Allen & Unwin, 1985, pp. 137-146.

J. Christensen）和杰克·斯奈德（Jack Snyder）等人强调安全利益，而利兹等人则更强调国内政治/意识形态的作用。帕特里夏·韦斯特曼（Patricia Weitsman）的观点则介于上述两者之间。她强调联盟成员共同应对外部威胁和彼此相互威胁所产生的影响。上述研究阐述了结盟国家履约的动力，但在因果关系、经验证据和研究方法等方面存在一定的局限。

柯庆生和杰克·斯奈德从安全利益的角度论述了结盟大国履约的条件。他们强调，决策者对攻防对比的认识影响结盟大国对外部威胁的判断，进而影响其履约的可能。如果进攻性战略占优势，那么结盟国家担心其盟国被敌国迅速击败导致自己被孤立。因此，结盟国家履约的可能性更大。例如，第一次世界大战爆发前，欧洲各主要国家均奉行进攻性战略。当各国均认为首先发动攻击可以迅速击败敌人时，各国均采取了"捆绑"（chain-ganging）的政策。因此，当奥匈帝国面临与俄国的武装冲突时，德国履行了对奥匈帝国的安全承诺。相反，如果防御性战略占优势，那么结盟国家认为其盟国可能与敌国陷入长期的消耗。因此，结盟国家背约的可能性更大。例如，第二次世界大战爆发前，欧洲各主要国家均奉行防御性战略。英国、法国、苏联均面临来自德国的威胁。但英国、法国和苏联均希望其他国家作为制衡德国的主要力量。因此，英国、法国和苏联均采取"推诿"（buck-passing）的政策。三方结盟缔约谈判失败。①

安全利益的视角较好地揭示了两次世界大战爆发前结盟大国对履约的不同态度。在类似的多极格局条件下，决策者采取的军事战略及对敌方战略观念影响了结盟大国履约的可能。然而，一些经验困惑仍然值得讨论。其一，如柯庆生和杰克·斯奈德所述，在第一次世界大战爆发前，欧洲各主要国家均采取进攻性军事战略。在这种情况下，为何不同国家对同一盟国采取不同政策？例如，作为奥匈帝国的盟友，德国履行了对奥匈帝国的安全承诺。然而，同为奥匈帝国的盟友，意大利却背弃了对奥匈帝国的安全承诺。为何德国和意大利对奥匈帝国采取了不同的政策？其二，如柯庆生和杰克·斯奈德所述，在第二次世界大战爆发前，德、苏、法、英均奉行防御性的军事战略。这导致英、法、苏均对潜在的盟

---

① Thomas J. Christensen and Jack Snyder, "Chain Gangs and Passed Bucks: Predicting Alliance Patterns in Multipolarity," *International Organization*, Vol. 44, No. 2, 1990, pp. 137-168.

友采取了"推诿"的政策。这两位研究者强调，这一时期防御性军事战略是主流。他们认为德国推行的"分步扩张"（piecemeal expansion）战略也属于防御性战略。[1] 他们并未讨论意大利军事战略的特点；不过，根据他们对德国战略的论证，或许他们会认为意大利的军事战略也是防御性的。由此，根据他们的观点，当德国和意大利结盟后，德意应推卸对彼此的安全承诺。然而，实际情况并非如此。如后文所述，1939 年春，德国和意大利结盟。在德国大大提前了对英法发动军事进攻的情况下，意大利对德国的支持程度比其在结盟时对德国承诺的支持程度还高。换言之，柯庆生和杰克·斯奈德的观点不能充分解释德意对彼此的"捆绑"政策。因此，以安全利益解释履约与否是不充分的。

与前述两位研究者相同，韦斯特曼也强调外部威胁的意义；与前述两位研究者不同的是，韦斯特曼引入了联盟成员间相互威胁，作为考察联盟"紧密程度"（alliance cohesion）的必要条件。她强调，联盟成员受到的共同外部威胁程度越高并且其相互威胁的程度越低，联盟关系的紧密程度就越高。在她看来，第一次世界大战爆发前法国与俄国之间的联盟即属于此种情况。相反，联盟成员受到的共同外部威胁程度越低并且其相互威胁的程度越高，联盟关系的紧密程度就越低，例如第一次世界大战爆发前德国、奥匈帝国和意大利之间的联盟。根据韦斯特曼的分类，国家间联盟还可能出现下述两种情况：①联盟成员受到的共同外部威胁低并且其相互威胁程度也低，例如第一次世界大战爆发前德国与奥匈帝国的联盟；②联盟成员受到的共同外部威胁高并且其相互威胁程度也高，例如第一次世界大战爆发前英国、法国和俄国的联盟。出现这两种情况时，联盟合作的紧密程度是不确定的。[2]

韦斯特曼将联盟成员的相互关系引入分析是值得肯定的。她的经验研究也加深了研究者对联盟内部运作机制的认识。然而，韦斯特曼的理论存在两个问题。其一，她给出的两个解释因素之间存在相关性。结盟国家受到外部威胁的程度部分地决定了联盟成员间相互威胁的程度，反

---

[1] Christensen and Snyder, "Chain Gangs and Passed Bucks," pp. 156-157.

[2] Patricia A. Weitsman, "Intimate Enemies: The Politics of Peacetime Alliances," *Security Studies*, Vol. 7, No. 3, 1997, pp. 156-192; Patricia A. Weitsman, *Dangerous Alliances: Proponents of Peace, Weapons of War*, Stanford: Stanford University Press, 2004.

之亦然。例如，第一次世界大战爆发前，奥匈帝国和意大利之间在巴尔干问题上存在冲突。然而，奥匈帝国和意大利之间相互威胁的程度，部分地受到它们共同的敌人（法国）对它们政策的影响。如果两个解释因素之间存在较强的相关性，那么研究者应当将这两个因素整合成为一个新的概念，并重新检验包含这个新概念的理论假设。其二，联盟成员之间的相互威胁程度不完全是一个独立的因素，而是深受联盟成员各自政治体制和意识形态特征的影响。例如，第一次世界大战爆发之前，英国和法国奉行资本主义民主制度，而俄国实行沙皇专制。英、法、俄的意识形态差异是否导致这些国家将彼此视为威胁来源？抑或它们之间的地缘政治竞争是其联盟脆弱性的唯一或主要来源？韦斯特曼或许应当阐明，国内政治和意识形态对联盟的紧密程度有何影响。

韦斯特曼理论的局限表明，"国内政治／意识形态"是解释结盟国家履约的重要变量。为推动相关研究，利兹等人开发了联盟履约数据库（the Alliance Treaty Obligations and Provisions Project，ATOP），并据此讨论关于结盟国家履约的可能。[1] 利兹等人承认，联盟外部威胁、相对能力变化、联盟政策目标等塑造盟国之间的安全利益的一致程度。它们是影响结盟国家履约的重要因素。同时，利兹等人重点讨论了"国内政治／意识形态"的作用，并提出了三个主要观点。其一，在和平时期，结盟国家是否进行军事协作或是否提升制度化合作水平均非联盟成员在战争时期履行安全承诺的主要动力。[2] 其二，在 1816—1944 年，约 75% 的联盟承诺得到了履行，而约 25% 的联盟承诺未被遵守。出现这种差异的原因在于，不同的结盟国家的违约成本不同。大国和非民主国家不太容易履约，小国和民主国家较容易履约。因此，一个国家的实力地位是否发生了变化，该国的国内政治决策机制是否出现了变化，是决定该结盟国家是否履约的最佳预测依据。[3] 其三，为了防止在武装冲突发生时出现背约情况，

① Brett Ashley Leeds, Jeffrey Ritter, Sara Mitchell and Andrew Long, "Alliance Treaty Obligations and Provisions 1815-1944," *International Interactions*, Vol. 28, 2002, pp. 237-260.

② Leeds and Anac, "Alliance Institutionalization and Alliance Performance," pp. 192, 199.

③ Brett Ashley Leeds, "Alliance Reliability in Times of War Explaining State Decisions to Violate Treaties," *International Organization*, Vol. 57, 2003, p. 803; Brett Ashley Leeds and Burcu Savun, "Terminating Alliances: Why Do States Abrogate Agreements," *Journal of Politics*, Vol. 69, 2007, pp. 1118-1132.

拟结盟的民主国家做出安全承诺时会非常慎重。民主国家往往只提出有限的承诺而非全面承诺。民主国家可能只承担在武装冲突爆发时与盟国相互磋商的义务，而避免承担提供积极援助的义务。这样，在武装冲突即将爆发时，民主国家可避免背约。① 受利兹等人研究的影响，其他学者在后续研究中指出：国内政治对 1950—2000 年的联盟履约有很强的解释力。如果一个国家的国内政治不稳定，那么政府可能拒绝延续不受民众欢迎的联盟，通过牺牲对外政策增强国内政治的合法性，从而导致背约。②

利兹等人的研究对推动联盟履约的研究做出了重要贡献。然而，利兹等人的研究在解释对象、变量关系和定量编码等方面均存在局限。在确定解释对象时，利兹的研究存在三个问题。第一，利兹等人仅讨论主权国家之间存在条约的正式联盟。③ 这有利于利兹等人通过定量编码的方式检验理论，却也导致利兹等人的理论忽视了非正式联盟的履约问题。如前所述，主权国家之间的非正式联盟对理解国际关系的重大问题具有深远意义。然而，利兹等人的研究并不致力于讨论这样案例中的履约问题。自然，他们开发的数据库中也不包含这样的案例。

第二，利兹等人的研究对象主要是 19 世纪以来正式结盟国家履约的条件。在这一时间段内，大国对国际局势的影响远远超过了小国。利兹等人发现，小国或民主国家比大国或非民主国家更容易履约。然而，利兹等人没有明确讨论结盟大国的履约条件，即明确问答为什么有的结盟大国履约，而有的结盟大国背约这一问题。换言之，利兹等人的理论没有回答关于结盟国家履约最重要的问题——结盟大国何时履约。

第三，利兹等人讨论了在战争期间结盟国家的履约问题。在战争爆发的情况下，参与或卷入战争的结盟国家之间具有较多的共同安全利益。因此，利兹等人限定讨论战争期间结盟国家的履约问题，控制了联盟成员共同安全利益给履约问题带来的影响，集中分析国内政治/意识形态对

---

① Daina Chiba, Jesse C. Johnson and Brett Ashley Leeds, "Careful Commitments: Democratic States and Alliance Design," *Journal of Politics*, Vol. 77, 2015, pp. 968-982.

② Tongfi Kim and Jennifer Dabbs Sciubba, "The Effect of Age Structure on the Abrogation of Military Alliances," *International Interactions*, Vol. 41, No. 2, 2015, pp. 279-308.

③ Leeds et al., "Alliance Treaty Obligations and Provisions 1815-1944," pp. 238-239.

结盟国家履约的作用。这使得利兹等人可以较为容易地系统收集关于结盟国家是否履约的经验证据。然而，这种研究设计的代价是，利兹等人没有检验当结盟国家面临战争"风险"而战争并未爆发时结盟国家是否履约的问题。在这种情况下，如果一个结盟国家背约，那么将可能出现绥靖之下的和平。虽然联盟的安全承诺并非总是明确规定存在战争风险时联盟成员的互助义务；但是，如果一个理论仅从法律层面考虑联盟履约问题却忽视履约的政治意义，那么这个理论就忽视了其本该解释的重要经验现象。利兹等人的研究设计无法完全规避这类问题。

　　在检验变量关系时，利兹等人给出的因果机制也不能完全排除同义反复的情况。利兹等人的编码系统中存在不少这样的问题。这里仅举一例予以分析。利兹讨论了"联盟成员与非联盟成员组成新联盟"（the formation of a new outside alliance）对既有联盟的影响。[①] 假设存在 A 国和 B 国组成的联盟。C 国不是该联盟成员。利兹等人讨论 A 国与 C 国结盟对 A 国履行对 B 国安全承诺的影响。为了检验这一假设，利兹等人首先观察到 A 国与 C 国结盟的事实。之后，利兹等人按照设定的标准对这一事实进行编码，并讨论这一事实对履约产生的影响。然而，若 C 国是 A-B 联盟的敌国，则 A 国和 C 国结盟自然意味着 A 国背弃对 B 国的安全承诺。这是研究者对同一个国际事件的两种不同表述，而利兹等人却将其分别作为原因和结果。[②] 因此，在利兹的研究设计中，自变量和因变量很可能是重合的。

　　通过开发和利用数据库，利兹等人通过定量方法讨论联盟履约的可能。这种方法的优点是，不同的研究者可以依据同一套编码检验和发展理论。但是，这种方法的局限是，联盟政治的复杂性导致不同研究者对同一联盟产生不同的认识，进而导致编码可能出现系统性差异。例如，对同一个联盟，一个研究者认为联盟是防御性的，另一个研究者认为联盟是进攻性的；一个研究者认为该联盟的主要对手是 M 国，另一个研究者认为该联盟的主要对手是 N 国。事实上，这个联盟的某个成员在时间点 $t_1$ 认为主要对手是 M 国，另一个成员在时间点 $t_2$ 认为主要对手是 N

---

[①]　Leeds and Savun, "Terminating Alliances," *Journal of Politics*, pp. 1118, 1121, 1128, 1129.

[②]　例如，联盟履约数据库中编号为 1350 的案例为第一次世界大战前意大利与德国和奥匈帝国结成联盟。当意大利与英法结盟反对德奥时，这自然意味着意大利背弃对德奥的安全承诺。这是对同一事件的两种不同表述。

国。这个联盟的动机是混合型的，其主要对手在不同时间段内发生了变化。无论利兹的编码标准多么严格，她的研究无法完全解决测量的效度问题。① 只要不同研究者对同样的经验现象的编码出现系统性的差异，那么不同研究者通过统计检验的结论很可能大相径庭。结果，不同的研究者对因果关系的争论在很大程度上变成了对编码的争论。这种争论对澄清国际关系事实是有益的，但对社会科学知识的积累帮助是有限的。②

综上所述，既有理论解释结盟大国履约行为的思路如表1-3所示。既有理论主要强调两个因素的作用，即联盟成员的安全利益的一致性和政治体制/意识形态的一致性。相关国家安全利益的一致性指这些国家对主要威胁来源判断的一致程度。若相关国家安全利益的一致性较大，意味着这些国家对主要威胁来源的判断具有一致性。若相关国家安全利益的一致性较小，意味着这些国家缺少对主要威胁来源的一致判断。相关国家政治体制/意识形态的一致性指这些国家国内政治合法性基础的一致程度。若相关国家政治体制/意识形态的一致性较大，则联盟中共享类似的政治体制/意识形态的国家超过50%，这些国家的国内政治合法性基础比较类似。若相关国家政治体制/意识形态的一致性较小，则联盟中共享类似的政治体制/意识形态的国家不足50%，这些国家的国内政治合法性基础差异较大。

**表1-3　既有理论关于结盟国家履约的解释**

| | | 联盟成员安全利益的一致性 | |
|---|---|---|---|
| | | 大 | 小 |
| 联盟成员政治体制/意识形态的一致性 | 大 | 履约<br>案例：1939年法国履行对英国的安全承诺 | ？ |

① 例如，联盟履约数据库中编号为2445的案例为1939—1943年德国和意大利组成的联盟。利兹等人认为，该联盟的类型有三种性质，即"磋商性"（consultation pact）、"防御性"（defense pact）和"进攻性"（offense pact）。事实上，对该联盟性质的判断，比较恰当的办法是分阶段讨论德国和意大利的政策目标、两国政策协调的过程以及联盟的整体政策在多大程度上体现了德国或意大利的政策。利兹的编码系统无法解决这类问题。苏若林和唐世平也注意到了这一问题。相关讨论可参见苏若林、唐世平《相互制约：联盟管理的核心机制》，第13—14页。

② 更多相关讨论可参见 Paul W. Schroeder, "Quantitative Studies in the Balance of Power: An Historian's Reaction," *Journal of Conflict Resolution*, Vol. 21, No. 1, 1977, pp. 3-22。

续表

| | | 联盟成员安全利益的一致性 | |
| --- | --- | --- | --- |
| | | 大 | 小 |
| 联盟成员政治体制/意识形态的一致性 | 小 | ?* | 背约<br>案例：1914年意大利背弃对奥匈帝国和德国的安全承诺 |

资料来源：笔者自制。

\* "?" 表示既有理论未解释此象限中的案例。

当联盟成员安全利益的一致性较大且联盟成员政治体制/意识形态的一致性较大时，结盟大国更有可能履行安全承诺。履约可以增强联盟成员的外部安全并增强其国内政治基础。例如，1936年之后，英国和法国结盟应对德国的军事压力。1939年9月，德国出兵波兰促使英国对德宣战。随后，法国也对德国宣战。英法面临德国的共同威胁。英法的民主体制与德国的纳粹体制之间存在很大差异。因此，既有理论可以解释法国履行对英国安全承诺的原因。相反，当联盟成员安全利益的一致性较小且联盟成员政治体制/意识形态的一致性较小时，结盟大国更有可能背弃安全承诺。例如，第一次世界大战爆发前，意大利和奥匈帝国结盟应对与英法的竞争，但意大利与奥匈帝国在向巴尔干扩张的问题上存在矛盾。① 意大利国王埃马努埃莱三世（Vittorio Emanuele Ⅲ）与德国皇帝威廉二世（Wilhelm Ⅱ）的私人关系并不融洽，意大利国王甚至私下嘲笑德国皇帝需要意大利为其提供服装上的饰品。② 在帝国主义时代，君主的私人关系很大程度上反映了国家间思想观念层面的关系。因此，当1914年奥匈帝国面临与俄国的军事冲突时，意大利背弃了对奥匈帝国和德国的承诺。既有理论可以解释意大利背约的原因。换言之，当"安全利益"和"国内政治体制/意识形态"这两个自变量发生同向强化作用时，既有理论对结盟国家是否履约做出了清晰的解释。

尽管如此，既有理论存在两个主要的问题。第一，如表1-4所示，

① William C. Askew, "The Austro-Italian Antagonism, 1896-1914," in Lillian Parker Wallace et al., *Power, Public Opinion, and Diplomacy: Essays in Honor of Eber Malcolm Carroll by His Former Students*, Durham: Duke University Press, 1959, pp. 172 - 221; Richard J. B. Bosworth, *Italy the Least of the Great Powers: Italian Foreign Policy Before the First World War*, Cambridge: Cambridge University Press, 1979, pp. 196-254.

② Denis Mack Smith, *Italy and Its Monarchy*, New Haven: Yale University Press, 1989, p.158.

既有理论可解释的情况受"选择性偏差"的影响。[1] 这导致既有理论只能解释小概率事件。假设存在由两个大国（A 国和 B 国）组成的一个联盟。A-B 联盟针对的目标为 X 国。若 A 国与 B 国安全利益的一致性较大且两国政治体制/意识形态的一致性较大，则 X 国会预测当其与 A-B 联盟发生武装冲突时，A 国和 B 国会互相履行对彼此的安全承诺。A 国和 B 国会互相援助，共同应对 X 国。这种预测会促成 X 国降低对 A 国或 B 国的威胁程度。若 A 国或 B 国加大对 X 国的威胁程度，则 X 国会做出让步，以避免在武装冲突爆发后 A 国与 B 国互助而使 X 国蒙受更大的损失。X 国的这一政策降低了其与 A-B 联盟发生武装冲突的概率，进而降低了 A 国与 B 国相互履约所需前提条件发生的概率。反之，若 A 国与 B 国安全利益的一致性较小且两国政治体制/意识形态的一致性较小，则 A-B 联盟可能在尚未与 X 国发生武装冲突时解体。这同样降低了 A 国与 B 国相互履约所需前提条件发生的概率。因此，只有在"安全利益"和"国内政治体制/意识形态"发生交互影响时，结盟大国履约问题才是普遍存在的。

表 1-4　结盟大国履行安全承诺事件发生的概率

| | | 联盟成员安全利益的一致性 | |
|---|---|---|---|
| | | 大 | 小 |
| 联盟成员政治体制/意识形态的一致性 | 大 | 小概率事件 | 大概率事件 |
| | 小 | 大概率事件 | 小概率事件 |

资料来源：笔者自制。

　　第二，既有理论恰恰不能充分解释结盟大国履约这种普遍存在的现象。在国际环境和国内政治考量不匹配的情况下，结盟大国是否履行安全承诺？假设存在由两个大国（A 国和 B 国）组成的一个联盟。A-B 联盟存在下列情况之一：①A 国与 B 国安全利益的一致性较大，但两国政治体制/意识形态的一致性较小。A-B 联盟增强了 A 国抵御外部威胁的能力，但是削弱了 A 国的国内政治基础。②A 国与 B 国安全利益的一致

---

① 关于"选择性偏差"的更多讨论，可参见 James Fearon, "Selection Effect and Deterrence," *International Interactions*, Vol. 28, No. 5, 2002, pp. 5-29；杨原《弱权即公理——决心对比、选择效应与不对称冲突的结果》，《世界经济与政治》2022 年第 5 期，第 46—76 页。

性较小，但两国政治体制/意识形态的一致性较大。A－B 联盟增强了 A
国的国内政治基础，但同时增加了 A 国卷入与本国威胁来源无关的事件
中的概率。在国际环境和国内政治考量不匹配的情况下，当 B 国面临卷
入与联盟之外国家的武装冲突的可能时，A 国是否履行对 B 国的安全承
诺？既有理论恰恰缺少对这种情况的明确解释。基于对既有理论局限的
讨论，本书第三章将提出关于联盟履约的再结盟理论。

## 第二节　不对称联盟的运行

### 不对称联盟的类型

在一个地区内，大国与小国的关系构成不对称关系。大国是国际关
系的主角，但小国仍然存在一定的政策自主性。[①] 既有理论假定，国际
关系是由双边关系构成的，国家之间的能力差距很大。[②] 因此，既有理
论讨论一个大国与一个小国之间"一对一"的不对称关系。然而，某个
地区内可能存在不止一个大国或小国。因此，在既有理论的基础上，依
据某个地区内大国和中小国家的数量，表 1-5 给出了四种理想情况下的
不对称关系。

表 1-5　不对称关系的类型

| | | 大国数量 | |
|---|---|---|---|
| | | 一个 | 多个 |
| 小国数量 | 一个 | "一对一"<br>案例：20 世纪 60 年代，美国<br>与以色列的关系 | "多对一"<br>案例：19 世纪末，中、日、俄<br>与朝鲜的关系 |
| | 多个 | "一对多"<br>案例：美国与北约盟国的关系 | "多对多"<br>案例：1933—1939 年，法、德、苏<br>与中东欧国家的关系 |

资料来源：笔者自制。

---

① Brantly Womack, *Asymmetry and International Relationships*, Cambridge：Cambridge University Press, 2016, p. 10.

② Brantly Womack, *China among Unequals：Asymmetric Foreign Relationships in Asia*, Singapore：World Scientific Press, 2010, p. 82.

　　既有理论重点讨论了"一对一"的不对称关系，但并未详细讨论其余三种类型的不对称关系。"多对一"的不对称关系可简化为对称关系。若某个地区内存在多个大国和一个中小国家，则大国之间的竞争聚焦这个中小国家。例如，19世纪末，中国、日本与俄国在朝鲜半岛相互竞争影响。在这种情况下，不对称关系从属于对称关系。多个大国与某个小国的不对称关系是大国之间对称关系的延伸。研究者可以通过研究对称关系来研究这种附加性的不对称关系。笔者这里不再讨论这种附加性的不对称关系。"多对多"的不对称关系可简化为多个"一对多"的不对称关系的组合。例如，1933—1939年，法国、德国和苏联争夺在中东欧地区的影响力。法国、德国和苏联与中东欧的中小国家存在不对称的关系。研究者可将这种不对称关系视为法国、德国、苏联"分别"与中东欧中小国家关系的组合。研究者可通过讨论多个"一对多"的关系研究"多对多"的关系。因此，"一对一"和"一对多"是两种基本并且重要的不对称关系。

　　若一个联盟中存在至少一个大国和至少一个小国，那么这个联盟是"不对称联盟"。如表1-6所示，不对称联盟存在四种情形：多个大国与一个小国的联盟（情形1）、多个大国与多个小国的联盟（情形2）、一个大国与一个小国的联盟（情形3）、一个大国与多个小国的联盟（情形4）。

　　情形1是大国联盟的副产品。若存在多个大国与一个小国的联盟，则大国间的联盟关系决定了大国-小国的联盟关系。例如，20世纪20年代，法国与捷克斯洛伐克结成联盟。20世纪30年代，在法国与苏联结成联盟后，捷克斯洛伐克加入了法苏联盟。在法、苏、捷联盟中，法苏关系决定法捷关系和苏捷关系。情形1涉及的不对称联盟从属于大国联盟。情形1并非真正意义上的不对称联盟。因此，笔者不再单独讨论情形1的原理。情形2是情形3和情形4的综合。在情形2中，结盟大国一般会划分彼此负责的区域，以发挥各自的比较优势。例如，20世纪五六十年代，苏联与一些东欧国家、中国与朝鲜等分别结盟，形成了社会主义阵营。1951年5月初，苏联最高领导人约瑟夫·斯大林会见中共中央对外联络部部长王稼祥时强调："亚洲情况，东方问题，你们比我们清楚，主要靠你们去解决那边的问题。我们只对欧洲、西方了解得多一些。"① 苏联和中国在分工的基础上在不同地区形成了不对称联盟。因此，笔者将不单独讨论情形 2 的原理。

表 1-6　不对称联盟的类型

| | | 大国数量 | |
|---|---|---|---|
| | | 一个 | 多个 |
| 小国数量 | 一个 | 情形 3（双边不对称联盟）<br>案例：美韩联盟 | 情形 1（大国联盟的副产品）<br>案例：20 世纪 30 年代法国、苏联与<br>捷克斯洛伐克的联盟 |
| | 多个 | 情形 4（多边不对称联盟）<br>案例：北约组织 | 情形 2（情形 3+情形 4）<br>案例：20 世纪 50 年代的社会主义阵营 |

资料来源：笔者自制。

　　情形 3 和情形 4 的共同点是，联盟中只存在一个大国。作为联盟的领导者，大国是"强盟主"，而小国是"弱盟友"。情形 3 可以参考美国在亚太地区的"轮毂-轮辐"（hub-and-spoke）联盟。作为强盟主，美国与亚太地区的弱盟友之间存在安全承诺，而这些弱盟友之间不存在安全承诺。例如，美国与韩国、日本之间分别存在安全承诺，但韩国与日本之间不存在安全承诺。美韩联盟是"一对一"的不对称联盟的典型。情形 4 可以参考北约组织。作为强盟主，美国与欧洲地区的弱盟友之间存在安全承诺，而这些弱盟友之间也存在安全承诺。北约是"一对多"的不对称联盟的典型。由此，情形 3 为"双边不对称联盟"，而情形 4 为"多边不对称联盟"。依据以上分类，笔者将分别讨论关于不对称联盟形成（情形 3 的形成条件）和不对称联盟转型（由情形 3 转型为情形 4）的条件。

### 不对称联盟的形成

　　不对称联盟形成的条件是什么？有学者指出，国家间共同的安全利益是国家结盟的主要动力。斯蒂芬·M. 沃尔特（Stephen M. Walt）和格伦·斯奈德强调，国家间是否面临共同的外部威胁定义了其共同的安全利益，进而推动是否结盟的决策。克伦·雅西-米洛（Keren Yarhi-Milo）等人认为，相关国家安全利益的一致程度将决定两国之间是否缔结防务

---

① 林利：《往事琐记》，中央文献出版社 2006 年版，第 134 页。

条约。① 保罗·波阿斯特（Paul Poast）考察了国家"能否就共同作战计划达成一致"和国家"是否具备结盟之外选项"两个因素对安全利益的塑造作用，强调上述因素决定相关国家能否成功缔结联盟条约。② 保罗·W. 施罗德（Paul W. Schroeder）指出，国家结盟不但可应对外部威胁，而且可化解彼此冲突。因此，联盟既是一个权力工具，也是一个管控分歧的工具。在此基础上，杰里米·普雷斯曼（Jeremy Pressman）指出，抵御外部威胁和管控国家间分歧均为国家的共同安全利益。两者互为补充，共同塑造国家的联盟策略。③

与之相比，另有学者强调，一国的国内政治体制和意识形态塑造了结盟决策及其结果。迈克尔·N. 巴尼特（Michael N. Barnett）和兰德尔·L. 施韦勒（Randall L. Schweller）等人侧重解释结盟决策。④ 他们认为，获得国际支持应对国内威胁是一国结盟决策的重要动力。一国精英阶层对外部威胁的判断决定其是否采取包括结盟在内的对外政策。马克·L. 哈斯（Mark L. Haas）和约翰·M. 欧文（John M. Owen，Ⅳ）等人侧重解释联盟能否形成。哈斯阐述了共有规范对结盟的意义——两个国家的意识形态一致性程度越高，一国越容易认为另一国的成功有助于强化自身内部的政治稳定。因此，两国领导人结盟的愿望就越强。相反，两个国家的意识形态一致性程度越低，一国越容易认为另一国的成功有

---

① Stephen M. Walt, *The Origins of Alliances*, Ithaca: Cornell University Press, 1987; Snyder, *Alliance Politics*, pp. 169-170; Keren Yarhi-Milo, Alexander Lanoszka and Zack Cooper, "To Arm or to Ally? The Patron's Dilemma and the Strategic Logic of Arms Transfers and Alliances," *International Security*, Vol. 41, No. 2, 2016, p. 100.

② Paul Poast, *Arguing about Alliances: The Art of Agreement in Military-Pact Negotiations*, Ithaca: Cornell University Press, 2019, p. 4.

③ Paul W. Schroeder, "Alliances, 1815-1945: Weapons of Power and Tools of Management," in Klaus Knorr, ed., *Historical Dimension of National Security Problems*, Lawrence: University of Kansas Press, 1976, pp. 227-262; Jeremy Pressman, *Warring Friends: Alliance Restraint in International Politics*, Ithaca: Cornell University Press, 2008, pp. 8-9.

④ Michael N. Barnett and Jack S. Levy, "Domestic Sources of Alliances and Alignments: The Case of Egypt, 1962-73," *International Organization*, Vol. 45, No. 3, 1991, p. 370; Steven R. David, "Explaining Third World Alignment," *World Politics*, Vol. 43, No. 2, 1991, p. 235; Michael N. Barnett, "Identity and Alliances in the Middle East," in Peter Katzenstein, ed., *The Culture of National Security*, New York: Columbia University Press, 1996, pp. 401, 410; Randall L. Schweller, *Unanswered Threats: Political Constraints on the Balance of Power*, Princeton: Princeton University Press, 2008.

可能削弱自身国内的政治权威。因此，两国关系越容易变成敌对性关系。欧文认为意识形态不同的国家之间容易形成竞争性关系。这种竞争促进了意识形态相同的国家结盟。[①]

如表 1-7 所示，当"安全利益"和"国内政治体制/意识形态"发生同向强化作用时，既有理论具有很强的解释力。若两国安全利益的一致性程度较大且政治体制/意识形态的一致性较大，则它们结盟。例如，冷战时期，美国和联邦德国共同面对与苏联的竞争。美苏之间存在欧洲地缘政治的竞争，而德苏之间存在德国统一前景的矛盾。美国重塑了联邦德国的政治体制。这使得美德政治体制和意识形态比较接近。因此，1955 年，联邦德国加入了美国主导的北约，与美国形成了正式的联盟。若两国安全利益的一致性程度较小且政治体制/意识形态的一致性较小，则它们不结盟或结盟失败。例如，20 世纪 30 年代，德国对捷克斯洛伐克有领土要求，而捷克斯洛伐克与法国和苏联的联盟加深了德捷之间的敌意。德国经历了从魏玛共和国的资产阶级民主制变为纳粹一党专制的国内政治变化，而捷克斯洛伐克则坚持推行资本主义议会民主制度。结果，德国曾经设想的与捷克斯洛伐克签署互不侵犯条约的建议并未实现。[②] 在这种情况下，两国更不可能结盟。

表 1-7　既有理论关于不对称联盟形成的解释

| | | 相关国家安全利益的一致性 | |
|---|---|---|---|
| | | 大 | 小 |
| 相关国家政治体制/意识形态的一致性 | 大 | 结盟成功<br>案例：1955 年美国-联邦德国关系 | ？ |
| | 小 | ？* | 不结盟/结盟失败<br>案例：20 世纪 30 年代德国-捷克斯洛伐克关系 |

资料来源：笔者自制。

*"？"表示既有理论未解释此象限中的案例。

① Mark L. Haas, "Ideology and Alliances: British and French External Balancing Decisions in the 1930s," *Security Studies*, Vol. 12, No. 4, 2003, p. 35; John M. Owen, Ⅳ, "When Do Ideologies Produce Alliances: The Holy Roman Empire, 1517 - 1555," *International Studies Quarterly*, Vol. 49, 2005, pp. 73-99.

② Zara Steiner, *The Triumph of the Dark: European International History, 1933 - 1939*, Oxford: Oxford University Press, 2011, pp. 267-268.

　　然而，既有理论存在两个问题。其一，既有理论可以解释"安全利益"和"国内政治体制/意识形态"发生同向强化时的案例。然而，当安全利益和价值规范发生交互作用时，上述理论没有给出充分的解释。若两国安全利益的一致性程度较小但政治体制/意识形态的一致性较大，它们是否结盟？若两国安全利益的一致性程度较大但政治体制/意识形态的一致性较小，它们是否结盟？[①] 如后文所述，"安全利益"和"国内政治体制/意识形态"发生交互作用的情况是大量存在的。在这种情况下，既有理论并未给出明确的解释。其二，既有理论没有区分不同类型国家结盟的条件。与大国联盟相比，不对称联盟形成的条件有何特点？

　　为讨论大国和小国结盟的条件，莫罗做了重要努力。他分析了大国和小国的不同需求。大国可对别国提供安全保障，但是要求被保障的国家以牺牲政策自主性作为回报。与大国相比，小国对安全的需求更为迫切。小国更可能牺牲政策自主性以便获得安全保障。因此，大国更容易与小国而非大国结盟。大国和小国各取所需：大国获得小国让渡的政策自主性，而小国则得到了大国的安全保障。因此，不对称联盟比对称联盟更容易形成。[②]

　　莫罗的理论对研究者理解不对称联盟的形成做出了重要贡献。然而，他的理论仍然不能充分解释不对称联盟形成的条件。第一，既然大国和小国的需求不同，为什么当大国试图与小国结盟时，有的联盟形成了，有的联盟没有形成？莫罗强调，不对称联盟比对称联盟更容易形成。然而，他并未系统检验不对称联盟形成的条件。他的观点能否用于解释不对称联盟的形成尚存经验层面的疑问。第二，莫罗未充分讨论小国对大

---

①　马克·L.哈斯讨论了在面临共同外部威胁的情况下意识形态敌对的国家之间结盟的原因。他强调国家政治体制的稳定性和国家间意识形态的距离对结盟决策的影响，参见 Mark L. Haas, *Frenemies: When Ideological Enemies Ally*, Ithaca: Cornell University Press, 2022。这一理论深化了国内政治体制/意识形态因素对结盟决策的讨论。但该理论仍未充分讨论安全利益和国内政治体制/意识形态的交互作用。若两国安全利益的一致性程度较小但政治体制/意识形态的一致性较大，它们是否结盟？哈斯的研究并未讨论这一问题。关于这一问题的更多讨论参见 Yuxing Huang, "Review of Mark L. Haas, *Frenemies: When Ideological Enemies Ally*, Ithaca: Cornell University Press, 2022," *International Studies Review*, Vol. 26, No. 1, 2024。

②　James D. Morrow, "Alliances and Asymmetry: An Alternative to the Capability Aggregation Model of Alliances," *American Journal of Political Science*, Vol. 35, No. 4, 1991, pp. 904, 914.

国的影响。他指出，小国可以将本国领土作为大国的军事基地，从而影响大国的安全。[①] 这个观点颇具启发性：对大国来说，小国的领土的确是一种重要的战略资源。然而，小国还可对大国提供其他形式的战略资源（例如农产品、稀有金属、石油）。这样的战略资源能否影响大国之间的权力对比？第三，莫罗低估了小国向大国排他性地提供资源的意义。如果一个小国同时向若干个大国提供资源，那么小国的资源具有开放性。在这种情况下，小国能否影响大国之间的权力对比？基于莫罗的理论，本书第四章将提出一个解释大国和小国结盟的功能分异理论。

**不对称联盟的转型**

不对称联盟的"转型"存在多种主要含义。有学者梳理了联盟转型的九种情况。[②] 在这一基础上，笔者认为以下三种联盟转型对理解当前国际关系变化更为重要。首先，联盟的功能可能发生转型。例如，冷战结束后，北约开始强调联盟应对非传统安全对缔约国的挑战。2010 年 8 月，北约总部增设"新安全挑战部"（Emerging Security Challenges Division）。[③] 其次，联盟的成员可能发生变化。例如，冷战结束之后，北约在中东欧吸纳新的成员，将联盟的边界从原联邦德国与民主德国的边界拓展到波罗的海国家与俄罗斯的边界。最后，联盟的地域可能拓展。例如，近年来，美国不断试图推动北约组织将其职能从欧洲地区拓展到印太地区。[④] 上述转型对理解国际关系现实均具有重要意义。为分析联盟在结构层面的变化，笔者不再分析上述"联盟转型"的条件，而是聚焦不对称联盟从双边联盟转型为多边联盟的条件。

如表 1-6 所述，在不对称联盟的四种类型中，情形 1 是大国联盟的副产品。因此，其余三种情形之间的相互转化涉及联盟结构的变化。情形 2 是情形 3 和情形 4 的综合。因此，基本的结构变化为两种——"情形 3 转型为情形 4"和"情形 4 转型为情形 3"。情形 3 为双边不对

---

① Morrow, "Alliances and Asymmetry," p. 916.

② 凌胜利：《联盟的转型：一项概念分析》，《太平洋学报》2015 年第 3 期，第 15 页。

③ "The Structure of the International Staff," http://www. nato. int/cps/en/natolive/topics_58110. htm，访问时间：2022 年 12 月 16 日。

④ 孙茹：《中美全球博弈下的北约亚太化》，《现代国际关系》2022 年第 7 期，第 51—60 页。

称联盟。弱盟友之间无安全承诺。情形 4 为多边不对称联盟。弱盟友
之间有安全承诺。对强盟主来说，建立双边不对称联盟难度较低，建
立多边不对称联盟的难度较高。因此，"情形 3 转型为情形 4"更具现
实意义。

在不对称联盟中，强盟主与弱盟友之间存在较大权力差距。因此，
讨论不对称联盟转型的前提条件是强盟主有意愿推动联盟转型。[①] 在这
一前提下，既有理论指出，联盟成员安全利益的一致性和联盟成员政治
体制/意识形态的一致性是形成双边不对称联盟或多边不对称联盟的基本
条件。冷战爆发后，美国在亚洲和欧洲地区分别形成了双边不对称联盟
和多边不对称联盟，而这两组联盟自形成至今产生了重大的国际影响。
因此，学者们试图通过回答"为什么亚洲没有出现北约"来理解为什么
以美国为核心的联盟出现不同类型。这不仅是理论研究的题中应有之义，
也是促进相关的实证研究和政策讨论的突破口。

加利亚·普莱斯-巴纳森（Galia Press-Barnathan）、车维德（Victor
Cha）和罗伯特·J.麦克马洪（Robert J. McMahon）等人强调美国及其盟
国安全利益的一致性对联盟类型的影响。普莱斯-巴纳森分析了一个大国
为何采取"双边合作策略"、"地区合作策略"或"全球多边合作策略"。
笔者定义的"双边不对称联盟"非常类似于她定义的"双边合作策略"。
而笔者定义的"多边不对称联盟"是她定义的"地区合作策略"的一
种。普莱斯-巴纳森指出，大国能否推行地区合作战略取决于两个必要条
件：大国与地区国家之间是否有共同利益，地区国家是否愿意支持地区
合作战略。如果大国与地区国家之间存在共同利益并且地区国家支持地
区合作战略，那么地区合作战略更容易出现。[②] 与普莱斯-巴纳森的观点
类似，车维德讨论了美国在东北亚联盟的历史经验。他指出，美国与盟

① 一般而言，强盟主有这种意愿。当然，在一些情况下，强盟主的这种意愿相对较低。
例如，1954 年日内瓦会议之后，随着地区安全局势的变化，美国在亚洲建立多边不对
称联盟的动力有所减弱。在这种情况下，联盟转型是难以发生的。对相关案例的讨论
可参见 Kai He and Huiyun Feng，"'Why Is There No NATO in Asia'Revisited：Prospect
Theory，Balance of Threat，and US Alliance Strategies，"*European Journal of International
Relations*，Vol. 18，No. 2，2012，pp. 227-250。
② Galia Press-Barnathan，*Organizing the World：The United States and Regional Cooperation in
Asia and Europe*，New York：Routledge，2003，p. 33.

国的安全利益差异决定了美国在东北亚采取双边联盟政策。与在欧洲的情况不同，美国在东北亚面临如何应对所谓"流氓盟友"（rogue allies）的潜在挑战。亚洲的反共独裁者（如李承晚、蒋介石等）可能因为内部政治因素挑起对外冲突，而美国不想卷入这类冲突。因此，美国试图通过双边联盟直接控制盟国。美国的决策者正确地意识到，他们不可能在一个更大的多边框架内施加类似程度的控制性影响。[1] 与上述观点类似，麦克马洪讨论了美国在东南亚联盟的历史经验。他指出，以美国为核心的双边联盟掩盖了美国与盟国对地区内威胁评估的差异。然而，美国与盟国对"中国威胁"的不同认识使得联盟从形成时就是不稳定的。[2] 在安全利益严重分歧的情况下，美国很难在东南亚地区组建多边联盟。

　　除强调美国与盟国的安全利益一致性外，美国的地区盟友之间的安全利益一致性也塑造了美国的联盟政策。阿瑟·A. 斯坦（Arthur A. Stein）指出，在建立不对称联盟时，美国在欧洲和亚洲面临的任务类似。在上述地区，美国采取的政策也大致相同。然而，这两个地区内的国家对发展地区组织的态度不同。欧洲国家积极发展地区组织，并推动美国和北约组织的运行。然而，欧洲国家试图重返其在第二次世界大战前在亚洲的殖民地则阻碍了亚洲国家建立独立自主的地区性组织。在美国结盟的过程中，联邦德国和日本分别是欧洲和亚洲的关键国家。这两国对美国的政策并不相同：联邦德国愿意在多边框架内重新武装，而日本则拒绝对美国承担安全义务。欧洲和亚洲地区国家的不同选择使得美国在上述地区分别建立了多边不对称联盟和双边不对称联盟。[3]与斯坦相比，泉川泰博（Yasuhiro Izumikawa）更强调美国盟国之间的互动。与斯坦的观点类似，泉川非常重视美国盟友之间的利益差异。泉川指出，美国曾设想在欧洲和亚洲建立多边不对称联盟。在亚洲地

①　Victor Cha, "Powerplay: Origins of the U. S. Alliance System in Asia," *International Security*, Vol. 34, No. 3, 2009/2010, pp. 158-196.

②　Robert J. McMahon, "Fragile Alliances: America's Security Relationships in Cold War Asia," in Vojtech Mastny and Zhu Liqun, eds. , *The Legacy of the Cold War: Perspectives on Security, Cooperation, and Conflict*, Lanham: Lexington Books, 2014, pp. 234-235.

③　Arthur A. Stein, "Recalcitrance and Initiative: US Hegemony and Regional Powers in Asia and Europe after World War Ⅱ," *International Relations of the Asia-Pacific*, Vol. 14, No. 1, 2014, pp. 147-177.

区，美国与日本、韩国分别结盟，并将日本视为整个联盟体系的支柱。美国可以通过支持日本实现在亚洲地区联盟的运转。然而，实际情况与上述设想存在相当的距离。美国对日本的支持程度较高导致日本认为其安全已有保障。结果，日本对与韩国的相互保障不感兴趣。这也使得韩国更重视来自美国而非日本的安全承诺。韩国获得来自美国的支持程度越大，它就越不重视来自日本的支持。日韩之间的互动严重削弱了美国的联盟构想。美国不得不改变原计划，转而建立以其为核心的多个双边不对称联盟。①

斯坦和泉川创造性地将美国与每个盟友、美国多个盟友之间的安全利益的一致程度纳入统一的理论框架。斯坦和泉川仍然遵循了成本-收益的分析思路，但其理论已经展示了非物质性因素的重大影响。例如，斯坦认为欧洲国家在亚洲地区的殖民历史塑造了美国的联盟政策，而泉川则强调美国及其盟友之间的社会网络互动导致美国改变了联盟政策。在承认联盟成员共享安全利益重要性的前提下，克里斯托弗·哈默尔（Christopher Hemmer）、彼得·J. 卡赞斯坦（Peter J. Katzenstein）和阿米塔夫·阿查亚（Amitav Acharya）等人着重强调联盟成员政治体制/意识形态的一致性对联盟类型的影响。

哈默尔和卡赞斯坦指出，联盟成员对集体身份的不同认知导致了不同的联盟类型的出现。受种族、历史、政治和文化的影响，美国决策者认为，欧洲盟国与美国是同一共同体中相对平等的伙伴。然而，美国却将在亚洲的盟国视为与自身差异显著的次级群体。美国和欧洲盟友的共有认同促进了多边联盟；美国和亚洲盟友缺少共有认同则推动了一系列双边联盟的建立。② 阿查亚赞同上述分析思路，并聚焦地区内小国的作用。他指出，东南亚国家的历史和国内政治因素使得它们缺少对集体性的防务身份认同。英国试图以东南亚条约组织（Southeast Asia Treaty Organization，SEATO）作为亚洲"地区性"防务安排，并得到了美国的支

---

① Yasuhiro Izumikawa, "Network Connections and the Emergence of the Hub-and-Spokes Alliance System in East Asia," *International Security*, Vol. 45, No. 2, 2020, pp. 7-50.

② Christopher Hemmer and Peter J. Katzenstein, "Why Is There No NATO in Asia? Collective Identity, Regionalism, and the Origins of Multilateralism," *International Organization*, Vol. 56, No. 3, 2002, pp. 575-607.

持。然而，亚洲国家之间的互动破坏了英美的努力。这不仅使得东南亚条约组织建立时就比较脆弱，而且参加该组织的东南亚国家（泰国和菲律宾）对其主权和亚洲身份非常敏感。当出现了地区主义的规范后，泰国和菲律宾很快抛弃了东南亚条约组织并加入了东盟。东南亚国家反对集体防务安排的规范，不仅削弱了东南亚条约组织，而且使得类似的安排或者通过间接和秘密渠道形成新的类似组织变得极为困难。亚洲国家之间的互动削弱了该地区集体防务安排的合法性。①

　　综上所述，既有理论以"安全利益"和"国内政治体制/意识形态"解释联盟的不同类型，对推动关于联盟转型的研究提供了有益启示。然而，既有理论并未直接讨论联盟转型成败的条件。由此，笔者将首先按既有理论的思路解释联盟转型的成败，之后考虑既有理论的局限。

　　根据既有理论的思路，当联盟成员安全利益的一致性大且政治体制/意识形态的一致性大时，双边不对称联盟转型为多边不对称联盟较容易成功。联盟转型成功意味着联盟内的每个成员与其他成员之间形成了互助性的安全承诺。这有利于发挥每个联盟成员在军事能力、领土区位、自然资源和情报搜集等方面的特长。转型成功不仅可以提高联盟对潜在敌国的竞争优势，而且可以增强联盟成员国内政治的基础。例如，1948年，苏联先后与匈牙利、保加利亚等国签订双边友好合作互助条约。苏联与这些盟国都认为美国在西欧的军事存在是其主要威胁。此外，苏联与这些盟国同为共产党领导的社会主义国家。提升联盟成员的安全合作水平不但有利于联盟成员应对外部威胁，而且有助于巩固联盟成员的国内政治的合法性基础。因此，随着冷战的爆发，苏联将在中东欧的一组双边不对称联盟成功地转型为一个多边不对称联盟，并主持建立了华沙条约组织。

　　相反，当联盟成员安全利益的一致性小且联盟成员政治体制/意识形态的一致性小时，双边不对称联盟转型为多边不对称联盟较容易失败。联盟转型将促成弱盟友对与之安全利益不一致的弱盟友给予安全承诺。这将增加本国在和平时期与新盟国协调政策的成本，增加本国卷入不必

① Amitav Acharya, " 'Why Is There No NATO in Asia?' The Normative Origins of Asian Multilateralism," Weatherhead Center for International Affairs Working Paper Series, Paper No. 05 - 05, Harvard University, 2005.

要的武装冲突的可能性，并可能削弱本国的国内政治的合法性基础。例如，20 世纪 20 年代，法国与波兰和捷克斯洛伐克分别缔结了联盟条约。然而，波兰和捷克斯洛伐克的安全利益不同。波兰维护《凡尔赛和约》中关于"波兰走廊"的规定，但反对协约国于 1920 年 7 月划分波兰和捷克斯洛伐克边界的方案。这一方案将特申地区（Teschen）一分为二，并将其中一部分划为捷克斯洛伐克领土。[1] 在法国的斡旋下，1921 年 11 月，波兰和捷克斯洛伐克签订了友好条约，声明一方将在另一方遭到攻击的情况下维持中立。双方互相尊重领土完整。然而，波兰并未批准这一条约。[2] 这表明，波兰和捷克斯洛伐克的安全利益存在明显差异。此外，两国之间也缺少共同的价值规范。1926 年 5 月，波兰的"复国元勋"约瑟夫·毕苏斯基（Józef Piłsudski）发动政变，并在事实上建立了以其为核心的独裁体制。[3] 毕苏斯基十分厌恶捷克斯洛伐克的民主制度。安全利益差异和意识形态分歧使得波捷关系矛盾不断。波兰在边界地区进行反对捷克斯洛伐克的广播宣传，而捷克斯洛伐克则驱逐了波兰外交官。[4] 1934 年 5 月，捷克斯洛伐克举办了反纳粹图片展。这不仅引起了德国的抗议，也引起了波兰的抗议。[5] 面对纳粹德国的威胁，法国曾试图推动波捷结盟以实现联盟转型。[6] 然而，波兰与捷克斯洛伐克之间"安全利益"和"国内政治体制/意识形态"的鸿沟使得法国的努力无果而终。

　　由此，既有理论对不对称联盟转型的条件如表 1-8 所示。当"安全利益"和"国内政治体制/意识形态"发生同向强化作用时，既有理论可以解释联盟转型的结果。然而，当上述两个因素发生交互作用时，既有理论并未提供明确的解释。为弥补既有理论的不足，本书第五章将提出关于不对称联盟转型的谈判能力理论。

---

[1]　Łukasiewicz, *Diplomat in Paris*, *1936-1939*, pp. 56-57.

[2]　S. Harrison Thomson, "Foreign Relations," in Bernadotte E. Schmitt ed., *Poland*, Berkeley: University of California Press, 1945, p. 382.

[3]　Joseph C. Gidyński, "Constitutional Development of Poland," in Bernadotte E. Schmitt ed., *Poland*, Berkeley: University of California Press, 1945, pp. 89-100.

[4]　Thomson, "Foreign Relations," in Schmitt ed., *Poland*, pp. 401-402.

[5]　Zbyněk Zeman and Antonín Klimek, *The Life of Edvard Beneš, 1884-1948: Czechoslovakia in Peace and War*, Oxford: Clarendon Press, 1997, p. 83.

[6]　Łukasiewicz, *Diplomat in Paris*, *1936-1939*, pp. 18, 20.

表 1-8　既有理论关于不对称联盟转型的解释

| | | 联盟成员安全利益的一致性 | |
|---|---|---|---|
| | | 大 | 小 |
| 联盟成员政治体制/意识形态的一致性 | 大 | 联盟转型成功<br>案例：1955 年苏联成功建立华沙条约组织 | ？ |
| | 小 | ？* | 联盟转型失败<br>案例：20 世纪 30 年代法国推动波兰和捷克斯洛伐克结盟失败 |

资料来源：笔者自制。

* "？"表示既有理论未解释此象限中的案例。

# 第三节　小国集团政策协调

在一个地区内，仅由小国组成的政治安全集团是"小国集团"。按照既有理论的思路，笔者以小国集团成员安全利益的一致性和政治体制/意识形态的一致性划分不同类型的小国集团。如表 1-9 所示，"小国集团"可分为三种主要类型：小国联盟、小国协调和安全共同体。若相关国家的安全利益的一致性和政治体制/意识形态的一致性均较小，则这些国家很难形成集团。这样的集团即使存在，也很难形成共同的对外政策。因此，笔者不再讨论这种情况。①

———————————

① 这方面的例子可以参考第二次世界大战结束后由南斯拉夫、希腊、土耳其缔结的《巴尔干公约》。三方均认为苏联是潜在的威胁。然而，三方的安全利益并不一致。南斯拉夫与意大利之间存在领土争端，而希腊、土耳其、意大利均为北约盟国。如果发生武装冲突，希腊、土耳其和南斯拉夫之间仅有协商的义务，而希腊、土耳其和意大利之间却有互助性的安全承诺。因此，如果南斯拉夫和意大利之间发生武装冲突，希腊、土耳其的立场是不确定的。此外，希腊、土耳其之间还存在领土争端。除安全利益不同外，南斯拉夫是社会主义国家，而希腊、土耳其均奉行反共的意识形态。因此，南斯拉夫、希腊和土耳其之间的小国集团自形成之日起就难以采取共同的政策。当苏联与南斯拉夫的关系缓和后，这一集团基本失去了实际作用。关于这一集团情况的论述，可参考〔英〕彼得·卡尔沃科雷西编著，科拉尔·贝尔助编《国际事务概览，1953年》，季国兴、刘士箴译，上海译文出版社 1989 年版，第 160—165 页；〔英〕科拉尔·贝尔著，F. C. 贝纳姆编《国际事务概览，1954 年》，云汀等译，上海译文出版社 1984 年版，第 239 页。

**表 1-9  小国集团的类型**

| | | 集团成员安全利益的一致性 | |
|---|---|---|---|
| | | 大 | 小 |
| 集团成员政治体制/<br>意识形态的一致性 | 大 | 小国联盟<br>案例：波罗联盟 | 安全共同体<br>案例：维谢哥拉德集团 |
| | 小 | 小国协调<br>案例：《波罗的海公约》 | 无集团 |

资料来源：笔者自制。

第一种小国集团是联盟。如前所述，共同的安全利益和国内政治体制/意识形态是国家结盟的主要动力。因此，若多个小国共享安全利益和国内政治体制/意识形态，则小国集团将形成小国联盟。在这种情况下，多个小国可能针对具体的外部威胁给予彼此互助的安全承诺。例如，20 世纪 20 年代，波兰和罗马尼亚均将苏俄视为主要的威胁来源。波兰和罗马尼亚均担心苏俄对其提出领土要求。同时，波兰和罗马尼亚均为独裁政体。波兰的军事独裁者毕苏斯基厌恶民主制度，而罗马尼亚历任国王对议会民主制皆无好感。波兰和罗马尼亚的统治者均敌视共产主义意识形态。波兰和罗马尼亚有共同的敌人并共享价值规范。因此，两国结成联盟。这一联盟是反对苏俄（苏联）的。小国联盟不但在历史上屡见不鲜，而且在当今国际舞台也不时出现。例如，2020 年，波兰、立陶宛和乌克兰之间形成了所谓"卢布林三角"。这一集团成员在安全上均与俄罗斯有矛盾，也有较高的国内政治和意识形态层面的相似性。[①] 三国之间形成了小国联盟。2022年俄乌冲突爆发后，"卢布林三角"成为沟通北约和乌克兰的重要平台。

第二种小国集团是协调（concerts）。协调原指大国采取一致行动共同管理国际事务的行为。在一般情况下，大国协调会通过国际会议协商大国间利益分配。在承认大国间权力均衡的基础上，各大国也意识到自身的责任、荣誉、权利和义务等规范性要素的重要性。换言之，价值规范是大国协调利益分歧的润滑剂。[②] 不仅大国会协调彼此政策，小国也

---

① 徐凤江：《"卢布林三角"：欧亚大陆的新玩家?》，《世界知识》2021 年第 4 期，第 74 页。

② Robert Jervis, "A Political Science Perspective on the Balance of Power and the Concert," *American Historical Review*, Vol. 97, No. 3, 1992, pp. 716–724; Charles A. Kupchan and Clifford A. Kupchan, "Concerts, Collective Security and the Future of Europe," *International Security*, Vol. 16, No. 1, 1991, pp. 140–144.

会采取类似政策。若小国有共同的安全利益但共享国内政治体制/意识形态的程度较低，则小国集团表现为小国协调。在这种情况下，小国可能针对普遍而非具体的外部威胁给予彼此互助的安全承诺。小国有明确的共同威胁意味着小国需要互助的安全承诺。然而，小国共享的国内政治体制/意识形态程度较低意味着具体的安全承诺将削弱小国国内政治的合法性基础。因此，小国彼此间仅承担普遍性的国际义务，以免国际政策对国内政治产生负面影响。

　　例如，第一次世界大战结束后，德国军队规模被压缩至 10 万人左右。相比而言，波罗的海国家共有 50 万人规模的军队、100 辆坦克、400 架处于一线的飞机、4 艘现代化潜水艇和其他各类武器。[1] 德国的军事能力尚不及波罗的海国家。然而，德国的军事经济潜力远大于波罗的海国家。此时，德国与波罗的海国家之间还存在领土和经济争端。1934—1940 年，德国重整军备推动了立陶宛、拉脱维亚和爱沙尼亚的合作。对波罗的海国家来说，德国是明确的外部威胁。然而，波罗的海国家的国内政治极不稳定。[2] 这导致三国政治体制和意识形态的相似程度起伏不定。1934 年，立陶宛早已完成由民主制向威权体制的转变，拉脱维亚则刚结束民主制向威权体制过渡，而爱沙尼亚仍然陷于国内民主力量和威权力量的斗争之中。1934 年 9 月，立陶宛、拉脱维亚和爱沙尼亚签署了《谅解与合作条约》，即《波罗的海公约》。条约规定三国将讨论共同关心的外交问题，建立定期外长会晤机制，并促进彼此在国际会议上的合作。[3] 这表明，三国之间的对外政策协调存在制度性保障。但是，《波罗的海公约》并未成为真正的联盟条约。三国共享价值规范的程度较低导致它们无法针对某个具体目标给予互助性的安全承诺。三国之间始终无法针对德国的威胁采取共同的政策。

　　第三种小国集团是安全共同体（security communities）。在一个安全

---

①　John Hiden, "Introduction: Baltic Security Problems between the Two World Wars," in John Hiden and Thomas Lane eds., *The Baltic and the Outbreak of the Second World War*, Cambridge: Cambridge University Press, 1992, p. 7.

②　〔美〕凯文·奥康纳：《波罗的海三国史》，王加丰等译，中国大百科全书出版社 2009 年版，第 95—97 页。

③　Albert N. Tarulis, *Soviet Policy toward the Baltic States, 1918-1940*, Notre Dame: University Press of Notre Dame, 1959, p. 90.

共同体中，成员国政治体制和意识形态的一致性产生了共有认同，促进
了共同体意识的形成。国家不再依据狭隘的国家利益行事，共同的身份
认知塑造了它们的行为。[①] 若小国共享的国内政治体制/意识形态程度较
高但缺少明确的共同威胁，则小国之间可以形成安全共同体。小国共享
的国内政治体制/意识形态程度较高意味着共同的对外政策将强化小国的
国内政治基础。然而，小国缺少明确的共同威胁意味着小国无法针对普
遍或者具体的外部威胁形成互助承诺。因此，小国的合作行为是普遍存
在的，但是合作的深度相对有限。例如，冷战结束后，波兰、匈牙利、
捷克、斯洛伐克四国建立了维谢格拉德集团（Visegrád Group）。这些国
家均不具备独立的进攻性军事能力，而是通过北约将其防务与美国对其
援助相挂钩。因此，维谢格拉德集团是一个小国间的安全共同体。

　　小国联盟、小国协调和小国间的安全共同体均可能形成共同对外政
策。然而，既有理论并不重视小国集团的作用，也未解释小国集团形成
共同对外政策的条件。例如，罗森斯坦、怀特和韦民是研究小国联盟的
代表性学者。罗森斯坦强调小国联盟只不过是一个"用处有限的工
具"。[②] 在比较了小协约国和布鲁塞尔条约组织之后，怀特认为小国联盟
无法形成针对大国的共同政策。[③] 韦民认为小国间的联盟对小国安全缺
乏实质意义。这种联盟无法解决小国的安全难题。[④] 在既有研究的基础
上，本书第六章将提出"协调对象理论"。小国集团共同政策可能是针
对集团之外的小国的"独立自主"政策，也可能是依附某个大国并针对
另一大国的政策。当小国集团能够形成共同的对外政策时，小国集团可
以深刻塑造大国之间的战略关系。

　　综上所述，既有理论启发了笔者的研究思路，而既有理论的局限则
为笔者推动相关研究留下了空间。这主要表现在三个方面。其一，既有
理论缺少对于联盟与伙伴关系若干重要问题的解释。例如，既有理论没

①　Karl Deutsch et al. , *Political Community and the North Atlantic Area: International Organization in the Light of Historical Experience*, Princeton: Princeton University Press, 1957; Emanuel Adler and Michael Barnett eds. , *Security Communities*, Cambridge: Cambridge University Press, 1998.

②　Rothstein, *Alliances and Small Powers*, p. 169.

③　Wight, *Power Politics*, pp. 133-135.

④　韦民:《小国与国际安全》，北京大学出版社 2016 年版，第 63 页。

有明确解释大国间结盟（结伴）引发军事协作的条件，也忽视了小国集团形成共同政策的条件。其二，既有理论以"安全利益"和"国内政治体制/意识形态"作为解释联盟和伙伴关系形成及运转的主要条件。当上述两个因素发生同向强化作用时，既有理论对结盟大国履约、不对称联盟形成和不对称联盟转型均做出了清晰的解释。然而，当上述两个因素发生交互作用时，既有理论的解释是不充分的。其三，既有理论以欧洲国家的联盟和伙伴关系案例作为主要经验基础。然而，即使考察两次世界大战之间欧洲国家之间联盟与伙伴关系的案例，既有理论也不能充分解释经验事实。这不仅意味着既有理论因果机制的某些缺失，也意味着以这一案例为依据改进和完善既有理论具有重要意义。

# 第二章　能力分异理论

如前所述，结盟（结伴）可能引发公开或秘密的军事协作，但并不必然引发军事协作。既有理论指出，军事协作可以作为联盟成员（伙伴国家）给其他国家的信号，也可提高联盟成员（伙伴国家）的联合作战能力。在这一基础上，"能力分异理论"认为，军事协作是联盟成员或伙伴国家的"信号工具"或"效率工具"。大国相对能力的变化决定着伙伴关系能否引发军事协作。若结盟或结伴大国的相对能力同时上升，则伙伴关系将引发公开军事协作。若结盟或结伴大国的相对能力同时下降，则伙伴关系将引发秘密军事协作。若结盟或结伴大国的相对能力有升有降，则伙伴关系将无法引发军事协作。1935—1939 年，欧洲国际关系中存在法苏、英法、法意、德意、德苏五组伙伴关系。相关国家的能力分异与军事协作之间存在密切的联系。1935 年，法国相对能力下降，苏联相对能力上升。法苏协定未引发军事协作。1936 年，英国和法国的相对能力上升。英法协定引发了公开军事协作。1935 年和 1939 年，相关结伴国家的相对能力同时下降。法意协定、德意协定和德苏协定引发了秘密军事协作。

## 第一节　理论假设

**变量关系**

一国的"相对能力"是指该国相对于其所在地区内的所有大国的军事能力。"相对能力"的概念涉及内涵和测量两个主要方面。关于概念内涵，衡量一国的相对能力需研究者综合考虑该国与其所在地区内发生各类战略关系的"同量级"的国家的能力对比。如第一章所述，对一国而言，敌对、竞争、合作和联盟是不同的战略关系。一国转换战略关系是有风险的；然而，转换战略关系不仅完全可能，而且这种转换发生的速度可能很快。例如，1939 年 9 月至 1941 年 5 月，在 21 个月里，德国和苏联先从敌人变为伙伴，再从伙伴变为敌人。今天的盟友可能变成明天的敌人。因此，在衡量一个大国的相对能力时，研究者无须分别讨论该国对敌人和盟友的相对能力，而应讨论该国针对其所在地区所有力量大致相当的国家的相对能力。

相对能力的测量始终是一个学术难点。[①]"国家物质能力"数据库（National Material Capabilities，NMC）第 6 版使用国家的总人口、城市人口、钢铁产量、能源消费量、军事人员数量和军费开支六个指标测算了 1816—2016 年国家的相对能力。[②] 然而，直接使用相关数据测量相对能力存在三个不足。其一，政治组织的有效性、公民的竞争力、政治体制的合法性、精英的专业竞争力对衡量国力的影响不容忽视。然而，为了形成可比较的定量数据，NMC 数据库并不列入和分析这些因素。其二，NMC 数据库列入的指标对国力的影响值得商榷。一国的总人口数量多有利于该国获得兵员，但人口结构等其他因素同样影响军队战斗力。[③] 城市人口数量、钢铁产量、能源消费量有利于反映国家的经济发展水平。但是，经济能力转化为军事影响的条件是复杂的。[④] 在一定历史条件下，军事人员数量也并非反映军事能力的核心指标。[⑤] 其三，NMC 数据库对六个指标的加权方式的逻辑有待明确。在什么条件下，何种指标应当被赋予何种权重，这是一个值得讨论的学术问题。但是，NMC 数据库对各

①　秦亚青：《霸权体系与国际冲突：美国在国际武装冲突中的支持行为（1945—1988年）》，上海人民出版社 2022 年版，第 148—156 页。

②　关于 NMC 数据库的数据和编码手册，可参见 https://correlatesofwar.org/data-sets/national-material-capabilities/，访问时间：2022 年 12 月 16 日。

③　例如，第一次世界大战爆发前，奥匈帝国拥有数十万军队。然而，奥匈帝国军队的士兵使用各种语言。除了解基本军事术语单词外，德意志将领、马扎尔参谋、捷克士官和克罗地亚士兵难以直接沟通。〔美〕杰弗里·瓦夫罗：《哈布斯堡的灭亡：第一次世界大战的爆发和奥匈帝国的解体》，黄中宪译，社会科学文献出版社 2016 年版。

④　Aron, *Peace and War*, pp. 62-63；Robert J. Art, "American Foreign Policy and the Fungibility of Force," *Security Studies*, Vol. 5, No. 4, 1996, pp. 7-42；Robert S. Ross, "On the Fungibility of Economic Power: China's Economic Rise and the East Asian Security Order," *European Journal of International Relations*, Vol. 25, No. 1, 2019, pp. 302-327.

⑤　例如，冷战结束以来，俄罗斯裁减军队员额反映了其军队战斗能力的下降，但美国裁减军队员额却反映了其军队战斗力的提升，参见 Forrest E. Morgan and Paphael S. Cohen, *Military Trends and Future of Warfare: The Changing Global Environment and the Implications for the U. S. Air Force*, Rand Corporation, 2020, pp. 7-11.

项指标进行了统一平均加权。由此，研究者利用 NMC 数据库测算国家间相对能力得出的结论可能并不符合事实。例如，1923 年，法国拥有 60 万—80 万军队，而德国军队规模约为 10 万人。在德国无力支付赔款的情况下，法国直接占领了德国的工业区。这体现了法国对德国的能力优势。然而，NMC 数据库反映的情况却是：该年德国国力指数（0.090668）是法国国力指数（0.057659）的 1.57 倍。这样的结论不符合历史事实。

利用数据精确测量国家相对能力的变化存在较大难度。一方面，国家的经济和军事数据既不充分也不准确。另一方面，很多数据反映的社会事实在各个国家的具体含义存在很大差异。各种指标对各国短期和长期的影响也不尽相同。因此，横向比较这些数据存在较大局限。[①] 当研究者确定一套编码标准对概念进行精准测量时，这套标准出现"不符合实际情况的反例"是大概率事件。如果反例涉及的情况本身很重要，那么这套编码系统的应用价值是有限的。由此，研究者可能需要在概念测量的"精准性"和"符合实际"之间寻找平衡。一个"不够精准但大致符合实际"的描述要好于一个"相当精准但不符合实际"的描述。鉴于这种情况，本章借鉴现有研究对大国力量加以分析。在这一基础上，笔者对大国间的相对能力变化进行综合判断，并使用文字描述某个地区内各大国的相对能力变化。这种描述不足以精准地刻画相对能力的变化程度，却能反映有关国家的相对能力在地区层面的变化趋势。[②]

对结盟或结伴国家而言，军事协作可以成为"信号工具"或"效率工具"。第一，军事协作可成为威慑性或讹诈性信号，使得联盟成员或伙伴国家对其他国家施加的影响超过各自能力所能发挥的实际影响。若目标国家被威慑或接受讹诈，则联盟成员或者伙伴国家可以较容易地迫使

---

① Schroeder, "Quantitative Studies in the Balance of Power: An Historian's Reaction," pp. 12-18.

② 需要注意的是，各国决策者对相对能力的主观判断往往与客观的相对能力的变化之间存在差异。本章研究在结盟（结伴）背景下的相对能力变化。如后文所述，这一过程涉及的时间段比较长（可能迁延数月以至数年）。随着信息来源、咨询渠道、国际交往等增多，主观判断符合客观情况的可能性会上升。例如，众所周知，纳粹德国在3—4 年内颠覆了欧洲国家的力量对比。或许，某一国的政治家在某个时间点对纳粹德国具体的军力的估计与实际情况存在出入，但各国领导人在当时和事后都承认纳粹德国改变了国家间的相对能力。本章展示的相对能力变化都是这类事实。对这类事实而言，当事人或者研究者的认识与事实本身之间并无明显偏差。

目标国家让步，从而实现自身的政策目标。因此，若联盟成员或伙伴国家将军事协作视为信号工具，则军事协作必须公开进行，以便为联盟或伙伴关系之外的国家所知悉。

例如，在 1853 年俄国和土耳其战争爆发前，英法对局势颇为忧虑——俄国可能会利用"泛斯拉夫主义"和跨国宗教联系肢解土耳其。这将导致俄国控制土耳其海峡，进而威胁英法的利益。于是，英法形成了针对俄国的战略性合作，并迅速开始军事协作。1853 年 8 月底，法国驻土耳其大使建议法国考虑向海峡地区派遣舰队。随后，法国建议英国组成两国联合舰队，介入地区局势。① 9 月 24 日，英法组成联合舰队，并通过报界公开发表了调兵前往土耳其海峡的消息。② 10 月，俄土战争爆发，而英法则不断强化军事存在。至 10 月 23 日，英国海军派出 2 艘风帆战列舰（line-of-battle-ship）、4 艘双层甲板船（two-decker）、1 艘护卫舰（frigate）和 10 艘蒸汽船（steamers）。法国海军派出 3 艘风帆战列舰、7 艘双层甲板船、3 艘双桅船（brig）和 3 艘蒸汽船。③ 英法公开军事协作意在阻止俄国升级对土耳其的战事。英国明确对俄国提出：只要俄军不跨过多瑙河，英国舰队就不进入黑海。④ 然而，战事发展与英国愿望背道而驰。11 月，俄国舰队全歼土耳其舰队。于是，英法公开军事协作转化为两国对俄国的讹诈性信号，从防止俄国升级战事改为迫使俄国放弃在土耳其的战果。12 月 22 日，英国同意法国的建议——英法联合舰队驶入黑海。1854 年 1 月 12 日，英法提出：黑海内的所有俄国舰艇必须返回俄国港口。2 月 27 日，英法对俄国提交了最后通牒，要求俄国必须于当年 4 月 30 日之前从土耳其领土撤军。3 月 12 日，英法和土耳其缔结了联盟条约。3 月 19 日，俄国拒绝英法的通牒，并于次日越过多瑙河。3 月 27—28 日，英法对俄宣战。4 月 10 日，英法之间签署了联盟条约。英

①　R. W. Seton-Watson, *Britain in Europe*, *1789 - 1914*, Cambridge: Cambridge University Press, 1938, p. 312.

②　Vernon J. Puryear, *England*, *Russia and the Straits Question*, *1844-1856*, Berkeley: University of California Press, 1931, pp. 295-296.

③　Candan Badem, *The Ottoman Crimean War*, *1853-1856*, Leiden: Brill, 2010, pp. 100, 111-112.

④　Agatha Ramm and B. H. Sumner, "The Crimean War," in John P. T. Bury ed., *The New Cambridge Modern History*, Vol. 10, *The Zenith of European Power*, *1830-70*, Cambridge: Cambridge University Press, 1960, p. 477.

法遂对俄国展开全面军事行动。① 简言之，以 1854 年初为界，英法军事协作经历了两个阶段。在前一阶段，英法军事协作是威慑俄国的信号工具；在后一阶段，英法军事协作是讹诈俄国的信号工具。

第二，军事协作可提高联合作战效率。然而，军事协作要求联盟成员或结伴国家抛弃一些它们喜欢的政策并采纳一些在没有结盟（结伴）的情况下根本不会采纳的政策。因此，对联盟成员或伙伴国家而言，军事协作兼具收益和成本。公开或秘密的军事协作均可增强联盟成员或伙伴国家的军事效率。然而，公开的军事协作将引发目标国家的军备反应，从而削弱军事协作带来的效率增量。相比而言，秘密的军事协作不会引起目标国家的军备反应，从而最大限度地提高效率。因此，若联盟成员或伙伴国家将军事协作视为效率工具，则军事协作必须秘密进行，以便实现军事效率最大化。

例如，1905 年英法秘密军事协作是两国提升作战的效率工具。1904年英国和法国达成了关于殖民地问题的协议，划分了两国在摩洛哥和埃及的势力范围。1905 年 3 月，德国在摩洛哥对法国发起挑战。在这种情况下，英法将原有的殖民地问题的协议转型成为针对德国的伙伴关系。一方面，英国拒绝在欧洲大陆爆发战事前给法国安全承诺，即英国明确拒绝与法国结盟。② 另一方面，英法开始进行军事协作。1905 年 12 月，法国对英国提出，在比利时中立遭到破坏的情况下，英国应明确自身政策。1906 年 1 月，英国向法国提出，若德国入侵破坏了比利时的中立，则英国将与德国作战。在这种情况下，英国想了解法国认为英国援助的最佳方式。英国提议，英法双方各出兵 10 万人，联合在德国的海岸登陆作战。对此，法国答复称，法国希望英国在战争爆发后几天内向法国派遣 1—2 个师的远征军。英国同意了法国的计划，并拟定了关于英国远征军的配置方案。此外，英法于 1907 年开始进行海军协作——双方分别负

---

① J. A. R. Marriott, *The Eastern Question: An Historical Study in European Diplomacy*, Oxford: Clarendon Press, 1940, pp. 264-265; Mosse, *The European Powers and the German Question, 1848-71*, p. 55; Ramm and Sumner, "The Crimean War," p. 478; Badem, *The Ottoman Crimean War, 1853-1856*, p. 180; Barbara Jelavich, *St. Petersburg and Moscow: Tsarist and Soviet Foreign Policy, 1814-1974*, Bloomington: Indiana University Press, 1974, p. 121.

② Seton-Watson, *Britain in Europe, 1789-1914*, p. 606.

责防御大西洋和地中海。此时，已无力增加造舰拨款的英国认为，英法军事协作是"最便宜、最简单和最迅速"的提高作战效率的方式。为实现军事效率的最大化，英法对军事协作严格保密。除内阁核心成员外，很多内阁成员并不了解英法军事协作的详细情况。[1] 1912 年 7—9 月，英法海军舰队开始分区防御北海和地中海。[2] 虽然如此，直到第一次世界大战爆发，英法始终对双方军事协作的具体内容讳莫如深。

大国之间的相对能力变化决定着结盟（结伴）大国对军事协作方式的不同选择。假设一个地区中仅有三个大国——A 国、B 国和 C 国。其中，A–B 之间形成针对 C 的联盟（伙伴）关系。若 A 国和 B 国的相对能力同时上升，则 A 国和 B 国较少地担心公开军事协作带来的与 C 国摊牌的风险，也较少地担心 C 国的军备反应。因此，A 国和 B 国选择公开的军事协作，以此向 C 国传递威慑性或讹诈性信号。A 国和 B 国对 C 国施加的影响将超过各自能力所能发挥的实际影响。若 C 国接受了威慑或讹诈，则 A 国和 B 国可以较容易地迫使 C 国让步，从而实现自身的政策目标。在相对能力上升的情况下，则即使没有军事协作，A 国或 B 国的军事效率已经提高了。因此，A 国或 B 国对"信号工具"的需求比对"效率工具"的需求更为迫切。对 A 国和 B 国而言，公开军事协作比秘密军事协作更具吸引力。

例如，俄、德、法"干涉还辽"体现了这一逻辑。1894 年中日甲午战争爆发前，中国和日本各有 12—13 艘 2000 吨以上的军舰。[3] 1894 年 9

① J. D. Hargreaves, "The Origin of the Anglo-French Military Conversations in 1905," *History*, Vol. 36, No. 128, 1951, pp. 244-248; George W. Monger, *The End of Isolation: British Foreign Policy, 1900-1907*, London: Thomas Nelson and Sons Ltd., 1963, pp. 240-247; Williamson, *The Politics of Grand Strategy*, pp. 61-88; Zara S. Steiner, *Britain and the Origins of the First World War*, London: Macmillan, 1977, pp. 99-102; John F. V. Keiger, *France and the Origins of the First World War*, London: Macmillan, 1983, pp. 111-112; John W. Coogan and Peter F. Coogan, "The British Cabinet and the Anglo-French Staff Talks, 1905-1914: Who Knew What and When Did He Know It?" *Journal of British Studies*, Vol. 24, No. 1, 1985, pp. 110-131; John Albert White, *Transition to Global Rivalry: Alliance Diplomacy and the Quadruple Entente, 1895-1907*, Cambridge: Cambridge University Press, 1995, pp. 179-182.
② John Darwin, *The Empire Project: The Rise and Fall of the British World-system, 1830-1970*, Cambridge: Cambridge University Press, 2009, p. 262.
③ 戚其章：《晚清海军兴衰史》，人民出版社 1998 年版，第 398 页。

月，德国向东亚调集了 4 艘军舰，包括 1 艘 5000 吨的军舰和 3 艘 2600 吨的军舰。1895 年 1 月，德国增派 1 艘 8800 吨的军舰和 1 艘 5000 吨的军舰替换了原有的 2 艘 2600 吨的军舰。俄国和法国也积极向东亚调集兵力。1895 年春，俄国召开关于东亚问题的特别会议。会议认为，在长达半年多的中日甲午战争中，日本已经用尽了全力。日本无法抵抗列强的干涉。会议决定将俄国在东亚地区的舰队增至超过日本舰队的程度。中日甲午战争结束后，中国的北洋舰队全军覆没，而日本联合舰队遭受重创。当日本试图占领辽东半岛时，俄、德、法形成针对日本的战略性合作。在对日交涉期间，俄、德、法在东亚地区共部署了约 20 艘军舰，其中至少包括 4 艘德国军舰和 3 艘法国军舰。① 当三国各自的相对能力上升时，三国并不担心与日本摊牌的风险。1895 年 4 月 8 日，俄国对德、法提议：三国应迫使日本放弃对辽东半岛的要求。这一建议获得德、法的支持。4 月 16 日，俄国与德国开始了军事协作。两国元首训令在东亚的海军开始战备。4 月 17 日，俄对德、法提议：三国对日本在海上采取共同军事行动，切断日本与中国大陆的交通，并孤立在华日军。4 月 19 日，法国加入了俄、德的军事协作。4 月 23 日，俄、德、法正式向日本递交了通牒。② 这表明，相对能力上升推动伙伴关系引发公开的军事协作。

若 A 国和 B 国的相对能力同时下降，则 A 国和 B 国较多地担心公开

---

① "Minutes of a Meeting of the Special Committee," February 1/January 20, 1895, in "First Steps of Russian Imperialism in Far East, 1888-1903," *Chinese Social and Political Science Review*, Vol. 18, No. 2, 1934, pp. 256, 259; William L. Langer, *Diplomacy of Imperialism, 1890-1902*, Vol. 1, New York: A. A. Knopf, 1935, pp. 178-179; Terrell D. Gottschall, *By Order of the Kaiser: Otto von Diederichs and the Rise of the Imperial German Navy, 1865-1902*, Annapolis: Naval Institute Press, 2003, pp. 134-136; Charles Stephenson, *Germany's Asia-Pacific Empire: Colonialism and Naval Policy, 1885-1914*, Woodbridge: Boydell Press, 2009, p. 17; 郭洪茂、郑毅：《试析三国干涉还辽事件对远东国际关系的影响》，《外国问题研究》1990 年第 1 期，第 49 页；葛夫平：《法国与中日甲午战争》，《中国社会科学》2013 年第 3 期，第 194 页。

② Langer, *Diplomacy of Imperialism, 1890-1902*, Vol. 1, pp. 177, 182-185; Ian H. Nish, *The Anglo-Japanese Alliance: The Diplomacy of Two Island Empires, 1894-1907*, London: Bloomsbury Academic, 2012, p. 29;《德国外交文件有关中国交涉史料选译》（第一卷），孙瑞芹译，商务印书馆 1960 年版，第 29、48、65 页；马勇：《列强对日本的纵容及其限度：以"干涉还辽"为中心的探讨》，《文化学刊》2014 年第 4 期，第 15—16 页。

军事协作带来的与 C 国摊牌的风险。同时，在没有军事协作的情况下，A 国和 B 国施加影响的能力已经减弱了。因此，A 国和 B 国对军事协作提高自身军事效率的需求提高了。与公开军事协作相比，秘密的军事协作可以最大限度地提高效率。因此，A 国和 B 国均选择秘密的军事协作，以此补偿它们相对能力的下降。

例如，1892 年的法俄联盟引发的军事协作体现了这一逻辑。1871—1892 年，英国、德国、法国、俄国、奥匈帝国和意大利是欧洲大国。英国经济基础雄厚，殖民地广阔，海军力量雄厚，国力较强。德国、法国、俄国各有优势。德国工业资本发展迅速，经济和军事部门广泛应用新技术，政府动员能力较强。法国金融资本充足，长期维持较高水平的军备。俄国的人口众多，自然资源丰富。三国国力大致相当。与之相比，受制于资源禀赋和人口结构，奥匈帝国和意大利国力稍弱。在各国中，德国的国力增速最快，英国、法国、俄国的国力增速次之，奥匈帝国和意大利的国力增速最慢。[①] 换言之，在欧洲地区，德国的相对能力上升，而奥匈帝国、法国、俄国的相对能力均下降。此时，德俄、德法矛盾的发展推动了法俄结盟，而法俄均对德国相对能力的进一步提升感到担忧。[②] 于是，法俄结盟着眼于对德作战：若德国及其盟国开始动员，则法国和俄国即开始本国的动员。在德国发起进攻的情况下，法国使用 130 万人的部队作战，而俄国使用 70 万人的或 80 万人的部队作战。双方在西线和东线立即全面展开上述部队，迫使德国进行两线作战。在和平时期，双方参谋部经常合作，互换关于德国及其盟国的情报。在战争时期，双

---

① René Albrecht-Carrié, *A Diplomatic History of Europe since the Congress of Vienna*, New York: Harper & Row, 1973, pp. 147, 153-156; Theodor Schieder, "Europäische Staatensystem und Gleichgewicht nach der Reichsgründung," in Karl Otmar von Aretin, Hrsg., *Bismarcks Aussenpolitik und der Berliner Kongress*, Wiesbaden: Steiner, 1978, S. 17-18; Paul M. Kennedy, "The First World War and the International Power System," *International Security*, Vol. 9, No. 1, 1984, pp. 13-23; John Lowe, *The Great Powers, Imperialism, and the German Problem, 1865-1925*, New York: Routledge, 1994, pp. 2-19; Snyder, *Alliance Politics*, pp. 81-83, 110; M. S. Anderson, *The Ascendancy of Europe, 1815-1914*, New York: Routledge, 2003, pp. 28-52; Winfried Baumgart, *Europäisches Konzert und nationale Bewegung: internationale Beziehungen, 1830-1878*, Paderborn: Ferdinand Schöningh, 2007, S. 167-174, 184-186; Brendan Simms, *Europe: the Struggle for Supremacy, from 1453 to the Present*, New York: Basic Books, 2013, pp. 236-256.

② Langer, *Diplomacy of Imperialism, 1890-1902*, Vol. 1, pp. 42-43.

方不单独与敌人媾和。法俄双方特别强调将对军事协作的条款严格保密。① 随后，法国对俄国提供贷款，帮助俄国改扩建铁路，以便在战时更快地调动主力部队。② 这表明，相对能力下降推动伙伴关系引发秘密的军事协作。

若 A 国的相对能力上升而 B 国的相对能力下降，则 A-B 之间的军事协作对两国的意义并不相同。A 国较少地担心公开军事协作带来的与 C 国的摊牌风险。如果 A-B 之间的军事协作无法公开进行，那么 A 国无法通过军事协作对 C 国发出威慑性或讹诈性的信号，无法从 C 国获得收益。同时，在 B 国相对能力下降的情况下，A-B 之间的秘密军事协作意味着 A 国须承担较高的成本以便同时提高 A、B 两国的军事效率。因此，若 A-B 之间的军事协作无法公开进行，则 A 国将拒绝与 B 国的军事协作。相比而言，B 国较多地担心公开军事协作带来的与 C 国的摊牌风险。B 国希望通过军事协作补偿相对能力的下降。然而，如果 A-B 之间的军事协作公开进行，那么 B 国将对 C 国暴露其虚弱的作战效能。一旦爆发武装冲突，B 国将可能成为 C 国首先打击的对象。因此，若 A-B 之间的军事协作无法秘密进行，B 国将拒绝与 A 国的军事协作。换言之，A 国和 B 国都重视军事协作。然而，A 国将军事协作视为信号工具，而 B 国将军事协作视为效率工具。能力增强者展示实力，能力变弱者隐藏实力。结果，双方无法就军事协作的形式达成共识。这导致双方无法进行军事协作。

1879 年德奥结盟未引发军事协作支持了上述假设。如前所述，1871年后德国的相对能力上升，而奥匈帝国的相对能力下降。在巴尔干地区，俄奥竞争激烈；而德国则担心俄国瓦解土耳其改变欧洲局势。随着俄奥冲突的升级，德奥关系不断强化。1879 年，亲德的奥匈帝国外交大臣安德拉西·久洛（Andrássy Gyula）即将离职。为防止奥匈帝国政策转向，德国接受了奥匈帝国提出的结盟倡议。德奥联盟是针对俄国的。然而，德国和奥匈帝国结盟未引发双方的军事协作。在结盟谈判中，德国提出

---

① George F. Kennan, *The Fateful Alliance: France, Russia, and the Coming of the First World War*, New York: Pantheon Books, 1984, pp. 180-181.

② Elizabeth Greenhalgh, *The French Army and the First World War*, Cambridge: Cambridge University Press, 2014, pp. 22-24.

双方应对外透露可能结盟的消息。作为相对能力上升的国家，德国的建议暗示着德奥结盟之后的合作（包括潜在的军事协作）是德国对俄国传递的信号。但是，奥匈帝国则提出与德国缔结秘密联盟条约。作为相对能力下降的国家，奥匈帝国的条件暗示着德奥结盟之后的合作（包括潜在的军事协作）是提高军事效率的工具。1879 年 8 月 28 日，德国首相奥托·冯·俾斯麦（Otto von Bismarck）会见安德拉西讨论德奥结盟。9 月 21 日，俾斯麦提出将德奥联盟条约作为德意志帝国和奥匈帝国宪法的一部分，试图将德奥联盟完全公开化。这一提议遭到安德拉西的坚决反对。双方妥协的结果是，德奥条约对外保密，但保密对象不包括俄国。事实上，俾斯麦与安德拉西多次会面的消息足以迫使俄国谋求对德妥协。9 月 27 日，俄国对德国提出重新缔结德、俄、奥"三皇同盟"（League of the Three Emperors）。10 月 7 日，德国和奥匈帝国签署了秘密联盟条约。随后，德国将缔约情况通报了俄国。① 德国既接受德奥联盟又接受"三皇同盟"，通过后者保留了俄国加入前者的可能性。这就使得德奥之间可能的针对俄国的军事协作失去了实际意义。事实上，1882 年后，德奥两国的参谋人员之间仅有零星接触。1909 年之前，德奥之间缺乏参谋人员之间的交流。② 结果，德奥联盟未引发军事协作。由此，"能力分异理论"的基本假设如图 2-1 所示。

---

① Arthur Singer, *Geschichte des Dreibundes*, Leipzig: Dr. Sally Rabinowitz Verlag, 1914, S. 39-40; Archibald Cary Coolidge, *Origins of the Triple Alliance: Three Lectures*, New York: C. Scribner's Sons, 1919, pp. 169-172; F. R. Bridge, *From Sadowa to Sarajevo: The Foreign Policy of Austria-Hungary, 1866-1914*, London: Routledge & Kegan Paul, 1972, pp. 103-107; Imanuel Geiss, *German Foreign Policy, 1871-1914*, New York: Routledge, 2002, pp. 39-40. 需要注意的是，俾斯麦还将德奥结盟通知了法国。随后，俄国情报机关截获了法国方面的相关谈话记录，并获悉了德奥结盟的情况。相关情况可参见 William C. Fuller, Jr., *Strategy and Power in Russia, 1600-1914*, New York: Free Press, 1992, pp. 330-331。

② Bernadotte E. Schmitt, *The Coming of the War, 1914*, Vol. 1, New York: Charles Scribner's Sons, 1930, pp. 14-15; Snyder, *Alliance Politics*, pp. 86-87, 219-220; N. Stone, "Moltke and Conrad: Relations between the Austro-Hungarian and German General Staffs, 1909-1914," in Paul M. Kennedy ed., *The War Plans of the Great Powers: 1880-1914*, New York: Routledge, 1979, pp. 222-225; Jürgen Angelow, *Kalkül und Prestige: der Zweibund am Vorabend des Ersten Weltkrieges*, Köln: Böhlau, 2000, S. 262-264.

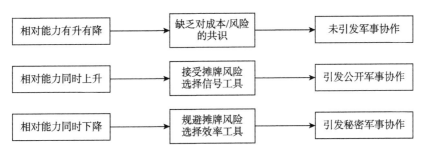

图 2-1 "能力分异理论"的基本假设

资料来源：笔者自制。

## 案例选择

本章选择 1935—1939 年欧洲大国间的联盟及伙伴关系作为检验能力分异理论的基础。这期间欧洲共有 5 个大国，即法国、苏联、英国、德国和意大利。上述 5 个国家之间形成了五组伙伴关系，分别由 1935 年的法意协定、1935 年的法苏条约、1936 年的英法协约、1939 年的德意条约和 1939 年的德苏协定界定。1933—1939 年，上述国家之间的相对能力发生了急剧而重大的变化，可分为三个具体阶段。在第一阶段（1933—1935 年），德国重整军备和苏联的大规模工业化使得两国的相对能力上升。德苏力量的崛起降低了法国和意大利的相对能力。法国和意大利致力于通过裁军谈判约束德国。两国并未采取重要的备战措施。在第二阶段（1935—1936 年），德国继续大规模重整军备，致力于冲破《凡尔赛和约》对其军备施加的限制，并谋求占领莱茵兰非军事区。这引起了法国和英国的不安。法国开始全面备战，而英国也开始进行军事准备。作为莱茵兰非军事区的保证国和致力于扩大非洲殖民影响的国家，意大利强化了军备。同时，苏联开始了大规模的肃反运动，并逐渐从党政部门扩大到军队。大批高级将领遭"清洗"严重迟滞了苏联的军事现代化进程。在这一阶段，英、法、德、意的相对能力均有所提高，而苏联的相对能力明显下降。在第三阶段（1938—1939 年），德国肢解捷克斯洛伐克并威胁波兰。这导致英国放弃了对德国的"绥靖政策"，并全力重整军备。此时，法、德、意的战备能力已完全释放，而苏联仍处于肃反运动影响之下。英国动员世界殖民帝国备战的结果是，英国提高了其相对能力，并降低了法、德、意、苏的相对能力。表 2-1 显示了自变量、因变量在五组伙伴关系中的取值。本章将逐一分析每组伙伴关系引发公开或秘密军事协作的条件或未引发军事协作的原因。

表 2-1　1935—1939 年欧洲大国的伙伴关系与军事协作

| 时间 | 伙伴关系 | 相对能力变化 | 引发军事协作情况 |
| --- | --- | --- | --- |
| 1935 年 | 法苏联盟 | 法国：下降；苏联：上升 | 未引发军事协作 |
| 1936 年 | 英法协约 | 英国：上升；法国：上升 | 引发公开军事协作 |
| 1935 年 | 法意协定 | 法国：下降；意大利：下降 | 引发秘密军事协作 |
| 1939 年 | 德意联盟 | 德国：下降；意大利：下降 | |
| 1939 年 | 德苏协定 | 德国：下降；苏联：下降 | |

资料来源：笔者自制。

## 第二节　法苏联盟

20 世纪 30 年代初，德国、法国和苏联的相互关系塑造了欧洲局势。如前所述，1933—1935 年，法国的相对能力下降，而苏联的相对能力上升。阿道夫·希特勒就任德国总理引起了法国和苏联的强烈不安。在《我的奋斗》中，希特勒宣称要打破《凡尔赛和约》对德国军备的束缚，并在东方为德国寻找所谓"生存空间"。1933 年 10 月，德国退出了裁军会议和国际联盟（以下简称"国联"）。在这种情况下，法国和苏联开始考虑结盟。法国外长约瑟夫·保罗-邦库尔（Joseph Paul-Boncour）在巴黎会见了前往美国华盛顿访问的苏联外交人民委员马克西姆·李维诺夫（Maxim Litvinov）。保罗-邦库尔询问李维诺夫是否愿与法国结盟，由法苏互助协定保证中东欧各国的互不侵犯。对此，李维诺夫表现出了兴趣。[1]

然而，关于军事协作，法国和苏联的考虑并不相同。作为相对能力下降的国家，法国希望以法苏军事协作提高法国的相对能力。因此，如

---

[1]　Lisanne Radice, *Prelude to Appeasement: East Central European Diplomacy in the Early 1930's*, New York: Columbia University Press, 1981, pp. 17 - 18; Geoffrey Roberts, *The Unholy Alliance: Stalin's Pact with Hitler*, Bloomington: Indiana University Press, 1990, p. 61.

何补偿相对能力下降是法国在法苏谈判中的核心考虑。1933 年 10 月 14 日，法国空军部部长皮埃尔·孔特（Pierre Cot）致信保罗-邦库尔指出，苏联的军事装备在几年之内将比德国的装备强 2—3 倍。目前，德苏关系已经疏远。苏联与法国合作的倾向日益明显。苏联也将法语列为其军事学院的必修课。因此，孔特不仅建议法苏签订双边互助协定，而且要求双方缔结战时工业技术援助的协定。① 与孔特的观点类似，法国陆军参谋长莫里斯·甘末林（Maurice Gamelin）指出，苏联是唯一能够在东方制衡德国的国家。因此，法国重视法苏军事合作。②

与法国不同，作为相对能力上升的国家，苏联希望以法苏联盟条约威慑德国。因此，如何以较低的成本向德国发出威慑信号是苏联在法苏谈判中的核心考虑。1933 年 12 月 28 日，苏联首次向法国提出了联盟草案。苏联并未将法苏军事协作视为双方结盟的唯一条件。苏联提出，法国和苏联在军事上互助，并且双方提供外交、舆论、道义上的互相援助。③ 换言之，苏联重视缔结联盟条约所蕴含的公开的政治和军事意义。1934 年 5 月，法国和苏联进行了首次关于结盟问题的高层会谈。

在法苏谈判期间，法国的三项具体建议削弱了法苏结盟制约德国重整军备的效果。第一，为防止德国认为法国对德奉行"包围政策"，法国欢迎德国加入法苏联盟谈判。在未获苏联同意前，法国即向德国通报了这一立场。④ 第二，对德国提出上述建议后，法国希望苏联同意将德国纳入法苏谈判的进程。⑤ 第三，若德国要求法国保障德国不受苏联的侵犯，则法国准备提供这样的保障。⑥ 在苏联看来，虽然法国的建议有助于法苏占据道义制高点，但法国的建议也意味着法德有可能以苏联的利益为代价实现法德和解。在这种情况下，法国会将对德政策置于对苏政策之上，将对德政策视为目的，而将对苏政策视为手段。因此，苏联

---

① Jean-Baptiste Duroselle, *France and the Nazi Threat: The Collapse of French Diplomacy, 1932-1939*, New York: Enigma Books, 2004, p.45.

② Anthony Tihamer Komjathy, *The Crises of France's East Central European Diplomacy, 1933-1938*, New York: Columbia University Press, 1976, pp.61-62.

③ Radice, *Prelude to Appeasement*, p.20.

④ Bülow to the Embassies in France, Great Britain, and Italy, the Legation in Belgium, and the Consulate at Geneva, June 7, 1934, *DGFP*, Series C, Vol.2, pp.880-881.

⑤ 陈之骅主编《苏联史纲（1917—1937）》（下），人民出版社 1991 年版，第 685 页。

⑥ Record of an Anglo-French Meeting, July 9, 1934, *DBFP*, Second Series, Vol.6, p.813.

对法国的建议采取了观望的态度。1934 年 9 月 23 日，联共（布）中央
政治局决定，关于法苏缔约谈判，"目前李维诺夫同志应当只限于试探法
国人和其他人的意图"。[1] 为了贯彻这一方针，1934 年 11 月，李维诺夫
暗示法国外长皮埃尔·赖伐尔（Pierre Laval）：就像已开始的法德之间的
谈判一样，苏联或许会抛开法国而单独与德国谈判。当然，苏联的基本
方针仍然是与法国合作制约德国。因此，李维诺夫对赖伐尔仍采取了克
制的态度。在这次会谈中，李维诺夫和赖伐尔承诺，他们会通知对方每
一个与德国接触的步骤，以便消除彼此的怀疑。[2] 这表明，德国的军备
扩张仍是法苏结盟的基本动力。

　　1934—1935 年，法、德、苏的力量对比发生了明显变化。法国的
相对能力进一步下降，而苏联的相对能力进一步上升。1935 年 1 月，
甘末林强调，1935 年底前德国会有规模达 40 万人的军队，并且将会完
成空军建设。如果将法国的边防部队和德国的警察部队列入力量对比，
那么德国的作战部队将会和法国本土的作战部队力量相当。发展军备
的"平等权利"很快就不再是一个德国要处理的问题，而将成为一个
法国要处理的问题。即使法国延长现役部队的服役期，法国也只能在
1936 年底勉强与德国军队的规模持平。[3] 此时，法苏结盟谈判已经进行
了一年有余。因此，法国希望法苏联盟能够补偿法国相对能力的下降。
与此同时，1934—1935 年则是苏联大规模扩张军备的阶段。1932—1934
年，苏联军队共有 56.2 万人，编为 71.5 个步兵师、16.5 个骑兵师。在
上述 88 个师中，43 个师是训练不足的国土边防部队。1934 年，苏联将
陆军兵力由 56.2 万人扩充至 94 万人。1935 年，苏联再将陆军扩大至
130 万人。[4] 这一时期，苏联的工业化发展大大增加了各类飞机、坦克、
炮兵器材的生产量。[5] 德国的重整军备加速了法苏结盟谈判进程。1935

---

① 　陈晖：《1933—1941 年的苏德关系》，南京大学出版社 2005 年版，第 62 页。
② 　Patteson to Simon, November 21, 1934, *DBFP*, Second Series, Vol. 12, p. 227.
③ 　Clerk to Simon, January 18, 1935, *DBFP*, Second Series, Vol. 12, p. 392.
④ 　Max Beloff, *The Foreign Policy of Soviet Russia, 1929-1941*, Vol. 1, London: Oxford University Press, 1947, pp. 181-182.
⑤ 　关于苏联各类技术装备产量的增长情况及其对苏军战斗力的影响，参见 Alexander Hill, *The Red Army and the Second World War*, Cambridge: Cambridge University Press, 2017, pp. 36-40。

年3月16日，德国正式废弃《凡尔赛和约》，开始大规模征兵。在苏联看来，若德国不扩大军火生产的规模，则德国将重新产生大量的失业人员，并可能导致纳粹政权的垮台。因此，苏联准备与法国达成针对德国的协定。[1]

为实现这一目标，苏联拟在法苏协定的内容上做出让步。与此同时，苏联强调法国应立即对外宣布准备与苏联缔约联盟条约。如果法国认为对苏联没有这种义务，那么苏联将自行其是。[2] 这一立场表明，苏联高度重视公开法苏联盟的意义。最后，法苏达成妥协。条约保留了苏联希望的立即提供援助的说法。但是，为了迎合法国的愿望，条约强调行动的基础必须与国际联盟宪章一致。同时，苏联也不再要求签署一个由法国、苏联和中东欧国家共同签署的多边区域互助条约，而是同意签署法苏双边联盟条约。1935年5月2日，法国与苏联签订了联盟条约。对此，赖伐尔曾私下说，苏联想要一个联盟和军事协定，但他则希望协定模糊一些。[3] 与赖伐尔的判断类似，李维诺夫指出："法苏条约不可能使得法国对苏联提供真正的援助……然而条约具有重大的政治意义，可以减少德国、波兰和日本对苏联进攻的可能性，并且阻止法德建立更加紧密的关系。"[4] 由此可见，1933—1935年，在整个法苏谈判期间，苏联始终强调法苏双方必须以公开的方式完整地呈现联盟条约的政治和军事含义，而这恰恰是法国所不情愿的。

法苏缔约后，苏联更关心与法国形成公开的军事协作，而法国则采取了回避的态度。1935年5月3日，联共（布）下属的《真理报》和苏联政府下属的《消息报》记者在莫斯科的外交圈子里提出，真正具有重要意义的是法苏军事人员之间讨论军事协作。苏联将立即推动相关谈判。[5] 与苏联不同，法国的相对能力下降将导致其难以承受首先成为德国攻击目标所带来的损失。因此，法国对苏联的动向采取了拖延的政策。

---

[1] Cudahy to Hull, April 4, 1935, *FRUS, 1935*, Vol. 1, General, the Near East and Africa, p. 221.

[2] Roberts, *The Unholy Alliance*, pp. 68–69.

[3] Duroselle, *France and the Nazi Threat*, p. 102.

[4] Roberts, *The Unholy Alliance*, pp. 69–70.

[5] Bullitt to Hull, May 4, 1935, *FRUS, 1935*, Vol. 1, General, the Near East and Africa, p. 272.

5月15日，赖伐尔会见美国驻苏大使。美国大使询问，法苏军事人员的谈判是否会立即开始。赖伐尔指出，这样的谈判当然会进行。然而，最好让法苏条约看起来不是一个战争联盟，而是一个和平公约。他访问莫斯科的目的是希望未来和德国友好地握手。① 5月23日，法国对英国通报了法苏联盟谈判的情况。法国宣称，法苏一致认为：赋予法苏联盟条约军事内涵是个错误。法苏交换军事情报可由双方的武官或者总参谋部的其他渠道进行。② 随后，法国总参谋部指出，法苏军事协作只会导致德国认为法苏对德奉行包围政策。法国宣布法苏将进行参谋人员的谈判会危及欧洲的稳定。因此，法国应当和苏联通过正常的外交渠道交换意见，而不进行参谋人员的谈判。③ 法国总参谋部的意见预示着法苏军事协作的失败。法国的主要关切是以苏联的能力补偿法国对德国的相对能力不足。如果法国无法实现这一目标，那么法国将拒绝公开的军事协作。结果，法苏联盟没有引发军事协作。

## 第三节　英法协约

如前所述，1935—1936年，德国、法国、英国的相对能力上升为三国推行强硬的对外政策提供了物质保障。德国首先采取了行动。1935年德国大规模征兵，突破了《凡尔赛和约》的限制，也破坏了其对英法两国的承诺。1925年2月，德国曾对法国提出，它准备接受《凡尔赛和约》关于其西部边界的条款，承认莱茵兰地区为非军事区，并由英国和意大利保障德国的西部边界。④ 1925年10月，英、法、德、意缔结了《洛迦诺公约》。根据公约规定，若法国与德国边界、法国与比利时边界发生武装冲突，则各缔约国有义务制裁违反协定的国家。因此，当德国

---

①　Bullitt to Hull, May 15, 1935, *FRUS*, *1935*, Vol. 1, General, the Near East and Africa, p. 279.

②　Clerk to Simon, May 23, 1935, *DBFP*, Second Series, Vol. 13, p. 281.

③　Anthony P. Adamthwaite, *France and the Coming of the Second World War*, *1936 - 1939*, London: Frank Cass, 1977, pp. 48 - 49.

④　Henry L. Bretton, *Stresemann and the Revision of Versailles: A Fight for Reason*, Stanford: Stanford University Press, 1953, p. 90; Piotr Stefan Wandycz, *France and Her Eastern Allies*, *1919-1925*, Minneapolis: University of Minnesota Press, 1962, p. 325.

派军队进入莱茵兰非军事区后，法国提出与英国进行军事协作的建议。面对德国的攻势，英国也改变了缔结《洛迦诺公约》以来不愿进行英法军事谈判的立场。英法两国拒绝了比利时关于秘密军事协作的建议，转而启动了公开军事协作。

1936年1月，法德边界形势出现紧张。德国可能出兵莱茵兰非军事区。依据《洛迦诺公约》，法国开始加强与英国的政策协调。在与英国磋商时，法国强调，莱茵兰非军事区对法国的安全至关重要。在法国看来，非军事区的存在是德国在其他地区采取侵略行动的障碍。例如，若德国进攻捷克斯洛伐克或比利时，则法国将可能直接进攻德国的工业中心。非军事区的存在意味着德国的西部防线非常脆弱。① 因此，当莱茵兰非军事区紧张局势加剧后，法国不但高度重视非军事区的作用，而且寻求英国支持。对此，英国强调，法国应首先制定对非军事区的政策。② 这意味着英国对援助法国的态度并不积极。2月底，关于应对德国在非军事区的挑战，法国外交部提出"采取积极的措施恫吓敌人"的政策，以迫使德国让步。③ 换言之，法国准备对德军进驻莱茵兰地区进行威慑。虽然法国军方更为谨慎，但是军方和外交部一致同意，法国应立即与英国磋商，协调共同的行动，并将问题提请国际联盟审议。④

1936年3月，莱茵兰地区的紧张局势促使英法开始考虑军事协作。3月3日，法国对英国强调：如果德军进驻莱茵兰地区，那么法国将准备与英国采取共同行动。在得到英国支持之前，法国将保留采取预防性措施的权利，包括在国联理事会和《洛迦诺公约》框架下采取具有军事性质的集体行动的权利。⑤ 3月7日，德军进驻莱茵兰地区。3月8日，法国将5万法军派往北部地区，增援在那里修筑"马其诺防线"（Maginot Line）的10万法军。法国提前征召了数以千计的预备役人员，并要求原

---

① 莱茵兰非军事区的存在不仅保障了法国的安全，也成为法国在欧洲大陆霸权的象征。相关讨论参见 Aron, *Peace and War*, p. 41。

② Eden to Clerk, January 27, 1936, *DBFP*, Second Series, Vol. 15, p. 611.

③ James Thomas Emmerson, *The Rhineland Crisis*, *7 March 1936: A Study in Multilateral Diplomacy*, London: M. Temple Smith, 1977, p. 50.

④ Richard Davis, *Anglo-French Relations before the Second World War: Appeasement and Crisis*, New York: Palgrave, 2001, p. 147.

⑤ Edmond to Foreign Office, March 4, 1936, *DBFP*, Second Series, Vol. 16, pp. 22-23.

定于 4 月 5 日解除预备役任务的 17.5 万军人无限期地履行预备役义务。随后，法国又从里昂等地向法德边界部署了 3 个法属北非团。① 3 月 10 日，法国对英国提出：法国内阁决定使用武力，驱逐德国在莱茵兰地区的部队。② 莱茵兰地区局势一触即发。

　　危机的爆发使得英法军事协作的决策成为十分紧迫的政策问题。德军进驻莱茵兰非军事区威胁了法国的边界安全，意味着法国丧失了制约德国军事行动的重要杠杆。同时，德军进驻莱茵兰非军事区威胁了英国在欧洲大陆的均势政策，意味着英吉利海峡将难以完全保障英国的安全。3 月 14 日，甘末林会见英国驻法武官。甘末林指出，一个非常强大的德国不仅会反对法国，也会危及英国维护欧洲均势的政策。因此，他希望英国总参谋部对德国的行动能够给予最严肃的考虑。③ 法国军方的观点得到了法国外交部的支持。法国外交部国务秘书阿列克斯·莱热（Alexis Léger）对英国驻法大使指出，如果英法不能制裁德国，那么意大利、波兰、土耳其等将会认为德国在欧洲实现霸权是不可避免的。④ 法国不仅准备承担制裁德国的成本，而且不断敦促与英国开始军事协作。在这种情况下，英国外交大臣安东尼·艾登（Anthony Eden）意识到，英国或许要接受法国要求的军事参谋谈判，以保证英国能够援助法国。⑤

　　在抵制德国扩张方面，英法存在共同利益。然而，在如何进行军事协作方面，英法存在一定的政策差异。英法之间针对德国的非正式联盟并不必然引发双方的军事协作。与法国的考虑有所不同，英国更注意制裁德国可能产生的成本。危机爆发后，英国政府初步同意了艾登关于开展英法军事协作的建议。在英国看来，法国希望英国采取具体的方式援助法国。但英国财政大臣内维尔·张伯伦（Neville Chamberlain）认为，这样的设想会造成困难。因此，英国对法国提出，在

---

① Scott A. Silverstone, "The Legacy of Coercive Peace Building: The Locarno Treaty, Anglo-French Grand Strategy, and the 1936 Rhineland Crisis," in Taliaferro et al., *The Challenge of Grand Strategy*, pp. 87-88.

② Martin Thomas, *Britain, France, and Appeasement*, Washington, D.C.: Berg, 1996, p. 30.

③ Clerk to Eden, March 15, 1936, *DBFP*, Second Series, Vol. 16, p. 144.

④ Clerk to Eden, March 17, 1936, *DBFP*, Second Series, Vol. 16, p. 153.

⑤ Emmerson, *The Rhineland Crisis*, pp. 192-193.

德国允许的情况下，英国将参加派驻莱茵兰地区的国际部队。① 与英国相比，法国并不反对部署国际部队，但法国反对部署国际部队将取决于德国的同意这一立场。因此，法国坚持要求立即开始英法参谋人员之间的军事协作。②

1935—1936 年，英法两国的相对能力有所上升，并且都试图阻止德国的扩张。德军进驻莱茵兰地区使得英吉利海峡将难以完全保障英国的安全。面对德国的攻势和法国的要求，英国很快放弃了对法国的政策保留，转而以英法军事协作来保障法德边界。3 月 18 日的英法磋商具有关键意义。英国提出，法国应首先将德国进军莱茵兰非军事区一事提请至海牙国际法院审议。对此，法国不再反对。不过，法国向英国提出一份拟由英国同意的信件：如果对德谈判失败，英国将完全履行在《洛迦诺公约》中承担的义务，包括采取海军和空军的行动。③ 对法国主张的对德强硬政策，英国予以积极响应。虽然英国内阁仍将对外声称英法军事协作与德军进驻莱茵兰无关，但是多数英国内阁大臣同意开始进行英法军事谈判。④

如果说英法在启动军事协作时政策略有不同，那么英法在推动军事协作时的立场则是完全一致的。作为《洛迦诺公约》的保证国，英国不仅保障了法德边界，也保障了比利时与德国的边界。因此，莱茵兰危机爆发后，比利时也受邀加入了英法就莱茵兰非军事区的磋商。在英法开启军事协作问题上，比利时与法国的立场一致。然而，在推动英法军事协作的方式上，比利时和法国的立场迥异。当英国同意进行英法军事协作时，比利时提出应进行英法之间的秘密军事协作。对此，英国明确予以拒绝。英国的政策当场得到了法国的支持。英法都希望公开进行军事协作。⑤ 作为夹在英、法、德之间的小国，比利时不愿触怒德国。然而，作为相对能力上升的大国，英法并不惧怕与德国摊牌。

---

①　Chamberlain's Talk with Flandin, March 16, 1936, *DBFP*, Second Series, Vol. 16, p. 149.

②　Eden to Clerk, March 18, 1936, *DBFP*, Second Series, Vol. 16, pp. 167-168; Emmerson, *The Rhineland Crisis*, p. 193.

③　Eden to Clerk, March 18, 1936, *DBFP*, Second Series, Vol. 16, pp. 169-171.

④　Emmerson, *The Rhineland Crisis*, p. 194.

⑤　Eden to Clerk, March 18, 1936, *DBFP*, Second Series, Vol. 16, pp. 169-170.

英法协约引发了军事协作。3 月 19 日，英国申明了其对法国和比利时领土的安全义务。[1] 关于莱茵兰非军事区的地位，英国对德国提出了谈判的一系列倡议。同时，英国声明，如果对德谈判失败，那么《洛迦诺公约》缔约国将立即开始磋商。英国将与相关国家开始参谋部人员的谈判，以便安排其履行《洛迦诺公约》义务所需的技术细节。[2] 这意味着，英国改变了 1926 年以来一贯不愿进行英法军事协作的立场。对于英国的重大政策转变，法国不仅心领神会，而且充分支持。3 月 20 日，法国外长皮埃尔-埃蒂安·弗朗丹（Pierre-Étienne Flandin）在法国议会宣布，英法军事协作的开启表明了英法关系已经进入了决定性的阶段。[3] 3 月 31 日，德国以"反建议"的形式拒绝了英国的建议。德国的"反建议"强调，相关国家之间应签订互不侵犯条约。德国将限制在莱茵兰地区的军备规模，但要求法国同样做出限制。[4] 德国试图诱使英法承认德国占领莱茵兰非军事区，并且削弱英法军事协作的效力。对此，英法明确予以拒绝。4 月 1 日，英国和法国进行了换文，肯定了英国对法德边界的安全保障。4 月 15 日，英国开始了与法国的军事谈判。[5] 谈判的结果是，若法国遭到德国的进攻，则英国将在开始军事动员 14 天内向法国派遣 2 个步兵师。这是 1919 年以来英国首次对法国的安全做出永久性的承诺。[6] 这一承诺不仅是英法非正式联盟形成的表现，也是英法制定联合对德作战计划的开端。

## 第四节　法意协定

如前所述，1934—1935 年，德国的相对能力上升，而法国和意大利的相对能力下降。德、法、意的关系是复杂的。在非洲殖民地和南斯拉夫问题上，法国和意大利存在分歧。法国和意大利都试图在非洲扩张殖

---

[1]　Thomas, *Britain, France, and Appeasement*, p. 26.
[2]　Steiner, *The Triumph of the Dark*, pp. 148–149.
[3]　Emmerson, *The Rhineland Crisis*, p. 199.
[4]　Steiner, *The Triumph of the Dark*, p. 150.
[5]　Arnold Wolfers, *Britain and France between Two Wars: Conflicting Strategies of Peace from Versailles to World War II*, New York: W. W. Norton 1966, p. 77, note 3.
[6]　Adamthwaite, *France and the Coming of the Second World War*, p. 40.

民领地。同时，意大利和南斯拉夫存在领土争端。① 法国和南斯拉夫之间存在防务合作。结果，南斯拉夫成为法意和解的障碍。1930年，墨索里尼指出，法国的黄金储备、军备及在中东欧的联盟是对意大利的威胁。② 意大利反对任何大国在多瑙河流域加大影响。这既包括反对德国推行的德奥关税联盟计划，也包括反对法国强化与多瑙河流域国家的关系。③ 为此，意大利曾考虑建立包括意大利、奥地利、匈牙利和南斯拉夫在内的关税联盟。④ 法国则反对意大利建立这种以天主教人口为主的势力范围。⑤ 在法意关系紧张的背景下，意大利牵制了法国相当的军事力量——位于地中海的海军、7个在北非的师和10个在阿尔卑斯山脉（Alps）的师。⑥

　　虽然如此，法国和意大利也存在合作空间。法意合作的空间主要体现在三个方面。首先，法国和意大利试图化解两国的安全矛盾。1933年3月，墨索里尼提出了《四国公约》草案，试图通过英、法、德、意之间的政策协调决定欧洲秩序。⑦ 墨索里尼试图在欧洲大国协调的框架内实现法意和解。对此，法国心领神会——如果意大利选择与法国的双边谈判，那么意大利对法国的让步可能会导致墨索里尼失去颜面。因此，《四国公约》草案是唯一能够实现法意和解的办法。法国既能获得意大

---

① 第一次世界大战期间，为争取意大利参加协约国，《伦敦条约》缔约国许诺将奥匈帝国控制的达尔马提亚（Dalmatia）、伊斯特拉（Istria）以及的里雅斯特（Trieste）港口划入意大利。在战争期间，意大利和塞尔维亚均致力于推翻奥匈帝国在其南部的统治。然而，不待协约国拟定战后和约，以塞尔维亚为基础新成立的南斯拉夫占领了《伦敦条约》划给意大利的原属奥匈帝国的领土。结果，意大利不是向战败国（奥匈帝国）而是向战胜国（南斯拉夫）提出领土要求。这引发了意大利和南斯拉夫之间长期的领土争端。相关讨论参见 René Albrecht-Carrié, *Italy at the Paris Peace Conference*, New York: Columbia University Press, 1938, pp. 272 – 274, 298 – 309; Ivan T. Berend, *Decades of Crisis: Central and Eastern Europe before World War II*, Berkeley: University of California Press, 1998, p. 171; Marina Cattaruzza, *Italy and Its Eastern Border, 1866 – 2016*, trans. by Daniela Gobetti, New York: Routledge, 2017, pp. 64 – 72。

② Graham to Henderson, June 27, 1930, *DBFP*, Second Series, Vol. 1, pp. 379 – 380。

③ Sektionschef Schüller an Generalsekretär Peter, 12. März 1932, *ADÖ*, 8. Band, S. 132。

④ Gesandter Egger an Generalsekretär Peter, 12. Oktober 1932, *ADÖ*, 8. Band, S. 271。

⑤ Gesandter Günther an Bundeskanzler Dollfuß, 31. Mai 1933, *ADÖ*, 9. Band, S. 117。

⑥ Esmonde M. Robertson, *Mussolini as Empire-builder: Europe and Africa, 1932 – 36*, New York: St. Martin's Press, 1977, p. 16。

⑦ Robert Machray, *The Struggle for the Danube and the Little Entente, 1929 – 1938*, London: G. Allen & Unwin, 1938, pp. 119 – 120。

利让步，又能保全墨索里尼颜面。① 虽然南斯拉夫等国的反对导致《四国公约》计划无法付诸实践，但是法国并未放弃与意大利合作的努力。1934 年底，法国提出，若意大利保证南斯拉夫的领土完整，则法国愿意考虑意大利在非洲的利益。② 换言之，法国意识到了南斯拉夫问题和殖民地划界阻碍了法意关系的发展。法国愿意考虑以"一揽子解决"的方式，与意大利在上述两个问题上互相妥协，从而实现法意合作。

其次，法国和意大利试图协调在奥地利问题上的共同立场。《凡尔赛和约》支持所谓"民族自决"原则，却禁止同属于德意志民族的德国与奥地利合并。结果，德国和奥地利国内分别形成了推动德奥合并的强大政治力量。作为出生于奥地利的德国领导人，希特勒更是不遗余力地推动德奥合并。与之相比，法国和意大利均反对德奥合并。1932 年底，意大利曾向奥地利提供了 5 万支步枪和 200 挺机枪。③ 在奥地利问题上，墨索里尼强调，德意政策完全相反。意大利支持奥地利政府反对纳粹党掌权的努力。④ 如果德国入侵奥地利，意大利将以武力为后盾做出激烈反应。⑤ 奥地利问题为法意合作奠定了重要基础。1934 年 2 月，意大利、法国和英国发表了维护奥地利独立和领土完整的联合声明。⑥ 1934 年 3 月，意大利与奥地利、匈牙利签署了《罗马协定》，以协调三国的外交政策。法国立即支持《罗马协定》，甚至暗示：法国将推动在其支持下的小协约国与《罗马协定》缔约国合作反对"泛德意志主义"。⑦ 在这种情况下，意大利强调，"如果德国准备采取措施迅速实现德奥合并，那么这会将意大利推入法国的怀抱"。⑧ 对此，希特勒明确声明，意大利要将

---

① Erskine to Simon, June 7, 1933, *DBFP*, Second Series, Vol. 5, p. 334.

② Patteson to Simon, November 21, 1934, *DBFP*, Second Series, Vol. 12, p. 229; Clerk to Simon, December 13, 1934, *DBFP*, Second Series, Vol. 12, p. 322.

③ Martin Kitchen, *The Coming of Austrian Fascism*, Montreal: McGill-Queen's University Press, 1980, p. 146.

④ Simon's Talk with Mussolini, January 4, 1934, *DBFP*, Second Series, Vol. 6, pp. 256-257.

⑤ Drummond to Simon, January 28, 1934, *DBFP*, Second Series, Vol. 6, p. 342.

⑥ William I. Shorrock, *From Ally to Enemy: The Enigma of Fascist Italy in French Diplomacy, 1920-1940*, Kent: Kent State University Press, 1988, p. 94.

⑦ György Réti, *Hungarian-Italian Relations in the Shadow of Hitler's Germany, 1933-1940*, trans. by Thomas J. Dekornfeld and Helen D. Hiltabidle, New York: Columbia University Press, 2003, pp. 42-43.

⑧ Réti, *Hungarian-Italian Relations in the Shadow of Hitler's Germany, 1933-1940*, p. 43.

"干涉（德奥关系）的手拿开"。① 德意矛盾的激化进一步推动了法意合作。

最后，法国和意大利试图协调在德国重整军备问题上的共同立场。在军控问题上，法德分歧是全面和深刻的。法国要求，德国应将所有纳粹准军事部队纳入军控范围。对此，德国表示反对。法国要求，德国应澄清已拥有的飞机与坦克的准确数量。对此，德予以拒绝。法国强调德国扩军潜力比法国大，而德国则强调其现役军队规模比法国小。② 在军控问题上，德意分歧是深刻的。双方在空军和海军规模问题上的立场存在明显距离。③ 德、法、意各自的立场促进了法意合作。在意大利看来，法国对德国的政策过于软弱。墨索里尼认为，旷日持久的军控谈判使得德国获得了超出限额的轰炸机。在他看来，战争是减少德国军备的唯一办法。④ 或许，他曾经考虑过对德国发动先发制人的打击，以解决德国重整军备的问题。虽然法国未必赞成意大利的这种政策，但是法意都理解彼此对德国重整军备的担忧。

1935 年 1 月，赖伐尔和墨索里尼的会谈为形成法意伙伴关系开辟了道路。其一，法国和意大利达成了关于协调非洲权益的谅解。墨索里尼要求法国允许意大利参股吉布提（Djibouti）—亚的斯亚贝巴（Addis A-baba）铁路的经营，并要求法国政府秘密承诺法国在阿比西尼亚（Abys-sinia）的经济利益仅局限于铁路沿线。对此，赖伐尔予以谅解。⑤ 法国同意在索马里、利比亚、突尼斯的殖民地问题上对意大利让步。⑥ 其二，法国和意大利强调共同应对德国重整军备。双方注意到，德军陆军已有 21 万人，并将很快发展到 30 万人。在几个月内，德国空军将会装备 1600 架飞机。其三，法国和意大利都不愿与德国发生正面冲突。墨索里尼宣称，战争是消灭德国军备的唯一出路。赖伐尔答称，现在没有人想

---

① Memorandum by Neurath, June 15, 1934, *DGFP*, Series C, Vol. 3, p. 10.
② Memorandum by Bülow, December 5, 1933, *DGFP*, Series C, Vol. 2, pp. 174 - 176; Memorandum by Bülow, December 7, 1933, *DGFP*, Series C, Vol. 2, pp. 184-187.
③ Hassell to the Foreign Ministry, May 29, 1934, *DGFP*, Series C, Vol. 2, p. 854.
④ Drummond to Simon, December 14, 1934, *DBFP*, Second Series, Vol. 12, p. 325.
⑤ 梁占军：《1935 年法意罗马协定的缔结与意埃战争的爆发》，《历史教学》2001 年第 11 期，第 15 页。
⑥ Duroselle, *France and the Nazi Threat*, p. 94.

打仗。墨索里尼立即予以赞同。他认为，因德国没有遵守《凡尔赛和约》而发动战争将无法获得广泛支持。因此，法国和意大利应与德国谈判，敦促德国重返国际联盟，并且控制德国的军备规模。① 会谈结束后，法国和意大利签署了协议：如果德国试图单方面破坏其在《凡尔赛和约》中承担的义务并全面重整军备，那么法意将相互磋商。如果出现了重启关于实现普遍裁军的国际谈判，那么法意将协调行动。法意须保证关于军备限制的条款能够维持两国的相对军事能力。②

赖伐尔和墨索里尼的会谈标志着法意两国形成了针对德国的"战略性合作"。两国都反对德国影响的扩大，都希望通过军事协作应对德国影响的扩大。1935 年初，法国和意大利开始了秘密军事协作。1 月初，意大利元帅皮特罗·巴多格里奥（Pietro Badoglio）提出，意大利希望和法国进行军事谈判。③ 巴多格里奥提出两个问题：第一，如果奥地利的局势发生变化导致德国动员，那么法国将做什么；第二，在这种情况下，法国是否同意运用它在南斯拉夫的影响，推动法意军事和政治行动，以便维持奥地利的独立。提出上述问题意味着，法意应立即开始讨论相关技术问题。④ 意大利的意见得到了法国的积极响应。1 月 26 日，赖伐尔赞成双方参谋人员就奥地利问题定期交换信息，并愿意听取意大利关于奥地利问题的各种设想。⑤

随后，法意开始了军事协作的具体实践。1 月 29 日，巴多格里奥会见法国驻意大利武官。巴多格里奥宣称自己刚见到了墨索里尼。墨索里尼希望法国和意大利共同考虑：如果德国因为奥地利进行了动员，那么法国和意大利将采取何种政策。巴多格里奥强调，如果德国对法国发动侵略，那么意大利将站在法国一边。巴多格里奥不仅关心德国的动员，而且还关心奥地利在德国没有动员的情况下发生内乱的问题。巴多格里

---

①  Mussolini's Talk with Laval, January 5, 1935, in Strang, "Imperial Dreams: The Mussolini-Laval Accords of January 1935," pp. 803–804.

②  Protocol on Disarmament, signed by Laval and Mussolini, January 7, 1935, in Esmonde M. Robertson ed., *The Origins of the Second World War: Historical Interpretations*, London: Macmillan, 1971, p. 236.

③  Duroselle, *France and the Nazi Threat*, p. 95.

④  Shorrock, *From Ally to Enemy*, p. 118.

⑤  Shorrock, *From Ally to Enemy*, p. 119.

奥衷心希望法国和意大利能够缔结军事协定。① 作为对赖伐尔的回应，巴多格里奥提出了具体设想，即意大利希望和法国讨论四种情况下的军事协作：第一，当德国进行动员时，法国和意大利采取何种联合立场；第二，当德国侵略法国时，意大利如何介入；第三，当奥地利在没有德国军事干涉的情况下发生动乱时，法国和意大利采取何种联合行动；第四，当奥地利在有德国军事干涉的情况下发生动乱时，法国和意大利采取何种联合行动。巴多格里奥指出，在后两种情况下，法国和意大利的军事行动必须征得奥地利政府的同意。此外，巴多格里奥希望在法意两国间建立常设的联络机构，以便交换信息。这样，法意的军事协作就可不限于奥地利问题。②

对意大利提出的上述设想，法国进行了详细的研究。如果法国和意大利达成军事协定，那么法国可以从欧洲和北非抽调大约 14 个陆军师至法国–比利时边界。此外，法国也可将海军从地中海调往北海。这对法国提高对德作战效能将具有重要意义。③ 1935 年 2 月 8 日，法国军方向赖伐尔提交了报告。对意大利提出的前两种情况，意大利的军队将出现在法国的领土上，保证阿尔卑斯山脉的安全。这可以使法国在东北方向部署更多的法军。对意大利提出的后两种情况，法国将向奥地利派出远征军支持意大利，在德国南部建立一条战线并且与法国在中东欧的盟国沟通。在附上情报部门的分析之后，法国军方强烈建议赖伐尔迅速考虑法意两国总参谋部之间的对话。同日，法国政府指示其驻意大利的武官通知意大利：法国总参谋部情报部准备和意大利参谋机关讨论，一旦德国进行总动员或者奥地利遭到了威胁，那么法国和意大利将采取何种联合行动。谈判可以在 3 月或者 4 月于巴黎或者罗马举行。2 月 20 日，法国提出了法意军事协作计划。该协作计划提议，法国在意大利和南斯拉夫的边界附近部署 1 个军，既能防止意大利和南斯拉夫发生冲突，又可直接影响巴尔干地区；作为交换，意大利将在法国和瑞士的边界附近部署 1 个军，法国将开放机场给意大利，使得意大利可以直接影响德国南部地区。④

① Duroselle, *France and the Nazi Threat*, p. 95.
② Shorrock, *From Ally to Enemy*, p. 119.
③ Robertson, *Mussolini as Empire-builder*, p. 115.
④ Shorrock, *From Ally to Enemy*, pp. 119–120.

1935 年春夏之交，法意军事协作取得了突破。4 月，在斯特雷莎
（Stresa）会议上，墨索里尼表达了对奥地利局势的担忧。在墨索里尼看
来，纳粹力量已经在相当程度上控制了奥地利的警察和军队。德奥合并
是对所有国家的威胁。这意味着德国将排斥英、法、意在多瑙河地区的
经济利益。[①] 在墨索里尼的要求下，斯特雷沙会议决议重申了维护奥地
利独立。德国在奥地利影响的扩大推动了法意合作。斯特雷沙会议结束
后，5 月 13 日，法国和意大利缔结空军协定，成为法意军事协作的标志
性事件。根据这一协定，如果德国对法国或者意大利发动进攻，那么法
国和意大利将对彼此开放领土。如果德国对法国和意大利同时发动进攻，
那么法国和意大利将协调战略，交换人员、物资和战术及技术信息。双
方空军参谋长每年至少会晤两次。6 月 29 日，法国和意大利签署了关于
奥地利问题的军事协定。若德国进行军事动员，则法国和意大利将协调
战备措施。若德国进攻法国，则意大利将派遣 9 个师进入法国南部保护
交通。法国将派遣 2 个师与意大利军队进攻萨尔斯堡（Salzburg）。同时，
法国军队将协调意大利军队和南斯拉夫军队。若奥地利发生动乱而德国
未进行干涉，则法国将派兵保护意大利的侧翼。若奥地利发生动乱而德
国进行干涉，则法国将派遣 2 个师的远征军与意大利军队协同作战。[②] 法
意协定签订之前，双方均在阿尔卑斯山地区部署了大量部队，并修筑了
现代化的工事。这些军事力量和军事设施体现了法意两国的敌对关系。
法意协定签订之后，双方在阿尔卑斯山地区实现了非军事化。这使得双
方可以将军事力量和军事资源用于其他方向。[③]

意大利入侵阿比西尼亚导致法意关系再度紧张。法国开始考虑在国
联框架内制裁意大利。然而，法国的制裁措施并不包括国联成员对意大
利的石油禁运。这表明，法国对法意关系的发展仍留有余地。1935 年 11
月，巴多格里奥对法国驻意武官重申，法意军事协定仍然是有效的。
1935 年 12 月，法意首脑交换信件的语气是友好的。12 月 22 日，赖伐尔

---

①  Notes of Anglo-French-Italian Conversations held at the Palazzo Borromeo, April 11 – 14,
    1935, *DBFP*, Second Series, Vol. 12, p. 886.

②  Shorrock, *From Ally to Enemy*, pp. 130–132.

③  Maurice Baumont, *The Origins of the Second World War*, trans. by Simone de Couvreur Fergu-
    son, New Haven: Yale University Press, 1978, p. 106.

对墨索里尼承诺，他将寻找和平解决争端的办法。① 的确，此时法意关系处于困难的境地。然而，法意之间仍存在针对德国的战略性合作。法国开始制裁意大利之后，德国外长康斯坦丁·冯·牛赖特（Konstantin von Neurath）强调，目前墨索里尼在奥地利边界上部署了更多的军队。如果墨索里尼有合适的借口，他会出兵奥地利。如果德意因为奥地利爆发武装冲突，法国将站在意大利一边与德国作战。② 德国对局势的研判明显高估了法意形成反德联盟的可能性，但也从侧面显示了法意军事协作的重要意义。如果意大利没有入侵阿比西尼亚，那么法意战略伙伴关系很可能会逐渐演变成正式的针对德国的联盟。

需要注意的是，在针对德国形成军事协作的过程中，法意始终面临军事能力相对下降的挑战。因此，法意均不愿首先成为德国的打击对象。结果，法意两国不约而同地选择了秘密合作的方式推动军事协作。1935年1月，在赖伐尔结束罗马之行后，法国外交部国务秘书莱热向法国参议院外事委员会通报法意协定。莱热特别强调，法意协定内容具有"严格保密"的属性。③ 不仅法国对法意关系的性质守口如瓶，意大利也对法意军事协作的内容讳莫如深。赖伐尔访问罗马的行程引起了广泛的猜测。因此，美国想了解法意关于奥地利独立问题的共识是否涉及法国对意大利承担了义务。面对来自美国的询问，意大利予以搪塞。意大利声称，如果德国侵略奥地利，法意两国将互相磋商。或许，意大利会沿着与奥地利的边界调动军队，而法国也会沿着莱茵河调动军队。然而，除了磋商义务之外，法意两国并未做出其他决定。④

1935年5月，法意以缔结航空协定为名形成了针对德国的军事协作计划。法意航空协定谈判的消息引起了德国的警觉。德国驻意大使乌尔里希·冯·哈塞尔（Ulrich von Hassell）就要求墨索里尼澄清法意关系的性质。哈塞尔声称，有谣言说法国和意大利缔结了军事航空协定。墨索

---

① Adamthwaite, *France and the Coming of the Second World War*, pp. 35–36.

② Memorandum by Bullitt, May 18, 1936, *FRUS, 1936*, Vol. 1, General, the British Commonwealth, p. 301.

③ Léger to Berneger, January 16, 1935, in Robertson ed., *The Origins of the Second World War*, p. 235.

④ Long to Hull, January 30, 1935, *FRUS, 1935*, Vol. 1, General, the Near East and Africa, p. 186.

里尼答称，那只是民用航空协定。① 法意将其军事协作视为提高未来对德国作战效能的工具。因此，意大利自然会对德国刻意隐瞒法意军事协作的性质。法、意、德均对法意军事协作非常敏感。第二次世界大战爆发后，意大利成为法国的敌人。意大利并未对外宣布曾与法国进行过军事协作。在战争期间法国曾遭德军占领。维希法国或纳粹德国均未对外宣布法意军事协定的内容。直到 1945 年 3 月，在盟国审判意大利战犯时，法意协定的内容才被公之于众。② 秘密协作是法意军事协作的重要特点。

## 第五节　德意联盟

1935—1936 年，意大利入侵阿比西尼亚导致英法制裁意大利。这推动意大利以奥地利为代价实现德意合作。1936 年，意大利仍试图在奥地利问题上采取两面政策。1936 年 1 月，意大利对德国提出：它将接受奥地利处于德国的实质影响下，不再反对奥地利成为德国的卫星国。同年 2 月，意大利却对奥地利强调：意大利不可能在德国拒绝保障奥地利领土完整的情况下与德国和解。意大利关于德奥合并的立场是绝对不变的。③ 意大利的两面政策意味着其对德国的抵制程度越来越低。1936 年 7 月，德国和奥地利达成协议：奥地利允许其境内的纳粹力量合法化。意大利对德缓和政策导致奥地利对德妥协，而意大利对维护奥地利独立的兴趣也明显降低。1936 年 11 月，在《罗马协定》缔约国会议上，意大利外长加莱阿佐·齐亚诺（Galeazzo Ciano）建议：德国参加意大利、匈牙利和奥地利的军事合作。④ 1937 年 11 月，意大利加入德日《反共产国际协定》。随后，墨索里尼宣称：奥地利是第二号德意志国家。奥地利不能反对德国。他已经厌烦派兵保卫奥地利的独立。⑤ 1938 年 1 月，《罗马

① Hassell to the Foreign Ministry, May 14, 1935, *DGFP*, Series C, Vol. 4, p. 153.
② Baumont, *The Origins of the Second World War*, p. 106.
③ Unterredung Außenminister Berger-Waldenegg mit italienischem Understaatssekretär Suvich am 18. Februar 1936 in Florenz, *ADÖ*, 10. Band, S. 262–263.
④ Réti, *Hungarian-Italian Relations in the Shadow of Hitler's Germany, 1933–1940*, pp. 86–94.
⑤ Mussolini's Talk with Ribbentrop, November 6, 1937, *Ciano's Diplomatic Papers*, p. 146.

协定》缔约国召开会议。奥地利要求意大利和匈牙利在拟定对外公布的
《联合公报》中保证奥地利独立。对此，齐亚诺强调：这样做只能给柏
林留下一个不良的印象。因此，他拒绝了这一提议。[①] 1938 年 2 月，当
德国对奥地利提出两国合并的最后通牒时，意大利除了抱怨未事先接到
德国的通报外，并没有采取任何措施阻止德奥合并。[②] 意大利不再阻挠
德奥合并消除了德意之间的重大安全冲突，从而开辟了德意结盟的道路。

　　如前所述，1938—1939 年，德意的相对能力均有所降低。这成为德
意结盟和军事协作的重要考虑。德奥合并后，意大利面临战略伙伴的抉
择。对意大利而言，德国和英国都是潜在的结盟对象。关于德意合作的
前景，德意与英法存在安全冲突。德国对中东欧国家有领土要求。这不
仅威胁了法国的盟国，也威胁了英国维持欧陆均势的政策。意大利谋求
在非洲以英法为代价扩张本国的殖民地，并在地中海与英法进行军备竞
赛。因此，德意之间存在针对英法的共同安全利益。此外，德意两国均
信奉法西斯主义的意识形态，均与英法推行的资本主义民主制度存在价
值观念层面的冲突。因此，德意两国可能形成针对英法的合作。然而，
关于英意合作的前景，意大利也抱有相当的期望。在会见意大利驻英大
使时，英国首相张伯伦询问了意大利对德意关系和英意关系的评价。大
使回答说，考虑到德意的地理位置以及两国政治体制的相似性，两国自
然感到亲近，彼此互相同情。然而，德意之间没有政治承诺或军事承诺。
意大利认为，如果英国和意大利之间存在友谊与信任，那么欧洲将会形
成均势。英国将可以对法国施加约束性的影响，就像意大利可以对德国
施加约束性的影响。[③] 直至 1938 年，德意之间远非亲密无间的盟友关系。

　　德意分歧主要表现为两国对英国的不同政策。自 1938 年 5 月开始，
德国不断要求与意大利缔结联盟条约。[④] 然而，意大利搁置了德国的倡
议，以便谋求与英国的合作。[⑤] 齐亚诺指出，"我们必须让两扇门都开着。
现在签订（德意）联盟条约，或许会把并非不重要的那扇门关闭"。[⑥]

①　Réti, *Hungarian-Italian Relations in the Shadow of Hitler's Germany, 1933-1940*, p. 109.
②　Ciano's Talk with the Prince of Hesse, February 18, 1938, *Ciano's Diplomatic Papers*, p. 163.
③　Halifax to Perth, February 21, 1938, *DBFP*, Second Series, Vol. 19, pp. 950-951.
④　*Ciano's Hidden Diary*, p. 112.
⑤　*Ciano's Hidden Diary*, p. 135.
⑥　*Ciano's Hidden Diary*, p. 185.

1938 年 10 月 28 日，德国外长约阿希姆·冯·里宾特洛甫（Joachim von Ribbentrop）对齐亚诺指出，希特勒认为与西方民主国家的战争是不可避免的。或许，三至四年内会爆发这样的战争。① 因此，德国希望意大利能够接受德国的结盟建议。然而，墨索里尼却指示齐亚诺推迟缔约。墨索里尼声称，推迟缔约并不等于拒绝缔约。即使没有盟约，轴心国之间也是团结的。② 次日，墨索里尼通过齐亚诺向里宾特洛甫递交了一份信件。墨索里尼指出，德意之间形成防御性联盟既不必要也不紧急。现在没有国家能够进攻德国或意大利这样威权统治的国家。然而，如果德国希望形成一个进攻性联盟，那么德意必须就共同目标达成一致意见。③ 这一信件表明，意大利对德意结盟的建议明显有所保留。事实上，仅仅两周后，在齐亚诺的建议下，墨索里尼就欢迎张伯伦到访罗马，以便展示此次访问的"心理价值"。④ 或许，意大利希望以张伯伦的来访对德国施加心理压力。1939 年 1 月 11 日，墨索里尼会见张伯伦时指出：德意轴心是意大利政策的基础，但这不意味着意大利不能与英国发展友好关系。墨索里尼对英意之间交换军事情报感到满意。⑤

尽管如此，德意对英国的政策分歧只能迟滞而不能阻止德意结盟。对意大利而言，英意关系是意大利向德国开出更高要价的筹码而非障碍。1939 年 1 月 2 日，齐亚诺致信里宾特洛甫。在信中，齐亚诺指出，在 1938 年 10 月与里宾特洛甫的谈话中，墨索里尼原则上赞同缔结军事互助协定。当时，墨索里尼在缔结协定的时机上做了保留。现在，墨索里尼准备撤销这一保留。齐亚诺指出，促使墨索里尼接受德意联盟建议的原因有三个：英法之间已经形成了联盟，法国决策层日益倾向战争，美国准备在西方民主国家需要时提供人员和物资。⑥ 事实上，促使意大利政策转变的更为重要的原因是意大利准备参加战争。2 月 4 日，墨索里尼在大法西斯团（Grand Council of Fascism）会议上指出，意大利与法国的

① Mussolini's Talk with Ribbentrop, October 28, 1938, *Ciano's Diplomatic Papers*, p. 242.

② *Ciano's Hidden Diary*, p. 186.

③ Toscano, *The Origins of the Pact of Steel*, pp. 69-70.

④ *Ciano's Hidden Diary*, p. 195.

⑤ Conversations between British and Italian Ministers, First Conversation, January 11, 1939, *DBFP*, Third Series, Vol. 3, pp. 517-518.

⑥ Toscano, *The Origins of the Pact of Steel*, p. 103.

战争是不可避免的。意大利将在 1942 年底发动对法国的战争。这是墨索里尼首次阐述意大利参战的时间。① 如果意大利决定参加战争，那么意大利与英国关系破裂只是时间问题。由此，德意联盟呼之欲出。

截至此时，德意不仅在战争爆发时间上看法相同，而且都面临相对能力下降制约备战的困境。与德意结盟相比，意大利更关心德意军事协作。1939 年 2 月 23 日，齐亚诺致信里宾特洛甫，建议德意两国参谋部门首先达成谅解，以便尽快缔结协定。如果里宾特洛甫同意，双方可先达成原则协定，之后再逐步讨论细节问题。② 与意大利的处境类似，德国需要以大量硬通货支付原料进口，以便生产军事器材。德国为战备服务的经济能力已经完全释放。国库外汇已经告罄。③ 为解决军工生产问题，德国首先迫使捷克斯洛伐克向德国无偿提供黄金和外汇，之后又通过肢解捷克斯洛伐克获得了大量制式武器。④ 德国试图进一步提升在欧洲大国之间的相对能力优势。但是，德国的扩张政策使得英国放弃了对德"绥靖政策"。英国强化与法国的联盟，与波兰缔结互助协定，并且动员整个殖民帝国同德国竞争。当英国全面释放战争潜能后，1938—1939 年德国出现了相对能力下降的趋势。由此，德意军事协作成为增强两国军事效能的重要方式。

1939 年 3 月 29 日，德意的结盟谈判与军事协作实践几乎同步展开。德意结盟为双方的军事协作开辟了道路。墨索里尼拟定了双方结盟谈判的大纲。意大利将和德国缔结军事协定。同时，意大利认为轴心国应有不少于三年的和平时期。⑤ 意大利的两点意见均考虑了德国之前提出的意见。前者是意大利对德国 1938 年 10 月结盟倡议的回应，而后者是墨索里尼对希特勒两周前意见的答复。在向意大利通报德国肢解捷克斯洛

① MacGregor Knox, *Mussolini Unleashed, 1939-1941: Politics and Strategy in Fascist Italy's Last War*, Cambridge: Cambridge University Press, 1982, p. 39.
② Toscano, *The Origins of the Pact of Steel*, p. 128.
③ Theodor Procházka, *The Second Republic: The Disintegration of Post-Munich Czechoslovakia, October 1938-March 1939*, New York: Columbia University Press, 1981, p. 110.
④ 据当时纳粹德国的不完全统计，通过肢解捷克斯洛伐克，德国缴获了 190 万支步枪、4.4 万挺机枪、2400 门大炮、1000 架飞机和 12 万吨弹药。在与意大利驻德大使谈话时，希特勒透露了相关情况，参见 Hitler's Talk with Attolico, March 20, 1939, *DGFP*, Series D, Vol. 6, p. 61。
⑤ Toscano, *The Origins of the Pact of Steel*, pp. 289-291.

伐克的进程时，希特勒曾经明确提及战争爆发的时间。希特勒指出，如果"想大干一场，最好再等两年，那时将有一百个普鲁士师可供使用"。①在墨索里尼同意开始德意谈判后，4月4日，德国最高统帅部参谋长威廉·凯特尔（Wilhelm Keitel）与意大利总参谋长阿尔伯特·帕里尼（Alberto Pariani）开始了军事谈判。② 双方一致认为，德意与英法的战争是不可避免的。因此，德意应在合适的时间对英法发动突袭。两国应在1年内决定发动战争的时机，即当德意两国的军备更加有效而英国的军备尚未完全发展起来的时候做出决定。德方认为，最近就与英法交战是不合适的。最好3—4年后再爆发战争。那时德意将有足够的军事准备。两国可以同时发动突然袭击，以便最大限度地保证成功。双方认为，应该考虑到两种可能：短期战争和长期战争。无论出现何种情况，最重要的是要确保巴尔干的物资供应。德方要求，两国应立即讨论战时需求和供应问题，特别是巴尔干地区的资源的分配与运输问题。双方还讨论了德国防御措施的性质、方式和程度以及意大利的防御工事。德方强调，德意两国必须改扩建两国间的交通线。③

　　德意军事协作的目的在于提高军事效能，以便抢在英法之前完成战争准备。此时，德意尚无充分把握取得战争的胜利。按照德国元帅赫尔曼·戈林（Hermann Göring）对墨索里尼的说法，轴心国应当等待更长的时间再参战，即军备水平相对于民主国家取得最大优势时再参战。他认为，到1942年或者1943年的时候，德国对英国的军力对比将更有利。目前，三个因素约束德国重整军备：生产的速度、原料的供应、可使用的劳动力。墨索里尼同意戈林的估计。他认为轴心国仍然需要2—3年时间，以便更好地武装自己。④ 与德国相比，意大利的相对能力下降更快。1939年4月底，在德意进行军事协作的关键时刻，意大利发现本国武器库是空的，炮兵器材落后，且缺少防空武器和反坦克武器。意大利在阿比西尼亚、西班牙和阿尔巴尼亚的军事冒险已经严重削弱了自身的经济和军事

① 〔意〕加莱阿佐·齐亚诺著，〔美〕休·吉布森编《齐亚诺日记：1939—1943年》，武汉大学外文系译，第89—90页；Hitler's Talk with Attolico, March 20, 1939, *DGFP*, Series D, Vol. 6, p. 57。

② Keitel's Talk with Pariani, April 4, 1939, *DGFP*, Series D, Vol. 6, pp. 1110-1111.

③ Toscano, *The Origins of the Pact of Steel*, pp. 214-217.

④ Göring's Talk with Mussolini, April 16, 1939, *DGFP*, Series D, Vol. 6, pp. 260-261.

能力。正如齐亚诺所言，意大利关于军事力量的宣传不过是虚张声势。[①]

在这种情况下，德意均试图以军事协作提升作战效能。因此，两国自然对已经开始的军事协作讳莫如深。1939年5月3日，英国驻意大利大使会见罗马尼亚外交部部长格里高利·加芬库（Grigore Gafencu）。加芬库介绍了与意大利方面谈话的情况。墨索里尼声称，意大利并未以"有约束力的接触"（signed engagement）同德国联系在一起。加芬库着重指出，在稍后的会谈中，齐亚诺逐字逐句地引述了墨索里尼的上述观点。[②] 换言之，在德意已经开始军事协作的情况下，墨索里尼却对外界大肆释放"烟雾"，刻意模糊德意关系的实质。德意联盟条约的缔结体现了双方秘密军事协作的备战实质。5月22日，德国和意大利缔结了联盟条约。条约分为两部分。公开部分声明，德国和意大利在和平时期将互相给予政治和外交支持，在战争时期将互相给予军事援助。秘密部分强调，德国和意大利将组成处理军事和军事经济问题的联合委员会，以便实现军事互助义务。[③] 随后，德意两国的空军和海军开始了具体的联合作战部署。[④] 德意相对能力下降使得两国都将军事协作视为"效率工具"，从而选择了秘密协作的方式。

## 第六节　德苏协定

对德国而言，德意军事协作只是补偿相对能力下降的一种方式。毕竟，德国要直接面对与英法的冲突。1939年春，法国与波兰的联盟为波兰抵制德国提供了基本条件。英国对波兰的安全保障则暂时抑制了德国对波兰的军事行动。然而，无论是法国还是英国都明白，苏联而非波兰是制约德国向东方扩张的根本力量。因此，英法谋求与苏联结盟。然而，

---

① Réti, *Hungarian-Italian Relations in the Shadow of Hitler's Germany*, *1933-1940*, pp. 167-168.

② Loraine to Halifax, May 5, 1939, *DBFP*, Third Series, Vol. 5, p. 426.

③ Pact of Friendship and Alliance between Germany and Italy, May 22, 1939, *DGFP*, Series D, Vol. 6, pp. 561-564.

④ Löwitsch to the High Command of the Navy, June 1, 1939, *DGFP*, Series D, Vol. 6, pp. 1117-1119; Schniewind to the Naval War Staff of the OKW, June 24, 1939, *DGFP*, Series D, Vol. 6, pp. 1126-1127.

苏联和波兰之间存在领土争端，而英法对波兰的安全保障是无条件的。波兰既可利用英法的保障抵制德国，也可利用英法的保障反对苏联。如果苏联与英法合作，那么苏联将可能与德国发生冲突。因此，苏联要求可在未获波兰邀请的情况下与德国在波兰领土上作战。在德波关系处于破裂边缘的时候，苏联的提议遭到了英法的抵制。在苏波关系并未改善的情况下，苏联的设想遭到了波兰的抵制。这就使得英、法、苏谈判陷入僵局，从而为德苏谈判创造了条件。在划分中东欧势力范围的基础上，德国和苏联形成了"战略性合作"。如前所述，1938—1939 年，德、苏的相对能力均有所降低。这成为德苏战略关系发展的重要考虑。为补偿能力不足，双方选择了秘密军事协作。

　　1938 年底，德国对波兰提出了领土要求。这使得波兰重新强调其与法国的联盟，并寻求英国的安全保障。此时，英国已经逐渐放弃了对德绥靖。因此，1939 年春，英国与波兰签订了互助协定，从而使得德波冲突逐渐演变成英德冲突的一部分。英德双方各执一词。英国认为德国对波兰的威胁促使英国对波兰提供保障。这种保障抑制了德波冲突的升级。德国认为英国对波兰的保障导致波兰拒绝对德国让步。这种保障激化了德波之间的矛盾。① 在英德冲突升级的情况下，德国的政策陷入了困境。德国谋求来自波兰的让步，而波兰则凭借与英法的同盟抵制德国。如果德波冲突升级引发英德冲突，那么德意联盟并没有战胜英法联盟的把握。毕竟，当英国动员其庞大的殖民帝国备战时，德意已经出现了相对能力下降的趋势。因此，德国将目光投向了波兰的东方邻国——苏联。德国试图利用英、法、波、苏之间的矛盾争取与苏联形成伙伴关系。对苏联而言，英国的动员也导致苏联的相对能力下降。更为重要的是，德波冲突升级意味着英德冲突将发生在苏联的邻国。同时，作为主要大国中唯一的社会主义国家，日益恶化的国际环境严重加剧了苏联的不安全感。一旦战争爆发，一个遭到资本主义国家孤立的苏联将首当其冲。因此，苏联积极响应与英法的谈判。当苏联军队过境波兰问题导致英、法、苏谈判陷入僵局后，苏联转而考虑与德国形成伙伴关系。

　　1939 年夏，德苏开始互相试探形成伙伴关系的可能性。德苏双方以

---

① Memorandum by Weizsäcker, May 9, 1939, *DGFP*, Series D, Vol. 6, p. 463.

贸易协定作为试探彼此的工具。5 月 20 日，苏联外交人民委员维亚切斯拉夫·莫洛托夫（Vyacheslav Molotov）会见德国驻苏大使弗雷德里希·冯·舒伦堡（Friedrich Werner von der Schulenburg）。莫洛托夫指出，若不奠定"政治基础"，则德苏难以进行贸易谈判。舒伦堡多次询问苏联理解的"政治基础"，而莫洛托夫则闪烁其词。[①] 5 月 30 日，德国国务秘书恩斯特·冯·魏茨泽克（Ernst von Weizsäcker）会见苏联驻德国代办格里高利·阿斯塔霍夫（Georgi Astakhov）。魏茨泽克指出，德波关系的恶化意味着德国可以放手调整对波兰的政策。对此，阿斯塔霍夫予以赞同。之后，魏茨泽克宣称，德国将继续抵御共产主义，但并未狭隘地看待苏联。对此，阿斯塔霍夫强调有必要分清一国内政和外交的区别。[②] 考虑到德苏关系长期紧张，在莫斯科和柏林的两次会谈中双方缓和的语调和态度预示着德苏关系即将发生转变。

1939 年 6 月，苏联和德国开始通过第三方传递各自的建议。这种方式可以避免对方直接拒绝己方的某项建议，但也意味着建议可能泄密或者失真。因此，苏联和德国在传递消息时非常谨慎。苏联选择了保加利亚，而德国选择了意大利。作为一个斯拉夫人的国家和苏联的邻国，保加利亚与德国存在紧密的经贸联系。6 月 14 日，阿斯塔霍夫通过保加利亚外交官向德国阐述了苏联的三种选择：同英法缔约、拖延同英法的缔约谈判、同德国和解。苏联倾向于最后一种选择。如果德苏缔结互不侵犯条约，则苏联将拒绝与英法缔约。[③] 作为对苏联建议的回应，德国通过意大利向苏联传话。德意联盟条约和共同的意识形态有助于德国增强消息的可信性。6 月 26 日，德国通过意大利向苏联传达了德国改善德苏关系的计划：德国帮助苏联调整与日本的关系、讨论德苏缔结互不侵犯条约的可能性或共同保证波罗的海国家安全的可能性、缔结广泛的贸易协定。[④]

1939 年 8 月初，英、法、苏谈判陷于停滞，而德苏则走向了伙伴关系。面对英法对波兰的安全保障以及波兰与苏联之间的安全冲突，苏联

---

① 《德国驻苏大使舒伦堡关于苏德接触致德国外交部电》，1939 年 5 月 20 日，沈志华总主编《苏联历史档案选编》（第 16 卷），第 34 页。

② Memorandum by Weizsäcker, May 30, 1939, *DGFP*, Series D, Vol. 6, pp. 604-606.

③ Memorandum by Woermann, June 15, 1939, *DGFP*, Vol. 6, pp. 728-729.

④ 陈晖：《1933—1941 年的苏德关系》，第 214 页。

坚持要求在战时获得在波兰的军队过境权。结果，英法和波兰抵制苏联的建议。在苏联看来，谈判陷入僵局意味着两种可能性：要么是英国寄希望于对德妥协导致其对苏联的要求虚与委蛇，要么是波兰寄希望于对德妥协导致其强烈抵制苏联通过英国传达的要求。在英、法、苏谈判的关键时刻，德国加大了对苏联的试探力度。8月2日，里宾特洛甫接见阿斯塔霍夫，要求改善德苏关系。对此，阿斯塔霍夫答称，德国要提出改善关系的具体步骤。① 8月4日，舒伦堡对莫洛托夫指出，从波罗的海到黑海的地区，德国和苏联并不存在分歧。德国希望和苏联达成互惠协定。② 8月8日，阿斯塔霍夫致电莫洛托夫强调，德国的真正兴趣在于中东欧的领土变迁。若苏联对但泽（Danzig）和波兰的德意志人聚居区不感兴趣，则德国将放弃在乌克兰的计划，并且让苏联在波兰的俄罗斯族聚居区、罗马尼亚的比萨拉比亚和除立陶宛之外的波罗的海地区自行其是。③ 8月13日，德国建议，派遣高级代表访问莫斯科，以便调整两国关系。德国特别强调，德国代表将得到希特勒的完全信任，并将全权代表德国政府。④ 8月15日，莫洛托夫对舒伦堡表示他对苏德互惠合作的兴趣。莫洛托夫强调，他收到了从意大利方面转来的德国关于改善与苏联关系的三点建议。他没有看到任何脱离实际的内容。因此，如果德国愿意改善德苏关系，那么他希望舒伦堡提出更为具体的建议。⑤ 8月19日，舒伦堡提出了德国代表的人选——里宾特洛甫。对此，莫洛托夫则提出了里宾特洛甫访问的条件——德苏双方应事先就《互不侵犯条约》及其附加议定书达成谅解。⑥

　　1939年8月底，德国和苏联决心以划分中东欧势力范围作为两国间

---

①　Aufzeichnungen des sowjetischen Gesandten in Berlin, Georgij Astachov, über seine Gespräche mit Weizsäcker und Außenminister Ribbentrop, 2.8.1939, *Deutschland*, *Russland*, *Komintern*, *II. Dokumente*, *1918-1943*, S. 1519-1521.

②　Schulenburg to the Foreign Ministry, August 4, 1939, *DGFP*, Series D, Vol. 6, p. 1060.

③　Geoffrey Roberts, *The Soviet Union and the Origins of the Second World War: Russo-German Relations and the Road to War*, *1933-1941*, New York: St. Martin's Press, 1995, pp. 86-87.

④　Roberts, *The Soviet Union and the Origins of the Second World War*, p. 88.

⑤　《舒伦堡关于递交柏林声明与莫洛托夫的谈话记录》，1939年8月15日，沈志华总主编《苏联历史档案选编》（第4卷），第454—455页。

⑥　《舒伦堡关于互不侵犯条约内容与莫洛托夫的谈话记录》，1939年8月19日，沈志华总主编《苏联历史档案选编》（第4卷），第464—466页。

伙伴关系的基础。8月21日，希特勒致信斯大林，同意了苏联提出的前提条件："苏联政府所期望的补充协定可在极短时间得到根本澄清。"斯大林当即复信强调："德国政府同意签订互不侵犯条约，这将为我们两国间消除政治紧张局势和建立和平和合作关系奠定基础。苏联政府委托我通知您，它同意里宾特洛甫先生于8月23日来莫斯科。"① 8月23日，里宾特洛甫访问莫斯科，与莫洛托夫签订了《互不侵犯条约》及秘密附加议定书。条约阐明了德苏伙伴关系的基础，即缔约方互不侵犯、不支持第三方对另一缔约方的侵犯、不参加反对另一缔约方的国家集团。秘密附加议定书载明了双方在波兰、波罗的海国家和罗马尼亚等地势力范围的划分方案。

　　1939年9月初，德苏伙伴关系迅速引发了军事协作。德苏协定不仅标志着德苏伙伴关系的形成，也意味着解除了德国对波兰军事行动的制约。德波冲突爆发后，英国于9月3日对德宣战。如前所述，1938—1939年，英国重整军备削弱了德苏的相对能力。英国介入德波冲突不仅降低了德国在波兰速胜的信心，也加剧了苏联对英国借机扩大在中东欧影响的担心。因此，德国和苏联试图以军事协作提高军事效能。1939年9月10日，在与莫洛托夫的会谈中，舒伦堡请苏联出兵配合德国攻击波兰。舒伦堡指出，现在苏联红军的进军速度非常关键。② 德国敦促苏联在德波战役结束前出动军队。对此，苏联做出了反应。9月16日，莫洛托夫对舒伦堡指出，苏军将于次日或后日发动对波兰的进攻。他将声明苏联采取措施的原因：波兰国家已经解体而不复存在。因此，苏波之间的所有协定业已失效。第三方或许将从目前的混乱局面中渔利。因此，苏联政府有义务援助和保护边界上的乌克兰人和白俄罗斯人免受侵犯。除解释苏联军事行动外，莫洛托夫要求舒伦堡澄清维尔诺（Vilna）的地位，避免苏军与德军在立陶宛发生冲突。③ 9月17日下午，斯大林亲自接见舒伦堡。斯大林指出，苏联空军将在当天晚间轰炸比亚韦斯托克（Białystok）、布列斯特－立托夫斯克（Brest-Litovsk）和利沃夫（Lwów）

---

① 《斯大林关于同意里宾特洛甫访苏给希特勒的电报》，1939年8月21日，沈志华总主编《苏联历史档案选编》（第4卷），第489页。

② Schulenburg to the Foreign Ministry, September 10, 1939, *DGFP*, Series D, Vol. 8, p. 44.

③ Schulenburg to the Foreign Ministry, September 16, 1939, *DGFP*, Series D, Vol. 8, p. 76.

一线的地区。因此，他希望德国空军不要飞越该线。斯大林还拿出苏联拟递交波兰的照会，并征求舒伦堡的意见。随后，斯大林根据舒伦堡的意见对照会的内容做了修改。[1] 德苏军事协作迅速从设计阶段进入落实阶段。

1939 年 9 月底，德苏军事协作达到高潮。当德国轰炸机进攻波兰的时候，它们得到了苏联雷达站引导信号的帮助。[2] 9 月 27 日，波兰尚未投降。然而，斯大林已经和里宾特洛甫开始讨论战后波兰的领土安排。依据苏联总参谋部提供的制图，德军和苏军就双方在波兰的军事分界线达成了协议。在波兰 15 万平方英里的领土中，苏联获得了 77606 平方英里，而德国获得了 72400 平方英里。与苏占区相比，德占区的人口更多且工业化程度更高（包括了波兰 90% 的工业）。[3] 10 月 5 日，最后一支波兰部队投降。在波兰战役中，波军损失 66300 人，德军损失 10752 人，苏军损失 737 人。德军和苏军分别俘虏了 70 万名和 20 万名波兰军人。[4]

在德苏军事协作期间，里宾特洛甫和斯大林进行了多次长时间的谈话。他们的谈话体现了德苏军事协作的三个特点：有效性、保密性和互惠性。首先，里宾特洛甫高度评价了德苏军事协作的有效性。他声称自己高兴地从德国军方获悉：德军和苏军以善意、友好的相互协作精神制定了纲领计划。为了迎合苏军的需要，德国第 8 集团军在波兰战场主动后撤，尽管这对处于与波兰军队作战状态的德军而言并不容易。其次，里宾特洛甫的意见反映了德苏军事协作的保密性。对德苏协同作战，波兰竟毫不知情。德军为迎合苏军的需要而主动后撤被波兰当成了德军溃退的表现。里宾特洛甫嘲笑波兰军队的口气恰恰反映了他对德苏军队保密性的肯定。最后，里宾特洛甫要求德国潜艇和巡洋舰在战时能够停靠苏联港口，以便获得补给和修理。斯大林爽快地同意了这一要求。斯大林指出，摩尔曼斯克（Murmansk）有拖网渔船和军舰的修理基地。这些

---

[1]　Schulenburg to the Foreign Ministry, September 17, 1939, *DGFP*, Series D, Vol. 8, pp. 79-80.

[2]　〔美〕杰弗里·罗伯茨：《斯大林的战争》，李晓江译，社会科学文献出版社 2018 年版，第 71 页。

[3]　Thomson, "Foreign Relations," in Schmitt ed., *Poland*, p. 423.

[4]　Heinrich August Winkler, *Geschichte des Westens: die Zeit der Weltkriege 1914-1945*, München: C. H. Beck, 2011, S. 895.

基地可为德军战时之用。斯大林指出，如果未来德国陷入困境，苏联将会援助德国。苏联需要强大的德国。因此，苏联不允许有人把德国打倒在地。[①] 斯大林的意见体现了德苏军事协作的互惠性。

　　军事协作指联盟成员或伙伴国家制定联合作战计划的行动。笔者讨论了1935—1939年欧洲5个大国之间的五组联盟（伙伴）关系引发军事协作的条件，并由此检验了能力分异理论。大国的相对能力变化决定联盟或伙伴关系能否引发军事协作。若结盟（结伴）大国的相对能力同时上升，则联盟或伙伴关系将引发公开军事协作。若结盟（结伴）大国的相对能力同时下降，则联盟或伙伴关系将引发秘密军事协作。若结盟（结伴）大国的相对能力有升有降，则联盟或伙伴关系无法引发军事协作。大国间的军事协作与结盟大国履行安全承诺的条件均为理解大国间联盟与伙伴关系的关键问题。本章解释了前者，而本书第三章将解释后者。

---

① 《里宾特洛甫与斯大林和莫洛托夫的会谈记录》，1939年9月27日、28日，沈志华总主编《苏联历史档案选编》（第4卷），第521—523页、第531页。

# 第三章　再结盟理论

如前所述，结盟国家指在武装冲突爆发前彼此给出互助承诺的国家。因此，讨论结盟国家履约条件是探究联盟形成与运行的重要内容。既有理论以"安全利益"和"国内政治体制/意识形态"解释结盟大国履约的条件，对推动相关讨论做出了重要贡献。然而，既有理论并未讨论上述两个因素交互作用情况下结盟大国履约的条件。由此，本章提出"再结盟理论"解释结盟大国履行安全承诺的条件。结盟大国再结盟可能性是解释其履行联盟安全承诺的必要条件。具备再结盟选项的大国更可能背弃联盟的安全承诺，缺少再结盟选项的大国更可能履行联盟的安全承诺。1936年法苏联盟和1939年德意联盟均为影响第二次世界大战爆发前欧洲局势的重要联盟。在这两个联盟中，"安全利益"和"国内政治体制/意识形态"均对法国和意大利履约可能产生了交互作用，而既有理论缺少对法国和意大利是否履约的明确解释。"再结盟理论"则解释了这两个案例。1936年英法结盟的前景是法国背弃对苏联安全承诺的重要原因，而1939年除德国之外意大利没有再结盟选项是意大利履行对德国安全承诺的重要原因。

## 第一节　理论假设

### 变量关系

如第一章所述，既有理论对理解结盟大国的履约条件提供了有益的启示。然而，既有理论并未解释"安全利益"和"国内政治体制/意识形态"发生交互作用时结盟大国的履约行为。事实上，这种情况恰恰是关于履约问题中普遍存在的经验现象。假设存在A国、B国、C国三个大国且A国与B国之间形成针对C国的联盟。如第一章所述，基于利兹等人的研究，一个值得讨论的问题并不是A-C结盟的"事实"会对A

国的行为产生何种影响。更有意义的问题是，当 A 国存在与 C 国结盟的"可能"时，这会对 A 国的行为产生何种影响。在既有理论的基础上，"再结盟理论"指出，一个结盟大国再结盟的可能性是解释其是否履行安全承诺的必要条件。

若存在 A–B 联盟，则 A 国"再结盟"可能具有两种含义。其一，A 国维持与 B 国的联盟，之后与 C 国结盟。例如，1941 年 8 月，英国与美国签署了《大西洋宪章》，并结成了联盟。随后，英国与苏联开始了结盟谈判。1942 年 5 月，英国和苏联也签署了互助联盟条约。在这一过程中，英国首先与美国结盟。在维持英美联盟的同时，英国又与苏联结盟。这是英国"再结盟"的例子。其二，A 国背弃与 B 国的联盟，之后与 C 国结盟。例如，第一次世界大战爆发前，意大利加入了德奥联盟，与英、法、俄组成的协约竞争。无论德国还是奥匈帝国，都将意大利视为与英、法、俄组成的协约竞争的盟国。第一次世界战争爆发前夜，德、奥、意还制定了海军联合作战计划。然而，第一次世界大战爆发后，意大利背弃了对德奥联盟的承诺，转而加入英、法、俄组成的协约对德奥联盟作战。在德、奥、俄帝国解体后，意大利与英法均成为世界大战的战胜国。这是意大利"再结盟"的例子。基于上述两种对"再结盟"的理解，以下将讨论 A 国与 C 国再结盟的可能性对于 A 国履行对 B 国承诺的影响。

既有理论解释了 A–B 联盟在国际环境与国内政治考量发生同向强化作用时 A 国对 B 国履约的情形。然而，如前所述，A–B 联盟面临国际环境与其国内政治考量不匹配难题是普遍存在的现象。对此，既有理论缺少明确解释。"再结盟理论"提出，若 A–B 联盟面临国际环境与其国内政治考量不匹配难题，则 A 国对 B 国履行安全承诺的前景是不确定的。在这种情况下，A 国与 C 国再结盟的可能性是影响 A 国对 B 国是否履约的主要原因。

如第一章所述，既有理论强调"安全利益"和"国内政治体制/意识形态"对结盟的推动作用。因此，如果 A 国与 C 国面临较大程度的共同外部威胁，且政治体制/意识形态的一致性较大，那么两国再结盟的可能性较高。A–C 联盟可以帮助 A 国解决其国际环境和国内政治考量不匹配的难题。对 A 国来说，A–C 联盟优于 A–B 联盟。如果 B 国需 A 国履行对 B 国的安全承诺，那么 A 国将尽快与 C 国结盟，并寻找破坏 A–B 联

盟的借口。因此，若 A 国与 C 国再结盟的可能性较高，则 A 国背弃对 B
国安全承诺的可能性较大。

　　19 世纪初奥地利对法国履行安全承诺的态度展示了这一逻辑。1805
年拿破仑·波拿巴（Napoléon Bonaparte）建立的法兰西帝国击败了奥地
利。法奥缔结了《普莱斯堡和约》（Peace of Pressburg）。根据条约的规
定，奥地利不仅对法国割地赔款，而且承认了法国在德意志和意大利地
区的优势地位。1809 年 10 月，法国再次击败奥地利，通过《维也纳和
约》迫使奥地利再次割地。为实现欧洲霸权，法国开始准备对俄国的战
争。因此，法国转而谋求与奥地利结盟。为逐步扭转战败的局势，奥地
利也转而奉行亲法政策。1810 年，奥地利外交大臣克莱门斯·梅特涅
（Klemens von Metternich）促成了拿破仑迎娶奥地利公主玛丽·路易莎
（Marie Louise）。① 法奥联姻开启了两国结盟的进程。

　　法奥结盟后，奥地利（A 国）与法国（B 国）的联盟面临国际环境
和国内政治考量不匹配的难题。法奥均实行君主专制，而两国联姻又使
得法国君主拿破仑成为奥地利皇帝的女婿。两国共享类似的政治体制和
意识形态促进了两国合作。对法国和奥地利而言，德意志和意大利地区
处于法奥交叉影响之下。在这两个地区，法奥之间存在竞争，而俄奥竞
争有限。因此，对奥地利而言，更具吸引力的盟国不是法国，而是俄国
（C 国）。奥俄均实行君主专制。对奥地利而言，奥俄联盟优于法奥联盟。
法国在击败奥地利和普鲁士之后，将军队部署在"华沙公国"与俄国的
边界上，支持土耳其和波斯从南方制约俄国，并破坏了俄国与英国的贸
易联系。② 1812 年，法国集结了规模达 45 万人的军队出兵攻打俄国。其
中，法军 20 余万人、奥军 3.4 万人。③ 奥地利是法国名副其实的盟国。
然而，当法国与俄国交战受挫后，奥地利便趁机突破了法国对奥地利的

---

①　〔德〕沃尔夫拉姆·希曼：《梅特涅：帝国与世界》（全 2 册），杨惠群译，社会科学文
　　献出版社 2019 年版。

②　John P. Ledonne, *The Grand Strategy of the Russian Empire, 1650-1831*, New York: Oxford
　　University Press, 2004, p. 162; Hamish Scott, *The Birth of a Great Power System, 1740-
　　1815*, New York: Routledge, 2006, pp. 345-348.

③　Edward Vose Gulick, *Europe's Classical Balance of Power: A Case History of the Theory and
　　Practice of One of the Great Concepts of European Statecraft*, New York: W. W. Norton, 1955,
　　pp. 101, 112; Nigel Nicolson, *Napoleon in Russland*, Zürich: Benziger Verlag, 1987,
　　S. 47.

军备的限制，并以"武装中立"为名调停法俄关系。调停失败后，奥地利便不再支持法军在俄国的军事行动。俄奥两军停止交战，并共同解除了得到法国支持的波兰部队的武装。[①]　随后，奥地利于1813年9月加入了与俄国和普鲁士合作的反法联盟。[②]　1813年10月，俄奥普联军于莱比锡（Lepzig）击败法军主力。奥地利与俄国的再结盟可能性是奥地利在法国霸权尚未完全衰落时背弃对法国安全承诺的主要原因。

当A国存在与C国再结盟的可能性时，即使A-C联盟存在安全利益与价值观念的不完全匹配，A国再结盟的可能性也会极大地削弱A国履行对B国安全承诺的可能性。在这种情况下，与A-B联盟类似，A-C联盟也可能面临以下两种情况：①A国与C国的安全利益一致性较大，但两国政治体制/意识形态的一致性较小；②A国与C国的安全利益一致性较小，但两国政治体制/意识形态的一致性较大。无论何种情况，对A国来说，A-C联盟与A-B联盟在性质上是相同的。与A-B联盟类似，在A-C联盟中，A国也需面临国际环境和国内政治考量不匹配的难题。在A-C联盟中，A国可以得到在A-B联盟中所获得的类似的好处，并承担在A-B联盟中所承担的类似成本。如果B国面临严重威胁以至于A国可能卷入武装冲突，那么A国会尽快与C国结盟，并寻找破坏A-B联盟的借口。这可以使得A国避免立即卷入武装冲突的成本，同时避免A国在新的国际局势下被孤立的命运。

19世纪初，在反对法国霸权的斗争中，俄国对普鲁士履行安全承诺的态度展示了这一逻辑。在这一斗争中，汉诺威（Hanover）的归属引发了英国、法国、普鲁士和奥地利的冲突。英国国王同时是汉诺威的君主，而汉诺威是法国的近邻。英法冲突导致汉诺威成为两国争端的焦点。汉诺威地处法国和普鲁士之间。法国和普鲁士均试图将汉诺威据为己有。当法国强于普鲁士时，普鲁士试图将汉诺威作为缓冲区，并奉行对英法的"武装中立"。[③]　因此，英法冲突将普鲁士推上历史前台。普鲁士、汉

---

① Gulick, *Europe's Classical Balance of Power*, pp. 114-115; Paul W. Schroeder, *The Transformation of European Politics, 1763-1848*, Oxford: Oxford University Press, 1994, p. 462.

② Simms, *Europe: The Struggle for Supremacy, from 1453 to the Present*, p. 173.

③ Philip G. Dwyer, "Two Definitions of Neutrality: Prussia, the European States-System, and the French Invasion of Hanover in 1803," *International History Review*, Vol. 19, No. 3, 1997, pp. 522-540.

诺威和奥地利均为德意志邦国，而奥地利君主则是德意志邦国组成的神圣罗马帝国的皇帝。因此，当英、法、普、奥矛盾激化后，汉诺威首当其冲。[1] 1805 年秋冬，为防止普鲁士加入奥俄联盟，法国承诺将刚刚占领的汉诺威转交普鲁士。然而，法军在乌尔姆（Ulm）和奥斯特里茨（Austerlitz）的迅速胜利使得普鲁士对法国的意义大为下降。1805 年底，法国提议与普鲁士结盟，但也对普鲁士控制汉诺威提出了附加条件。[2] 1806 年 7 月，拿破仑建立了 "莱茵联邦"（Rheinbund），从西面和南面包抄普鲁士。此外，为实现同英国的妥协，拿破仑试图将汉诺威还给英国。这激化了法国与普鲁士的矛盾。普鲁士面临的选择是：要么完全依附法国，要么奋起一战。[3] 此时，英国与俄国已经形成了反法联盟。为抵制法国的影响，普鲁士加入了英俄联盟，从而形成了俄国（A 国）和普鲁士（B 国）之间的联盟。面对来自法国的压力，普鲁士而非俄国将首先遭到攻击。

俄普联盟面临国际环境和国内政治不匹配的难题。俄国和普鲁士均实行君主专制。两国的国内政治体制/意识形态的一致程度较大。然而，两国的安全利益差异较大。在德意志地区，普鲁士与奥地利相互排挤对方。普鲁士和奥地利分别信奉基督新教和天主教，分别利用宗教纽带与德意志地区的各邦国结盟。普鲁士希望在德意志地区形成优势，而俄国希望普鲁士与奥地利互相牵制。[4] 对俄国而言，除普鲁士外，英国、奥地利和法国（C 国）都是结盟选项。俄国不信任英国的政治体制和意识形态，对普鲁士和土耳其的战略考量与英国不同，担心法奥结成反俄联盟，更不愿法国利用辖区内的波兰人推行反俄政策。[5] 然而，俄国已经

① Guy Stanton Ford, *Hanover and Prussia, 1795 - 1803: A Study in Neutrality*, New York: Columbia University Press, 1903, p. 22; Brendan Simms, *The Impact of Napoleon: Prussian High Politics, Foreign Policy and the Crisis of the Executive, 1797 - 1806*, Cambridge: Cambridge University Press, 1997, p. 82.

② Schroeder, *The Transformation of European Politics, 1763 - 1848*, pp. 284 - 285.

③ Schroeder, *The Transformation of European Politics, 1763 - 1848*, pp. 302 - 303; 〔英〕萨宾·巴林-古尔德：《拿破仑·波拿巴与反法同盟战争》，张莉译，华文出版社 2020 年版，第 754、758—759 页。

④ Schroeder, *The Transformation of European Politics, 1763 - 1848*, pp. 258 - 259; Scott, *The Birth of a Great Power System, 1740 - 1815*, pp. 209 - 211.

⑤ Schroeder, *The Transformation of European Politics, 1763 - 1848*, pp. 313 - 315, 322.

与英国形成了联盟，刚刚和奥地利组成了反法联军，也乐见法国以波兰人为代价谋求对俄妥协。一方面，俄国与其他国家结盟存在一定的障碍；另一方面，俄普联盟也并非俄国对外政策的支柱。因此，俄国在援助法国重压之下的普鲁士一事上的态度十分暧昧。1806 年 10 月普法冲突爆发后，俄国并未迅速参战。耶拿（Jena）战役后，法军乘胜占领普鲁士的首都柏林。在未与普鲁士商议的情况下，俄国提出与法国议和。通过以普鲁士为代价的《提尔西特和约》（Treaty of Tilsit），俄国和法国形成了联盟。俄国不仅同意法国肢解了普鲁士在莱茵河流域的领土，而且俄国也加入了法国针对英国的"大陆封锁"体系。[①] 俄国与英、奥、法再结盟的可能性是其背弃对普鲁士安全承诺的主要原因。

如果 A 国与 C 国再结盟的可能性较小，那么 A、C 两国的安全利益一致程度较低，且国内政治体制/意识形态的一致程度较低。若只存在 A-B 联盟且不存在 A-C 联盟，那么 A 国与 B 国之间有安全承诺，而 A 国与 C 国之间没有安全承诺。如果 B 国面临严重威胁以至于 A 国可能卷入武装冲突，而 A 国拒绝履行对 B 国的安全承诺，那么 A 国将失去 B 国对 A 国履行安全承诺的可能性，从而导致 A 国丧失外国给予的安全承诺。这意味着 A 国会遭到国际孤立，其地位会显著恶化。相反，如果 A 国履行对 B 国的安全承诺，那么 A、B 两国可以协调对 C 国的政策，A 国以承担对 B 国在武装冲突中的支持为代价，避免遭到 C 国的孤立，A 国的地位没有显著恶化。因此，A 国会搁置 A、B 两国之间的分歧，履行对 B 国的安全承诺。

在反对法国霸权的斗争中，英国对履行奥俄联盟安全承诺的态度展示了这一逻辑。1804—1805 年，英、奥、俄形成了反法联盟。[②] 英国反对法国的海外殖民活动。英、奥、俄反对法国的欧陆霸权。英国奉行资本主义民主制度，而奥、俄实行君主专制。因此，英、奥、俄联盟面临国际环境和国内政治考量不匹配的难题。此时，奥地利和俄国组成了反法联军。1803 年，法国不宣而战夺取了汉诺威——英国王室的领地。之后，法国直接将英王乔治三世（George Ⅲ）的财产当作"敌产"予以没

---

① 〔英〕萨宾·巴林-古尔德：《拿破仑·波拿巴与反法同盟战争》，张莉译，第 754、806 页。

② Schroeder, *The Transformation of European Politics，1763-1848*，pp. 258-262，270-273.

收，并拒绝全额支付汉诺威军队的养老金。结果，忠于乔治三世的汉诺威人纷纷逃往英国，并于两个月内组建了由英国领导的多达 2000 人的德意志军团。① 鉴于普鲁士觊觎汉诺威已久，法国便将英法矛盾转嫁给普鲁士——如果普鲁士不加入英、奥、俄联盟，那么法国会将汉诺威转让给普鲁士。

在这种情况下，当奥俄联军与法军作战时，英国（A 国）面临是否履行对奥俄（B 国）安全承诺的重大考验。当普鲁士（C 国）不愿与法国交战并谋求控制汉诺威时，英国与普鲁士的关系恶化了。英国与普鲁士既不共享类似的政治体制/意识形态，又缺少共同的安全利益。普鲁士谋求吞并汉诺威同时削弱了英国政权的合法性和英国在欧洲的战略利益。② 英普关系恶化推动了英国进一步支持奥俄。此时，奥地利面临法国可能摧毁奥地利在德意志地区影响的压力，而英国则面临法国可能控制地中海进而渡海入侵英格兰的可能。③ 1805 年 10 月，法军在乌尔姆（Ulm）歼灭了奥地利陆军主力，并有效地阻止了俄国对奥地利的军事增援。几乎在同时，英国海军在特拉法尔加（Trafalgar）歼灭了法国海军主力。在相隔数千公里的战场两端，英国以实际行动援助了盟国。英国缺少再结盟可能性是其采取积极步骤履行对奥俄安全承诺的主要原因。

如第一章所述，既有理论将安全利益和国内政治体制/意识形态作为解释结盟大国履行安全承诺的主要因素。然而，上述因素发生交互作用的情形是普遍存在的。既有理论无法对这种普遍存在的现象提供明确的解释。在既有理论基础上，"再结盟理论"强调将结盟大国与其他大国再结盟的可能性作为解释结盟大国履约行为的必要条件。如果 A、B 两个结盟大国所面临的国际环境和国内政治条件之间存在不匹配，那么 A-B 联盟存在较大的脆弱性，A、B 两国相互履行安全承诺存在较大不确定性。若存在这种不匹配，则 A 国再结盟的可能性决定了 A 国对 B 国履行

---

① John D. Grainger, *The Amiens Truce：Britain and Bonaparte 1801-1803*, Woodbridge：The Boydell Press, 2004, pp. 195-196.

② 当英国无法改变普鲁士对汉诺威的政策时，英国转而对普鲁士宣战，参见 Nick Harding, *Hanover and the British Empire, 1700-1837*, Woodbridge：The Boydell Press, 2007, pp. 249-250。

③ Montagu Burrows, *The History of the Foreign Policy of Great Britain*, London：W. Blackwood & Sons, 1895, pp. 232-233.

承诺的可能性。对一个结盟大国来说，如果它与其他大国再结盟的可能性越大，那么它履行既有安全承诺的概率就越小。反之，如果它与其他大国再结盟的可能性越小，那么它履行既有安全承诺的概率就越大。由此，"再结盟理论"的基本假设如图 3-1 所示。

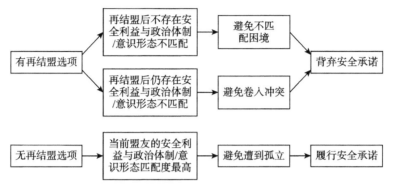

**图 3-1　再结盟理论的假设**
资料来源：笔者自制。

### 案例选择

为检验"再结盟理论"的解释力，本章讨论 1936 年法苏联盟和 1939 年德意联盟的履约情况。1936 年德军占领莱茵兰非军事区后，法国拒绝履行对苏联的安全承诺。1939 年德军准备对英法及波兰开战时，意大利履行了对德国的安全承诺。出于三个原因，这两个案例对检验再结盟理论具有重要意义。

第一，如表 3-1 所示，在这两个例子中，结盟大国面临国际环境和国内政治考量不匹配的难题。因此，既有理论不能完全解释结盟大国的履约行为。选择这两个例子有助于说明既有理论的局限。1935 年，德国的重整军备政策促使法国和苏联缔结联盟条约。然而，法国是资本主义国家，而苏联是社会主义国家，两国不同的政治体制和意识形态削弱了法苏联盟的有效性。当苏联面临严重外部威胁时，法国对苏联的态度存在不确定性。与法苏联盟类似，德意联盟也存在隐患。对德国和意大利来说，两国类似的意识形态和政治体制是其结盟的主要原因。第一次世界大战之后两国对《凡尔赛和约》的不满导致极端民族主义成为各自主流意识形态。① 此外，反布尔什维克主义和反犹排犹社会思潮在德国和意大利也有相当的影响力。这种类似的意识形态促使德意两国形成法西斯政治体制。然而，德意之间存在的安全利益并不完全一致。1939 年 9月，德国不顾德意之前达成的关于战争爆发时间的谅解，试图强行推进新的战争计划。这意味着，当德国可能卷入武装冲突时，意大利对德国的态度是不确定的。

表 3-1　既有理论对案例的不完全解释

| | | 联盟成员安全利益的一致性 | |
|---|---|---|---|
| | | 大 | 小 |
| 联盟成员政治体制/意识形态的一致性 | 大 | 既有理论已解释 | 既有理论未解释<br>案例：1939 年意大利是否履行对德国的安全承诺？ |
| | 小 | 既有理论未解释<br>案例：1936 年法国是否履行对苏联的安全承诺？ | 既有理论已解释 |

资料来源：笔者自制。

　　第二，在控制"安全利益"和"国内政治体制/意识形态"影响的基础上，再结盟理论需要考察结盟大国再结盟选项如何影响履约行为。因此，研究者需观察到结盟大国再结盟可能性和履约行为出现明显差异的案例。案例应能够覆盖自变量的所有取值（有再结盟选项 vs. 无再结盟选项）和因变量的所有取值（背弃承诺 vs. 履行承诺）。在法苏联盟和德意联盟中，上述变量取值均存在明显的差异。1936 年，法国存在和英国再结盟的可能性，法国拒绝履行对苏联的安全承诺。1939 年，意大利不存在与任何大国再结盟的可能性，意大利履行了对德国的安全承诺。

　　第三，法苏联盟和德意联盟中结盟大国的履约情况对国际关系的发展产生了持久、重大的影响。这使得这两个案例具备检验理论必要条件

① MacGregor Knox, "Conquest, Foreign and Domestic, in Fascist Italy and Nazi Germany," *Journal of Modern History*, Vol. 56, No. 1, 1984, pp. 1 - 57; Aristotle A. Kallis, *Fascist Ideology: Territory and Expansionism in Italy and Germany, 1922–1945*, New York: Routledge, 2000.

的潜力。1936年，若发生了法苏联盟针对德国出兵莱茵兰非军事区的制裁，则法国、苏联和德国之间很可能爆发直接的武装冲突。在这种情况下，世界大战将可能迅速爆发。考虑到当时各主要国家的力量对比，德国获胜的概率并不高。1939年夏，若意大利背弃对德国的安全承诺，则德国将丧失在西线牵制英法军队的重要条件，进而可能会改变其在东线发动攻势的计划，从而推迟世界大战的爆发。考虑到上述两种情况的重大影响，相关结盟大国是否履行安全承诺是检验理论的关键案例。

需要注意的是，上述案例选择并非完美无缺。如图3-1所示，"再结盟可能性"可以通过上、中、下三条路径影响结盟大国对履行安全承诺的不同政策。在阐述理论假设的过程中，笔者已经使用了19世纪初期欧洲各大国之间履行或背弃联盟承诺的案例进行了论证。在案例研究部分，本章将聚焦于法苏联盟和德意联盟中结盟大国的履约行为。如前所述，这两个案例可以涵盖自变量和因变量的所有取值。因此，选择这两个案例并不影响检验假设的核心任务。然而，这两个案例分别涵盖图3-1最上和最下两条路径所包含的因果关系。这两个案例对图3-1所示的居中路径的因果推断并不能提供直接的经验支持。因此，如导论所述，本章的案例选择同时体现了在特定的时空下发展理论的优势与局限。

## 第二节 法国背弃对苏联的承诺

两次世界大战之间，法苏关系深受意识形态和安全利益的影响。法国和苏联的意识形态差异是两国关系紧张的重要原因。法国推行资本主义制度，将苏联视为共产主义的"瘟疫"。苏联推行社会主义制度，将法国视为维护欧洲反动秩序的"帝国"。然而，德国的复兴成为法国和苏联合作的重要动力。1931年开始，法德竞争日益激烈。德国试图与奥地利建立关税联盟，而法国则担心这成为德国实现"德奥合并"的跳板。虽然法国成功地破坏了德奥关税联盟计划，但法国的政策加剧了法德矛盾。在德国看来，法国对德国的军事优势转化为遏制德国复兴的政治阻力。因此，突破《凡尔赛和约》对德国军备的限制成为德国各主要政治力量的一致诉求。1932年夏秋之际，法德裁军谈判陷入僵局。9月，德国退出了日内瓦裁军会议。在这种情况下，法国加速推动法苏合作。

法国在中东欧的盟国与苏联存在复杂的矛盾。然而，法国宁可承担来自中东欧盟国的压力也要强化与苏联的合作。11月，法国在其盟国罗马尼亚尚未与苏联解决领土争端的情况下，与苏联缔结了互不侵犯条约。

希特勒就任德国总理使法苏合作迎来新的契机。面对德国的军备诉求，1932年12月，包括法国在内的各大国承认德国享有平等发展军备的权利。在这种情况下，德国重新回到裁军会议。[①] 此时，法德军力平衡暂时有利于法国。1932年夏，法国在本土部署了规模达32万人的部队，其中22.6万人得到了超过6个月的训练。根据《凡尔赛和约》规定，德军规模不得超过10万人。因此，经过训练的法军是经过训练的德军的两倍多。然而，德军官兵的服役时间更长，专业化程度更高，[②] 考虑到经济能力和人口资源，德军的发展潜力比法军的发展潜力更大。更为重要的是，1933年希特勒上台后，在各国达成裁军协议之前，德国就采取实际步骤重整军备。1933年10月，德国不仅再次退出裁军会议，而且还同时退出了国际联盟。国际局势的发展使得法国和苏联开始考虑搁置意识形态分歧而结盟。

德国重整军备促进了法苏合作。1933年8月，法国和苏联签署贸易协定，排除了苏联机械品进入法国的障碍，并提高了从苏联进口的配额。[③] 9月13日至22日，法国空军部部长访问苏联，参观了苏军的装备和军事院校，并建议起草双方在战时进行工业技术援助的协定。[④] 10月31日，法国首次对苏联提出结盟的建议——在德国备战的情况下，法苏应考虑签署互助协定。[⑤] 11月19日，法国提出苏联应加入国际联盟，以便反对德国修改国际条约的企图。[⑥] 经过考虑，苏联对法国的倡议做出了积极的回应。12月5日，李维诺夫访问意大利期间会见了法国驻意大利大使。李维诺夫谴责了德国重整军备的政策，他希望法苏能够就所有

① Josef Korbel, *Poland between East and West: Soviet and German Diplomacy toward Poland, 1919-1933*, Princeton: Princeton University Press, 1963, p. 277.

② Robert A. Doughty, *The Seeds of Disaster: The Development of French Army Doctrine, 1919-1939*, Hamden, C.T.: Archon Books, 1985, p. 22.

③ Duroselle, *France and the Nazi Threat*, p. 46.

④ Duroselle, *France and the Nazi Threat*, p. 45.

⑤ Radice, *Prelude to Appeasement*, pp. 17-18; Roberts, *The Unholy Alliance*, p. 61.

⑥ Radice, *Prelude to Appeasement*, pp. 18-19.

的欧洲问题互相协商，并重建在旧时代的亲密关系。[1] 李维诺夫所说的
"旧时代"指的是 1914 年之前的时代。当时法俄之间存在针对德国的联
盟和军事协作。李维诺夫以此暗示苏联对法苏互助协定的期待。12 月 28
日，苏联对法国的结盟倡议做出了答复：苏联准备在某种条件下加入国
际联盟；苏联不反对在国际联盟的框架内组成反对德国侵略的互助性的
地区公约；只要法国和波兰参加拟议中的公约，那么苏联准备与比利时、
法国、捷克斯洛伐克、波兰、立陶宛、拉脱维亚、爱沙尼亚和芬兰缔结
协定。[2] 在区域互助公约的框架内，针对任何一个缔约国的侵略将导致
其余缔约国联合制裁侵略国。这表明苏联愿意推动建立集体安全体系。

在缔约谈判中，法苏双方采取了不完全相同的立场。第一，对互助
协定的形式，法国和苏联的侧重点不同。在法国看来，中东欧各国首先
要缔结互不侵犯条约和互助公约，之后将法苏互助协定作为关于中东欧
区域公约的保障。[3] 然而，苏联强调法苏双边互助的性质。[4] 苏联欢迎订
立多边互助公约，但是苏联认为法苏互助公约具有最重要的意义。[5] 第
二，法国提出，在法苏一方遇到威胁时，法苏互助将取决于国际联盟程
序。苏联愿意加入国联，但强调法苏互助的自动属性。[6] 第三，法苏对
波兰是否参加中东欧区域公约的态度不同。第一次世界大战结束后，波
兰一直是法国在中东欧的盟国。法波联盟既是针对德国的，也是针对苏
联的。1934 年 1 月波兰和德国发表联合声明，宣布放弃使用武力解决双
边关系中悬而未决的问题。这是德国对波兰的重大让步。因此，波兰不
愿因参与法苏合作而损害德波关系。在波苏领土争端悬而未决的情况下，
波兰凭借法波联盟抵制苏联的领土要求。法苏合作的强化意味着波兰将
可能在波苏冲突中失去来自法国的支持。这无疑将强化苏联在波苏领土
争端中对波兰的地位。然而，苏波的政治关系紧张恰恰是苏联坚持要求
波兰参加中东欧区域公约的主要原因。苏联试图以法苏结盟削弱法波联

---

① Hugh D. Phillips, *Between the Revolution and the West: A Political Biography of Maxim M. Litvinov*, Boulder: Westview Press, 1992, p.125.

② Radice, *Prelude to Appeasement*, p.20.

③ Radice, *Prelude to Appeasement*, pp.42-43.

④ Patteson to Simon, May 19, 1934, *DBFP*, Second Series, Vol.6, p.707.

⑤ Roberts, *The Unholy Alliance*, p.69.

⑥ Radice, *Prelude to Appeasement*, p.129; Roberts, *The Unholy Alliance*, p.68.

盟针对苏联的一面。考虑到波兰是法国的盟国，苏联就此问题对法国施加压力；而法国则试图平衡法苏关系与法波关系。[①]

虽然法苏之间存在分歧，但是两国在反对德国重整军备问题上立场是一致的。因此，对上述三个分歧，法国和苏联都做了妥协。在并未缔结多边公约的情况下，法国与苏联缔结了双边联盟条约。苏联也不再坚持要求波兰必须与法国和苏联同时形成互助性的安全承诺。换言之，苏联接受了法苏联盟无法改善苏波关系的现实。作为双方妥协的产物，法苏同意在一方遭到威胁时另一方立即提供援助，但同时强调行动的基础必须与国际联盟宪章一致。[②] 1935 年 5 月 2 日，法苏缔结为期 5 年的联盟条约。条约第一条规定，当法国或者苏联受到威胁或者面临某个欧洲国家侵略的危险时，苏联和法国将立即展开互惠性的磋商，讨论采取何种措施，以便根据国际联盟宪章的规定行动。条约第二条规定，当法国或者苏联面临一个欧洲国家的侵略时，苏联和法国将立即对彼此予以互惠性的援助。

在法苏联盟谈判过程中，法国始终要面临国际环境和国内政治考量不匹配的难题。1935 年 3 月，在法国与英国和意大利磋商的国际会议上，法国外长赖伐尔指出，法国对苏维埃体制没有特殊的同情，但是法国愿与一切准备维护现有条约中领土条款的国家合作。[③] 赖伐尔的意见表明，法国需要法苏联盟作为制衡德国的手段。然而，法苏意识形态的差异阻碍了两国合作。1935 年 7 月 27 日，赖伐尔就法苏的意识形态分歧对德国大使做了阐述。赖伐尔指出，关于法苏联盟的问题应当从政治而不是法律的角度予以理解。法国非常清楚希特勒的政策——希特勒反对布尔什维主义。对法国来说，布尔什维主义是比德国更大的威胁。他想通过大使转告希特勒，法国对布尔什维主义的"威胁"有认识，认为必须采取措施反对这种意识形态。法国并未低估这种"威胁"。法国国内反对签署法苏条约的声音很大。然而，法国希望苏联放弃在欧洲推行共产主义，希望苏联采取对和平与经济建设有利的政策；而苏联担心德国侵略。因此，法国只能对苏联提供安全保障。需要注意的是，法苏条约

---

① Radice, *Prelude to Appeasement*, pp. 99, 121; Roberts, *The Unholy Alliance*, pp. 67-68.

② Roberts, *The Unholy Alliance*, pp. 69-70.

③ Clerk to Simon, March 23, 1935, *DBFP*, Second Series, Vol. 12, pp. 694-695.

只有 5 年时间。从长远看，法国并不想执行旧时代的政策。① 这一谈话既是法国试图缓和法德关系的策略，也体现了法国对苏联的担心。

在法苏谈判期间，法国已经估计到德国可能使用武力占领莱茵兰非军事区。② 作为《洛迦诺公约》的保证国，英国在法国外交中的地位日益凸显。第一次世界大战结束后，英国不再承担对欧洲大陆的义务。1923 年法国强占德国鲁尔工业区不仅激化了法德矛盾，也引发了英国对法国可能称霸欧陆的担忧。在当时法德力量对比有利于法国的情况下，英国希望平衡法德在欧洲大陆的影响。德国的外交倡议给了英国机会。1925 年 2 月，德国对法国提出，它准备接受《凡尔赛和约》中关于德国西部边界的条款，承认莱茵兰地区为非军事区，并由英国保障法德、法比边界安全。此时，德国的军备受限，而法国与德国的东部邻国（波兰、捷克斯洛伐克）分别结盟。因此，德国希望以承认其西部边界换取英国对德国西部边界的保障。同时，德国希望区分其西部边界与东部边界的政治含义，从而加剧法国与其盟国之间的矛盾。对法国而言，德国的提议是值得考虑的。面对德国的人口优势和经济潜力，由英国保障法德边界无异于英国为法国的安全提供了额外保证。在法德共同支持的情况下，英国同意保障法德边界。英国希望以条约同时约束法德。如果法国破坏法德边界，英国将与德国结盟。反之，英国将与法国结盟。1925 年 10 月，英、法、德等国缔结了《洛迦诺公约》。根据公约规定，若法德边界发生武装冲突，则各缔约国有义务对违反协定的国家施加制裁。在法德关系相对缓和的背景下，法国逐步撤出了在莱茵兰地区的驻军。

1925—1935 年，英国对《洛迦诺公约》承担的义务始终是法国对德国政策的重要考虑。英国对法德边界的保障无法平抑法德军力失衡对法国安全的冲击。因此，法国谋求与苏联结盟。然而，在法苏结盟谈判期间，法国非常注意协调《洛迦诺公约》与法苏联盟的关系。结果，英国从两个方面影响了法苏谈判。第一，英国使得苏联被迫同意将法苏互助义务纳入国联框架。英国和法国同为国联成员，而苏联在法苏谈判开始前并非国联成员。因此，在法苏谈判结盟的过程中，法国建议苏联加入

① Köster to German Foreign Ministry, July 27, 1935, *DGFP*, Series C, Vol. 4, pp. 493-494.
② Clerk to Simon, March 23, 1935, *DBFP*, Second Series, Vol. 12, p. 695.

国联。[1] 在对英国解释法苏结盟谈判时，法国强调它对苏联已经提出，除非苏联成为国联的成员，否则法国不可能响应苏联关于法苏互助协定的建议。[2] 如前所述，在法苏结盟谈判中，法国强调将国联条款写入法苏联盟条约中，以国联条款作为法国履行互助协定的重要条件。法国的政策迎合了英国的愿望。在法苏结盟谈判的关键时刻，法国始终不忘与英国就国联框架进行反复磋商。英国强调，无论法苏谈判进展如何，最后协定的执行方式必须明确纳入国联宪章和国联理事会已经确定的框架之中。法国则完全赞成英国的意见。[3] 事实上，在法苏谈判的整个过程中，法国坚持苏联加入国联并履行相关义务的根本原因在于法国需巩固英国对法德边界的安全承诺。

第二，英国使得法苏设想的区域公约胎死腹中。法国和苏联原本设想在中东欧形成区域公约，即《东方公约》。1934 年 6 月 27 日，法国提出了关于《东方公约》的建议：中东欧国家与苏联相互保证边界不可侵犯，并承担义务援助受到侵略的国家。此外，法国将与苏联签订联盟条约。条约规定法国和苏联双方互助抵抗侵略。苏联接受《洛迦诺公约》，与英国处于同等履行义务的地位。作为回报，法国承担《东方公约》保证国的义务。最后，法国和苏联声明《东方公约》和法苏联盟条约与国际联盟的章程没有矛盾。待苏联加入国联后，《东方公约》和法苏联盟条约即生效。[4] 法国的建议意味着，如果德国侵略苏联导致法国越过法德边界进攻德国，那么英国可能卷入欧陆冲突。法国对《东方公约》的承诺将使得英国对欧陆的义务超出法德边界。因此，英国反对法苏关于《东方公约》的设想。英国认为，《东方公约》并不是《洛迦诺公约》的翻版。《洛迦诺公约》对法国保障的程度与对德国保障的程度是相同的。但是，法苏联盟意味着两国联合反对德国。法国和苏联并未对德国提供互惠性的保障。因此，英国认为应该修改《东方公约》草案——法国应给予德国保障，且这种保障与法国给予苏联的保障类似。同时，苏联要

① Radice, *Prelude to Appeasement*, p. 46.

② Patteson to Simon, May 19, 1934, *DBFP*, Second Series, Vol. 6, pp. 707-708.

③ Notes of Anglo-French-Italian Conversations, Fourth Meeting, April 12, 1935, *DBFP*, Second Series, Vol. 12, p. 885.

④ 陈之骅主编《苏联史纲（1917—1937）》（下），第 685 页。

在德国遭到攻击时给予德国保障，且这种保障与苏联在法国遭到攻击时给予法国的那种保障类似。换言之，苏联要承担《洛迦诺公约》中缔约国的义务，即对当事双方给予保障。[①]

英国的立场成为法苏结盟谈判的重大障碍。根据《洛迦诺公约》，如果法德边界发生军事冲突，那么英国有义务对"侵略者"予以制裁。这意味着，如果德军占领莱茵兰非军事区，并以此作为进攻法国的一个步骤，那么英国将援助法国。这样，德国对法国的军事压力越大，英法结盟的可能性就越大。但是，如果德国仅在莱茵兰地区驻军设防却并未进攻法国，那么英国承担的义务是模糊的。《洛迦诺公约》是国际联盟框架下的产物。因此，法国试图将《洛迦诺公约》与法苏联盟条约兼容。在法苏谈判期间，法国强调法苏联盟条约必须符合国际联盟框架，因为它不能以失去英国对法德边界的保障为代价缔结法苏联盟条约。[②] 但是，苏联不可能按照英国的愿望承担对德国的保障。毕竟，对苏联而言，法苏结盟的目的是反对德国的扩军备战。"英国通过法国对苏联提出由苏联保障德国安全的意见。而苏联怀疑这一要求不仅体现了英国的立场，而且也同样体现了法国的立场。在苏联看来，法国试图通过转述英国意见在法苏结盟谈判中制造障碍，从而降低法国对苏联给予的安全承诺水平。"正如苏联副外交人民委员弗拉基米尔·鲍爵姆金（Vladimir Potemkin）强调的，"与英国谈论《东方公约》的问题是不明智的，特别是英国人马上要去德国商量问题"。[③] 法国既要巩固英国对法德边界的承诺，又要与苏联形成新的联盟。在很大程度上，这两者是互不兼容的。结果，法国放弃了《东方公约》的设想，转而接受了法苏双边联盟条约。法国的立场转变体现了其政策的困境。

1935年5月至1936年初，法国和苏联形成了针对德国的联盟。德国占领莱茵兰非军事区的可能性在与日俱增。这使得法国外交呈现两个新特点。第一，法国行政当局努力推动法国议会批准法苏联盟条约。第二，

①　Simon to Drummond, July 12, 1934, *DBFP*, Second Series, Vol. 6, p. 832.
②　Notes of Anglo-French-Italian Conversations, Fourth Meeting, April 12, 1935, *DBFP*, Second Series, Vol. 12, p. 885; Clerk to Simon, April 27, 1935, *DBFP*, Second Series, Vol. 13, p. 213.
③　Radice, *Prelude to Appeasement*, p. 121.

法国加强了与英国的政策协调。① 与法国和苏联类似，英国也面临德国重整军备的压力。然而，与苏联不同，英国与法国同为资本主义国家。因此，对法国来说，如果英法能够结盟，那么法英联盟比法苏联盟更具吸引力。此时，英国签订《洛迦诺公约》已将近 10 年。考虑到《洛迦诺公约》的规定，如果德国占领莱茵兰非军事区，那么英法结盟的可能性很大。在德国改变欧洲均势的情况下，法国各界均对英法结盟抱有很高的期待。

由此，法国调整了对外政策的重点。1936 年 2 月 17 日，法国议会批准 1935 年签订的法苏同盟条约。然而，法国对外政策倚重的对象却从苏联变成了英国。在法国议会批准法苏同盟条约之后，法国内阁会议决定：当德国破坏关于非军事区的规定时，法国将不采取单独行动。只有在《洛迦诺公约》缔约国达成一致意见的情况下，法国才会采取行动。或许，只有在国际联盟做出有利于法国的决议之后，法国才会采取行动。② 这意味着，法国很可能因英国的意见而取消对德国采取行动的计划。3 月 3 日，法国向英国通报了上述立场。如果德国占领莱茵兰非军事区，那么法国将不会在《洛迦诺公约》缔约国采取行动之前采取单独的行动。法国将立即与比利时、英国和意大利展开磋商，协调共同性的行动，并将问题提请国际联盟审议。的确，法国保留采取各种行动的权利，包括采取军事性行动的权利。然而，法国的行动将由国联理事会和《洛迦诺公约》缔约国共同决定。因此，在很大程度上，法国的行动将不是单独性的，而是集体性的。③ 这表明，在法国已批准法苏同盟条约并且德军尚未占领莱茵兰非军事区时，法国已经准备放弃对苏联的安全承诺了。英法结盟的前景是法国做出决定的重要原因。

1936 年 3 月 7 日，希特勒以法苏同盟条约和《洛迦诺公约》不相容为由，宣布德国不再承担对《洛迦诺公约》的义务。德国重新武装莱茵兰非军事区引发了国际危机。危机爆发后，法国对外政策的重点不是与苏联合作，而是谋求与英国结盟。法国强调，德军进入莱茵兰非军事区

---

① Eden to Clerk, January 27, 1936, *DBFP*, Second Series, Vol. 15, pp. 611–612.

② Emmerson, *The Rhineland Crisis*, p. 53; Davis, *Anglo-French Relations before the Second World War*, p. 147.

③ Edmond to British Foreign Office, March 4, 1936, *DBFP*, Second Series, Vol. 16, p. 22.

会对欧洲其他部分产生严重的影响。德国在中欧获得霸权意味着英国传统政策的失败。① 法国强调，虽然法国不会采取军事行动，但是《洛迦诺公约》缔约国必须采取一些措施（例如经济制裁），作为抵抗德国侵略决心的证明。否则，意大利、波兰、土耳其等国将倒向德国。② 此外，法国要求英国给予法国新的安全承诺——要么英国在无须经过德国同意的情况下，将主要由英军组成的国际部队部署在德国领土上；要么英国立即与法国开始军事当局之间的谈判，讨论英国对法国的援助。③

在英法合作日益紧密的情况下，法国将法苏联盟从一个政治现实变成了一个法律问题。法国提出，法德都应该接受海牙国际法庭关于法苏同盟条约是否与《洛迦诺公约》相容的判决。如果判决结果对德国不利，那么德国要接受《洛迦诺公约》缔约国的条件。但如果判决的结果对法国不利，那么法国将认为法苏同盟条约是无效的。④ 法国提出，如果德国拒绝接受国际法庭的裁决，那么英法将对德国施加惩罚。但是，在英国的反对下，法国并未坚持这点。⑤ 换言之，法国的对德政策实际上正在淡化法国对苏联的义务。

在这种情况下，苏联做出了何种反应？根据美国驻苏大使的记述，李维诺夫对希特勒破口大骂，称希特勒为"一条狗"、一个"骗子"和"流氓"。美国大使问李维诺夫是否认为法国将出兵莱茵兰。李维诺夫指出，他觉得法国出兵莱茵兰的可能性不大。⑥ 这表明苏联已经察觉法国可能对德妥协。尽管如此，苏联仍然努力推动法国对德强硬。3月9日至10日，苏联驻英国全权代表伊万·迈斯基（Ivan Maisky）与英国方面进行了两次谈话。麦斯基强烈建议，英、法、苏应当联合起来。如果国联做出了决定，那么苏联将加入国联对德国的任何制裁行动。⑦ 此时，要求在国联采取措施的不是英国而是法国。因此，苏联对英国的意见

---

① Clerk to Eden, March 15, 1936, *DBFP*, Second Series, Vol. 16, pp. 144-145.

② Clerk to Eden, March 17, 1936, *DBFP*, Second Series, Vol. 16, p. 153.

③ Eden to Clerk, March 18, 1936, *DBFP*, Second Series, Vol. 16, pp. 167-168; Emmerson, *The Rhineland Crisis*, p. 193.

④ Eden to Clerk, March 18, 1936, *DBFP*, Second Series, Vol. 16, p. 168.

⑤ Steiner, *The Triumph of the Dark*, pp. 148-149.

⑥ Bullitt to Hull, March 7, 1936, *FRUS*, *1936*, Vol. 1, p. 212.

⑦ Eden to Chilston, March 12, 1936, *DBFP*, Second Series, Vol. 16, pp. 97-98.

表明，苏联理解英国对法国的重要影响，并希望英国推动法国在国联对德国采取集体制裁。然而，作为苏联的盟国，法国却蓄意淡化自身对苏联的义务。这一政策自然引起了苏联的强烈怀疑甚至于极度不安。在与艾登谈话时，李维诺夫明确指出，他对目前的国际局势感到"忧虑"。李维诺夫认为，法国将法苏联盟条约提交到海牙法庭讨论是没有必要的。[①]

英法合作水平的提升进一步推动法国回避对苏联的安全承诺。1936年3月18日，英国对德国提出的建议中包含以下内容——英国将对法国和比利时提出安全保证。如果英国谋求与德国合作的努力失败了，那么《洛迦诺公约》缔约国将立即开始磋商。英国和意大利将对法国和比利时提供援助。《洛迦诺公约》缔约国将开始参谋部人员的谈判，以便安排各方完成该公约反对侵略义务的技术性任务。[②] 英国同意与法国讨论当德国对法国攻击时英法所采取的反制行动。[③] 对英国的建议，德国以"反建议"的形式予以拒绝。希特勒表示，德国可与法国、比利时缔结为期25年的互不侵犯条约。这一条约将由英国作为保证国。在未来的4个月中，如果法国不在边界地区增加部队，那么德国将不向莱茵兰地区增加军队。如果法国和比利时接受对其边界的永久性军事限制，那么德国将接受对其西部边界的类似限制。[④] 这一建议试图将德国占领莱茵兰非军事区的行为合法化，遭到了英法的拒绝。

当英国准备加强英法合作时，法国并未与苏联协商应采取何种措施制裁德国，而是默默地接受了莱茵兰地区的重新军事化。这加深了苏联领导人已有的"忧虑"。1935年法苏结盟时，法国的盟国捷克斯洛伐克加入了法苏同盟条约。此时，法国和捷克斯洛伐克已经结盟多年。在法苏结盟的情况下，若捷克斯洛伐克遭到攻击且法国对捷克斯洛伐克提供援助，则苏联有义务援助捷克斯洛伐克。苏联和捷克斯洛伐克并无直接相连的领土。苏军援助捷克斯洛伐克须通过罗马尼亚（捷克斯洛伐克和法国共同的盟国）。然而，罗马尼亚与苏联存在领土争端。因此，当苏联

---

① Eden to Chilston, March 25, 1936, *DBFP*, Second Series, Vol. 16, p. 226.

② Steiner, *The Triumph of the Dark*, pp. 148−149.

③ Emmerson, *The Rhineland Crisis*, p. 194.

④ Steiner, *The Triumph of the Dark*, p. 150.

怀疑法国可能背约时，苏联试图通过捷克斯洛伐克对法国展示立场。4月上旬，苏联通知捷克斯洛伐克，在捷克斯洛伐克遭到攻击的情况下，无论罗马尼亚是否同意，苏联都将通过罗马尼亚援助捷克斯洛伐克。[①]这一立场表明，苏联愿意克服援助捷克斯洛伐克的阻力而履行其对法国和捷克斯洛伐克的义务。然而，没有证据表明法国严肃地考虑了苏联的建议。此时，法国正在努力与英国进行军事协作。4月15日，英国开始了与法国的军事谈判。[②]这就为法国将法苏关系由联盟关系降低为一般国家关系创造了条件。6月24日，法国总参谋部指出，法苏结盟谈判已经引起了德国的反弹。最近法苏批准了同盟条约又成为希特勒占领莱茵兰非军事区的借口。法国和苏联拟议中的参谋人员谈判也可能导致英国的不满。此外，苏联和德国之间没有共同边界，并不能直接帮助法国及其盟国。因此，法国应当和苏联通过正常的外交渠道交换意见，而非进行参谋人员的谈判。[③]这表明法国军方对发展法苏军事关系持消极态度。

与英法联盟相比，意识形态差异始终困扰法苏联盟。11月10日，法国驻苏大使罗伯特·库隆德尔（Robert Coulondre）对李维诺夫解释了法苏合作困难的原因："现在有一种思潮认为与苏联的合作只能导致共产主义。这种恐惧心理削弱了德国威胁带来的恐惧，从而导致爱好和平的国家之间无法合作。"[④]当法国通过英法联盟补偿了德国对其安全带来的冲击后，法国转而致力于推动法苏联盟的"空心化"。11月28日，法国外长伊冯·德尔博斯（Yvon Delbos）对其盟友罗马尼亚的谈话表明法国已经不再关心法苏联盟的实际功能。德尔博斯指出，建立法苏联盟的主要目的是防止苏德接近。在德日已经结盟的情况下，德苏接近的可能性是不存在的。在某种情况下，法苏联盟是可以改变的，60%的法国人都希望和德国缓和关系。[⑤]在英法结盟的背景下，法苏联盟名存实亡。

---

① Jiří Hochman, *The Soviet Union and the Failure of Collective Security, 1934-1938*, Ithaca: Cornell University Press, 1984, p. 70.

② Wolfers, *Britain and France between Two Wars*, p. 77, note 3.

③ Adamthwaite, *France and the Coming of the Second World War*, pp. 48-49.

④ Nicole Jordan, *The Popular Front & Central Europe: The Dilemmas of French Impotence, 1918-1940*, Cambridge: Cambridge University Press, 1992, p. 228.

⑤ Lipski, *Diplomat in Berlin, 1933-1939*, p. 277.

## 第三节　意大利履行对德国的承诺

在法苏联盟中，法国和苏联面临国际环境与国内政治考量不匹配的难题。在德意结盟时，德国和意大利也面临类似的问题。1933—1937年，德国与意大利之间存在较强的安全竞争性。德国试图吞并奥地利并建立所谓"大德意志国家"。这个种族主义的国家不仅包括德奥的德意志族人口，也将包括其他国家的德意志族人口。意大利境内的南蒂罗尔地区（South Tyrol）历史上长期处于奥地利统治之下，且该地区居住着大量的德意志族人。因此，意大利担心德奥合并会导致德国对意大利提出领土要求。意大利既反对德国的重整军备，又反对德奥合并。1935年，意大利和法国曾经形成了针对德国的军事协作。如果意大利没有入侵阿比西尼亚，那么法意伙伴关系很可能会逐渐演变成正式的针对德国的联盟。

在德意存在安全矛盾的情况下，德意两国意识形态的一致性成为其克服分歧、推动合作的重要动力。德意都认为共产主义是欧洲稳定的威胁。即使在德意关系紧张时期，意大利也多次向德国表明了反苏、反共的立场。1934—1935年，为制衡德国影响的扩大，法国同时与意大利和苏联发展合作。这引起了意大利的不满。此时，意大利正谋求与法国进行军事协作。因此，意大利不便直接批评法国，而是将攻击的矛头指向了苏联。一方面，奥地利问题加深了德意之间的安全矛盾。另一方面，意大利却对德国表明了其对苏联的不满，而这种不满又与德国对苏联的敌视遥相呼应。1934年5月，墨索里尼约见德国驻意大利大使哈塞尔。墨索里尼指出，考虑到德国对波兰的合作政策以及良好的波匈关系，一个由德国、波兰和匈牙利组成的针对法苏的防御性军事或经济联盟是值得考虑的。[①] 德意共同的意识形态和意苏对立的意识形态是墨索里尼做出上述表态的主要原因。这表明，对苏政策是德意合作的重要基础。1935年5月，在法苏结盟的情况下，墨索里尼两次向哈塞尔解释了意大利对法苏联盟的看法。墨索里尼强调，虽然法苏试图让联盟条约的措辞

---

① Hassell to German Foreign Ministry, May 29, 1934, *DGFP*, Series C, Vol. 2, p. 855.

与《洛迦诺公约》兼容，但是法苏联盟条约破坏了《洛迦诺公约》。墨索里尼强调，布尔什维主义是欧洲的威胁。因此，法苏联盟将导致共产主义宣传影响力的上升。对此，哈塞尔以希特勒的名义谴责了苏联的意识形态及其在多瑙河地区影响力的上升。① 换言之，德意对《洛迦诺公约》、法苏联盟和苏联意识形态的看法完全相同。在随后爆发的西班牙内战中，德意共同支持弗朗西斯科·佛朗哥（Francisco Franco）将军领导的政权颠覆了西班牙的共和政府。同时，德国启动了对意大利的军事援助项目。1937年5月，墨索里尼会见德国外长牛赖特。牛赖特指出，德意两国要互相磋商，共同行动。德国准备向意大利提供40门反坦克炮。对此，墨索里尼强调意大利还不能制造这种武器。因此，他对德国的援助深表感谢。②

　　1937—1938年，德意两国日益接近。德国加速扩军备战，并开始考虑对捷克斯洛伐克发动突然袭击。③ 捷克斯洛伐克是法国的盟国。因此，法德关系日益紧张。此时，英法已经对意大利入侵阿比西尼亚进行了制裁。法德矛盾、法意矛盾以及德意共同对苏联的敌意逐渐超越德意在奥地利问题上的分歧。当德国以渐进的办法颠覆奥地利政府时，意大利采取了容忍的态度。当德国以暴力的手段吞并奥地利领土后，意大利采取了默许的态度。诚然，意大利仍然对德国抱有戒心。1938年1月，意大利曾试图组织包括奥地利、匈牙利、小协约国和波兰在内的集团，以应对德国可能在中欧形成的霸权。④ 因此，德国在南蒂罗尔问题上对意大利做出了让步。1938年3月，德军出现在南蒂罗尔边界令墨索里尼感到不安。南蒂罗尔的21.6万德意志人可能要求将其所居住的土地像奥地利那样被并入德国。在这种情况下，墨索里尼对齐亚诺指出："如果（南蒂罗尔的）德意志人是顺从的意大利臣民，那么我将鼓励他们发展自己的文化和语言。然而，如果他们试图将边界挪动一码，他们就要明白：

① Hassell to German Foreign Ministry, May 14, 1935, *DGFP*, Series C, Vol. 4, p. 153; Hassell to German Foreign Ministry, May 31, 1935, *DGFP*, Series C, Vol. 4, p. 233.
② Memorandum by Neurath, May 3, 1937, *DGFP*, Series C, Vol. 6, p. 718.
③ Excerpt from the Regulations for Combat Readiness of the German Army, June 24, 1937, *Germany and Czechoslovakia：1918-1945*, pp. 121-123.
④ Bossy and Bossy eds., *Recollections of a Romanian Diplomat, 1918-1969*, Vol. 1, pp. 204-205.

除非经受痛苦的战争将无法实现目的。我将动员全世界的力量形成合力，反对德意志主义。我们将把德国打回到至少两个世纪以前。"[①] 在与英、法、苏关系明显恶化的情况下，德国急需来自意大利的支持。为消除德意关系中的紧张因素，希特勒公开声明南蒂罗尔属于意大利。[②] 这就为德意结盟扫除了重要障碍。

1938 年秋至 1939 年春，德国不断提出与意大利结盟的建议。在英法与德意关系紧张的背景下，德意两国逐渐弥合了对英国的政策差异。德意两国都认为它们与英法的战争不可避免。更为重要的是，德意两国对战争爆发的时间做出了具体的估计。在德意联盟条约谈判期间，墨索里尼明确提出，轴心国应有不少于 3 年的和平时期。[③] 1939 年 4 月 5 日，德意两国军事当局开始谈判。德方指出，在近期就与英法进行战争是不合适的，战争最好 3—4 年后再爆发。当德意已有足够的军事准备后，两国可以同时发动突然袭击，以便最大限度地保证成功。[④] 德意两国政治谈判确认了军事当局的上述意见。5 月初，里宾特洛甫会见齐亚诺时指出，德国需要一段不少于 4 年或 5 年的和平时间。在此期间，德国准备加速发展军备。[⑤] 在这一谅解的基础上，5 月 22 日德国和意大利缔结了军事联盟协定。联盟协定签字一周后，墨索里尼致信希特勒重申，意识形态因素使得轴心国与西方民主国家的战争不可避免。然而，轴心国需要至少 3 年的和平时期。[⑥] 截至此时，德意在有关战争爆发时间上的看法是相同的。

出乎意大利的预料，缔结德意联盟条约尚不足 2 个月，德国就改变了对战争爆发时间的估计。这是两个原因造成的。首先，在很大程度上，1939 年初德国对意大利表达的德国对局势的估计是德国为实现德意结盟而采取的一种策略。1938 年底，德国提出了与意大利结盟的建议。当时，意大利曾认为，德国试图建立德意的 "进攻性联盟"。对此，德国

①　*Ciano's Hidden Diary*, pp. 96, 106.

②　G. Bruce Strang, *On the Fiery March: Mussolini Prepares for War*, Westport: Praeger, 2003, p. 146.

③　Toscano, *The Origins of the Pact of Steel*, pp. 289–291.

④　Toscano, *The Origins of the Pact of Steel*, pp. 215–216.

⑤　Ciano's Talk with Ribbentrop, May 6–7, 1939, *Ciano's Diplomatic Papers*, p. 284.

⑥　Lowe and Marzari, *Italian Foreign Policy, 1870–1940*, p. 335.

并未否认。这意味着德国想在短期内发动战争。这种设想遭到意大利变相拒绝。[①] 这表明，德国对战争爆发时间的估计早于意大利对战争爆发时间的估计。意大利并非惧怕与德国结盟可能会导致战争，而是担心在本国尚未充分准备时战争过早到来。在德意谈判开始时，德波关系已经出现恶化的倾向，这可能导致德国与英法交战。对此，意大利表示，如果德波冲突引起战争，那么意大利将站在德国一边。[②] 这是意大利对德国的重大支持。德国需要德意联盟以便和英法周旋。因此，1939 年初，德国迎合了意大利的愿望，强调德意两国对战争爆发时间的估计相同。在很大程度上，此时德国对局势估计里包含了德国争取德意结盟的政治需要。

其次，1939 年春夏之交，德国与英法和波兰的关系急转直下。如果德国决定对波兰开战，那么德国必须迅速发起这一战役。此时，英、法、苏已经开始了结盟谈判；德国开始争取苏联的支持；而苏联尚未对英法或德国做出承诺。德波交界地区位于中东欧的宽大平原之上。这种地形有利于德军采取坦克和俯冲轰炸机协同方式在短时间内使波兰的交通和指挥系统瘫痪并歼灭波兰军队主力。然而，采取"闪击战"方式有明确的"时间窗口"。随着时间的流逝，德军的"时间窗口"越来越小。进入秋天的雨季后，中东欧平原将成为遍地泥泞的沼泽。虽然德军已经进行了"闪击战"的战役训练，但是德军尚未在任何战场进行过"闪击战"的实践，对以"闪击战"的方式战胜波兰并无十足把握。如果德国决定对波兰开战，那么德国要在缺乏实战经验的情况下，在雨季到来前结束波兰战役。这种作战计划具有相当的冒险性。一旦德国在波兰的战事进展不顺，法国可能越过法德边界进攻德国的工业区。德国将陷入腹背受敌的局面。为防止这种情况的出现，如果德国认为与英法和波兰的战争是不可避免的，那么德国越早发起对波兰的战役就越有利于其迅速赢得对英法的优势。

上述两个因素共同作用的结果是，1939 年 7 月底，德国向意大利阐述了准备在夏秋之际发动对波兰进攻的决定。这与德意结盟时德国对意大利所表达的意见大相径庭。对德国的新方案，意大利领导人缺少足够

---

① Toscano, *The Origins of the Pact of Steel*, p. 69.

② Promemoria des Szabó, über seine Beratung mit Mussolini am 1. Mai 1939, *Allianz Hitler-Horthy-Mussolini*, S. 232.

的物质准备和思想准备。7月20日，齐亚诺收到了令他震惊的消息：德国准备于8月14日出兵占领但泽。对此，齐亚诺非常愤怒。"我们轴心国的同志们发表了那么多和平声明以后，这一切难道可能在我们不知不晓的情况下发生吗？"① 然而，如果消息是确实的，那么德国将很快与英国、法国和波兰交战。根据德意联盟条约，意大利将站在德国一边参战。这会将战备不足的意大利拖入大国之间的战争。因此，齐亚诺不得不亲自拜访希特勒和里宾特洛甫，要求德方澄清立场。

　　1939年8月德意会谈展现了两国对战争爆发问题截然不同的立场。在会谈中，齐亚诺敦促德国坚持对意大利原有承诺。然而，里宾特洛甫和希特勒却要求意大利支持德国的新立场。里宾特洛甫根本不愿意讨论齐亚诺提出的和平解决冲突的建议。他坦承之前认为德国需要2—3年的准备时间。然而，他宣称现在形势发生了新的变化。当形势迅速发展时，德国将以最大的决心前进。齐亚诺按照墨索里尼的指示提出了书面意见。齐亚诺强调，现在避免冲突对轴心国是有利的。然而，里宾特洛甫根本不愿意讨论这些意见。齐亚诺提出，德国应该做出一些姿态，解决目前困难的情况。轴心国应考虑通过正常的外交途径解决目前的危机。然而，里宾特洛甫表示反对。齐亚诺提出发表德意联合公报，以体现双方的耐心。对此，里宾特洛甫答称，这样做将被敌人视为软弱。齐亚诺认为，联合公报是对敌人的警告，而不是撤回自己的立场。然而，里宾特洛甫强调，这样的联合公报只有战术作用。他执意要进行战斗。在机械地重复冲突将局限于中东欧地区的观点后，他宣称德国将百分之百地获得胜利，并且不做任何解释。在与里宾特洛甫谈话10个小时后，齐亚诺认为，里宾特洛甫准备挑起冲突，他将反对任何可能和平解决的方法。② 对里宾特洛甫的言行，齐亚诺认为，有关德国对波兰的意图，里宾特洛甫谎言太多。对任何能使德国满意而又免于斗争的解决办法，他都概不接受。德国领导人已被毁灭的魔鬼迷住了心窍。③

---

① 〔意〕加莱阿佐·齐亚诺著，〔美〕休·吉布森编《齐亚诺日记：1939—1943年》，武汉大学外文系译，第156页。

② *Ciano's Diplomatic Papers*, pp. 297-299.

③ 〔意〕加莱阿佐·齐亚诺著，〔美〕休·吉布森编《齐亚诺日记：1939—1943年》，武汉大学外文系译，第164页。

里宾特洛甫是忠实执行希特勒指示的纳粹党棍。因此，里宾特洛甫与齐亚诺的糟糕谈话只是齐亚诺与希特勒冲突的序曲。在会见齐亚诺时，希特勒明确指出，在任何时候德国都有可能对波兰采取行动。军事行动最晚将于8月底开始。齐亚诺强调，过去德国曾同意维持2—3年的和平。希特勒打断了齐亚诺的话，声称过去的判断是对的。然而，波兰的挑衅和局势的恶化使得德国要采取必要措施，只要德波冲突不引起世界大战即可。希特勒指出，在目前的情况下，他并不要求意大利对德国提供援助。齐亚诺提出，德意应发表联合声明。他希望人们了解，目前仍然有机会通过和平的方式解决欧洲的冲突。对此，希特勒宣称，在经过长时间思考之后，他认为发表联合声明是不合适的。如果不发表联合声明，那么德意将有采取各种行动的自由。① 齐亚诺是希特勒的盟友。但即使按照一般的外交准则，希特勒对齐亚诺谈话的方式也是简单粗暴的。会谈结束后，齐亚诺慨叹："就德国人而言，与我们结盟只意味着迫使敌方以若干个师对付我们，从而缓和德国战线的局势。"②

毫无疑问，意大利极为不满德国准备立即发动攻势的新计划。但是，除德国之外，此时的意大利没有与其他任何大国结盟的可能。首先，意大利难以同法国结盟。对意大利来说，德意联盟主要是针对法国的。1936年之后，在英德关系、法德关系有所缓和时，法意关系仍然是紧张的。例如，1938年7月，在会见匈牙利领导人时，齐亚诺强调，墨索里尼对英意关系和法意关系的看法很悲观。③ 1938年11月，英意关系有所好转。为防止意大利彻底倒向德国，英国曾和意大利达成了妥协。英国默许意大利侵占阿比西尼亚。作为回报，意大利承诺在地中海与英国合作。然而，意大利却对英国强调，意大利尚未澄清对法国的要求。④ 意大利还特别通知法国：英意关系的缓和不意味着意大利承认1935年的法

---

① Hitler's Talk with Ciano, August 12, 1939, *DGFP*, Series D, Vol. 7, p. 48; *Ciano's Diplomatic Papers*, pp. 302–304.

② 〔意〕加莱阿佐·齐亚诺著，〔美〕休·吉布森编《齐亚诺日记：1939—1943年》，武汉大学外文系译，第165页。

③ Aufzeichnung über die Unterredungen zwischen Mussolini, Ciano, Imrédy, und Kánya, 18. Juli 1938, *Allianz Hitler-Horthy-Mussolini*, S. 187.

④ *Ciano's Hidden Diary*, p. 195.

意协定有效。① 这表明，在英法结盟的情况下，英意达成协定不意味着法意合作。1939 年 4 月，意大利曾向法国表达了缓和关系的愿望。但这不过是意大利在与德国结盟之前对法意关系现状的确认。这次试探毫无结果。② 事实上，正是法意关系紧张导致意大利选择了与德国结盟。③ 因此，当 1939 年英德关系、法德关系都紧张时，作为德国盟国的意大利更难与法国结盟。

其次，意大利难以同英国结盟。对德国来说，德意联盟主要是针对英国的。1939 年 3 月英国和波兰签订互助协定之后，英德关系日益恶化。正是在这种情况下，德国尽力迎合意大利的观点，并于当年 5 月同意大利结成了所谓"钢铁联盟"。因此，只要英德关系不缓和，意大利同英国结盟就意味着它将面临德国的惩罚。1939 年 7 月 8 日，在招待保加利亚总理的宴会上，里宾特洛甫对意大利驻德大使贝纳多·阿托利科（Bernardo Attolico）说道，英法正在对德意虚张声势。如果德波关系继续恶化，或许德国会在希特勒与墨索里尼会面之前就对波兰采取军事行动。④ 里宾特洛甫的意见不仅体现了英德关系处于高度紧张的状态，也是德国对意大利的严正警告——意大利与英国结盟意味着意大利与德国为敌。在那种情况下，德国不仅会断绝对意大利的援助，还可能撕毁关于德意边界的保证。因此，1939 年意大利很难承受英意结盟导致德意关系恶化的代价。

最后，意大利难以同苏联结盟。对墨索里尼来说，如果他采取主动，那么除了德国之外，苏联是唯一可能与意大利结盟的国家。毕竟，苏联长期受到资本主义国家的孤立。在战争即将爆发时，苏联也需要寻找维护国家安全的必要手段。然而，与希特勒的机会主义政策相比，墨索里尼的政策具有更浓厚的意识形态色彩。墨索里尼强调，意大利极不情愿发展意苏关系。⑤ 1939 年 5 月，德意结盟谈判期间，双方曾谈及对苏政策。齐亚诺强调，轴心国对苏合作不能走得太远。在他看来，墨索里尼

---

① Perth to Halifax, December 20, 1938, *DBFP*, Third Series, Vol. 3, pp. 488-489.

② Łukasiewicz, *Diplomat in Paris, 1936-1939*, pp. 205-206.

③ Toscano, *The Origins of the Pact of Steel*, p. 103; Knox, *Mussolini Unleashed*, p. 39.

④ Minute by Ribbentrop, July 8, 1939, *DGFP*, Series D, Vol. 6, pp. 883-884.

⑤ Toscano, *The Origins of the Pact of Steel*, pp. 289-291.

认为，考虑到意大利的国内政治，与苏联发展友好关系是不可能的。[①]
齐亚诺这种判断意味着，意大利极不情愿发展意苏关系。

德意结盟后，德国和意大利有义务协调彼此的政策。1939 年夏，德
苏关系尚未得到根本改善。在这种情况下，德国既希望与苏联缓和关系，
又不方便直接与苏联接触。因此，德国考虑通过意大利与苏联接触。5
月 29 日，阿托利科致信齐亚诺，转述了里宾特洛甫的意见。里宾特洛甫
指出，德国与苏联建立直接联系存在较大困难。德国或许可以通过意大
利和苏联建立间接的联系。德国希望通过意大利通知苏联：苏联在目前
的状况下完全承担对英国的义务而忽视德国对苏联示好的信号是可耻的。
随后，里宾特洛甫向阿托利科介绍了莫洛托夫和舒伦堡关于德苏贸易谈
判的情况。[②] 在英、法、德关系紧张的关键时刻，如果意大利抓住德国通
过意大利对苏联的传话需要，那么意大利将大大强化对德国的谈判地位。

但是，意大利失去了这个与德国讨价还价的最后机会。当里宾特洛
甫宣称需要意大利斡旋德苏关系时，阿托利科却强调，在很短的时间里
不可能缔结德苏协定。从德意共同的利益出发，德意只能慢慢改善与苏
联的关系。面对阿托利科的托词，里宾特洛甫强调，他希望意大利驻苏
联大使帮助德国与苏联接触。对此，阿托利科回答说，他"不认为这件
事情是可能的，至少现在是如此"。[③] 换言之，阿托利科拒绝了里宾特洛
甫。此时的国际形势对德国而言尤其紧迫。一方面，英、法、苏结盟谈
判仍在进行；另一方面，在英、法、德、波冲突不断升级的情况下，如
果德国希望使用武力解决波兰问题，那么德国必须尽快与苏联合作。因
此，德意联盟不是德国发展对苏关系的资产，而是德国发展对苏关系的障
碍。如前所述，1939 年 6 月意大利曾帮助德国向苏联传话。然而，意大利
对德国的意见表明其对发展德苏关系有颇多保留。在这种情况下，一旦德
苏完成了破冰的步骤，德国便不再对意大利详细通报德苏关系的进展。

德意关于对苏政策的互动进一步降低了意大利与苏联结盟的可能性。
1939 年 7 月底，意大利曾建议德国召开国际会议解决但泽归属问题。这
一建议被德国粗暴地拒绝了。此时，德国已经决定对波兰开战，并考虑

① Ribbentrop's Talks with Ciano, May 6 and 7, 1939, *DGFP*, Series D, Vol. 6, p. 451.

② Toscano, *Designs in Diplomacy*, pp. 77-79.

③ Toscano, *Designs in Diplomacy*, pp. 77-79.

通过德苏合作对抗英法联盟。里宾特洛甫强调，如果苏联认为意大利试图通过英、法、德、意合作孤立苏联，那么苏联将投入英法的怀抱。因此，德国不能支持一个排斥苏联的会议。[①] 里宾特洛甫的立场是耐人寻味的：他向意大利暗示了德苏合作的前景，但并未向意大利说明德苏合作的具体步骤。与此同时，德国加快了推动德苏合作的速度。8 月 11 日，里宾特洛甫对齐亚诺指出，德国正在和苏联进行秘密谈判。听到这一消息，齐亚诺在震惊之余感到愤怒。在他看来，与意大利对德国的忠诚相比，德国简直背叛了意大利。[②] 随后，希特勒接见齐亚诺并明确指出，苏联与英法的谈判已经完全失败了。英法派遣军事代表团去莫斯科只是为了掩盖失败。现在苏德谈判进展顺利。[③] 德国对意大利的声明不仅宣示了德苏合作的意义，而且降低了德苏双方对意大利的需求。在这种情况下，苏联谋求与意大利合作的可能性微乎其微，意大利对此也心知肚明。

结果，意大利既不能缓和与法国的敌对关系，又不能冒遭到德国惩罚的风险与英国结盟。在意苏关系紧张而德苏关系缓和的情况下，如果意大利对德国背约，那么它将同时遭到英法合作和德苏合作的双重压力。这是意大利根本无法承受的。当德国准备挑起对英法的冲突时，除了履行对德国的安全承诺外，意大利已经别无选择。1939 年 8 月 18 日，里宾特洛甫与阿托利科的谈话表明意大利已经陷入严重的政策困境。阿托利科向里宾特洛甫转达了墨索里尼的意见：在意大利看来，德波冲突将不会局限于中东欧地区，而会演变成为长期战争。意大利现在没有条件进行这样的战争。此外，意大利请求德国援助大量石油。对此，里宾特洛甫老调重弹。他宣称，英法将不会参战。即使英法参战，它们也将被消灭。当德国消灭波兰之后，就会挥师西进。如果法国空袭意大利北部，那么德国空军将采取防御措施。德国有能力通过罗马尼亚和苏联向意大利提供大量石油。最后，里宾特洛甫打出了自己的王牌。他宣称自己将很快与斯大林缔结协定。德苏协定将不仅是商业协定，而且将是全面的政治协定。依靠这张王牌，里宾特洛甫相信，西方将最终投降，而波兰

---

① Toscano, *Designs in Diplomacy*, pp. 99-100.

② 〔意〕加莱阿佐·齐亚诺著，〔美〕休·吉布森编《齐亚诺日记：1939—1943 年》，武汉大学外文系译，第 164 页。

③ Ciano's Talk with Hitler, August 12, 1939, *Ciano's Diplomatic Papers*, pp. 301-302.

则会被彻底孤立。即使墨索里尼明确反对里宾特洛甫对国际形势的评估，里宾特洛甫也拒绝改变自己的看法。[1] 事实上，里宾特洛甫的"苏联牌"不仅是针对英法的，也是针对意大利的。在德苏合作的新形势下，意大利对德谈判已处于"无牌可打"的局面。阿托利科与里宾特洛甫的谈话无果而终。双方不仅对战争走向的预期大相径庭，而且都拒绝让步。里宾特洛甫指出，德国的决定是不可更改的。德国可以击败波兰，并在需要的时候保护意大利。在德苏的压力之下，中东欧只能向德国和意大利提供维持长期战争的各种资源。[2]

在这种情况下，1939 年 8 月 21 日墨索里尼致希特勒的信件反映了意大利在德苏合作压力之下应对英法的政策。墨索里尼认为，形势发展将可能出现四种情况。①如果德国攻击波兰而冲突仍将限于一隅，那么意大利将提供德国希望的援助。②如果波兰及其盟国进攻德国，那么意大利将站在德国一边参战。③如果德国进攻波兰导致英法反击德国，那么意大利将不采取进攻行动。意大利的军事准备不足。对此问题，意大利已经反复对德国做了解释。④如果谈判因某些国家的固执而破裂从而导致德国使用武力，那么意大利将站在德国一边参战。[3] 虽然有所保留，但上述意见体现了意大利倒向德国的立场。对此，德国感到满意。8 月 24 日，里宾特洛甫访问莫斯科并与斯大林会谈。里宾特洛甫对斯大林指出，墨索里尼欢迎苏德发展友好关系。墨索里尼对德苏《互不侵犯条约》感到满意。[4] 在德苏缔结协定之后，8 月 27 日，希特勒致信墨索里尼，免除了意大利宣战的义务。同时，希特勒要求意大利继续进行军事准备，以便对英法施加压力。此外，里宾特洛甫要求意大利在宣传上支持德国。墨索里尼接受了这些要求。一方面，意大利将对外宣称"中立"。另一方面，墨索里尼明确向希特勒承诺，意大利将尽可能地在阿尔卑斯山地区牵制法国的军事力量。同时，意大利将加强在利比亚的军事部署，以便对埃及和突尼斯形成威胁。[5] 埃及和突尼斯处于英法影响之

---

① Strang, *On the Fiery March*, pp. 307–308.
② Strang, *On the Fiery March*, p. 308.
③ Strang, *On the Fiery March*, p. 314.
④ Memorandum by Hencke, August 24, 1939, *DGFP*, Series D, Vol. 7, p. 226.
⑤ Strang, *On the Fiery March*, p. 318.

下。墨索里尼的态度表明，意大利将在欧洲和世界各地与德国共同进退。墨索里尼的承诺无疑是希特勒冒着英法压力而对波兰开战的催化剂。

1939 年 8 月 31 日，战争已经迫在眉睫。墨索里尼决定以更为积极的步骤支持希特勒。当日，齐亚诺接见英国和法国的驻意大使并提出，如果英法能劝说波兰放弃但泽，那么意大利愿意劝说德国以和平方式解决但泽的危机。英、法、德、意将于 9 月 5 日召开国际会议，讨论引起目前冲突的《凡尔赛和约》的各项条款。① 这一建议的本质是，在德国胁迫波兰的情况下，英法须承认德国有权改变但泽的地位。9 月 2 日下午，齐亚诺接见英法驻意大使并指出，意大利会将上述建议通知德国。但是，意大利不会对德国施加压力。他认为，墨索里尼从希特勒那里最多只能得到暂停开始敌对性行动的承诺——例如 9 月 3 日德国将暂停敌对性行动。之后，各方在次日召开国际会议。齐亚诺表示，德国绝不会同意从波兰领土上撤军。在齐亚诺看来，以德国从波兰撤军作为召开国际会议的前提条件对已经存在的局面而言是不合理的。② 齐亚诺的上述立场是明显倾向德国的。

9 月 2 日晚，意大利对英法的态度显示了其对德国的进一步支持。意大利关于召开国际会议的建议得到了英法的响应。然而，英法要求德国将军队撤出波兰作为召开会议的条件。英国外交大臣哈利法克斯（Viscount Halifax）勋爵与齐亚诺通电话。哈利法克斯指出，德军撤出波兰领土是召开国际会议的基本条件，只要德军仍然在波兰领土，那么英国就不能赞同召开国际会议。哈利法克斯劝说齐亚诺尽量朝这个方向努力。如果齐亚诺可以实现这一点，那么各方或许可以找到谈判的基础。英国不会承认德国在但泽制造的既成事实。但泽必须回到 2—3 天之前的状态。这是本质的条件。齐亚诺指出，他不认为希特勒会接受这些要

① Minutes by Halifax, August 31, 1939, *DBFP*, Third Series, Vol. 7, pp. 436-437; Loraine to Halifax, August 31, 1939, *DBFP*, Third Series, Vol. 7, p. 438; Minute by Halifax, August 31, 1939, *DBFP*, Third Series, Vol. 7, p. 442; François-Poncet to Bonnet, August 31, 1939, *The French Yellow Book*, p. 349.

② Minutes by Loraine of a Conversation with Ciano, September 2, 1939, *DBFP*, Third Series, Vol. 7, p. 506; François-Poncet to Bonnet, September 2, 1939, *The French Yellow Book*, pp. 394-395.

求。① 同时，齐亚诺通知法国驻意大使，哈利法克斯已经接受了意大利的建议，但条件是德国军队要退回到本国境内，而齐亚诺认为意大利不能向德国提出这样的建议。鉴于英法的态度，意大利将不得不撤回原有的建议。齐亚诺以墨索里尼的名义宣布，在目前的情况下，意大利无法按照原来预定的想法行事。② 意大利会将英法的意见转告德国，但是意大利不会就此问题对德国施加压力。③ 9 月 3 日，随着英、法、德敌对行动的展开，作为德国盟国的意大利成为英法的敌国。

战争爆发后，意大利同德国并肩作战。在德国与英法的"静坐战"期间，意大利继续加强备战措施。1939 年 12 月 13 日，墨索里尼要求意大利必须在次年夏天前完成对 100 万陆军的训练。征召部队将于 1940 年 2 月全面展开。至 5 月，意大利要将军队的规模扩大到充分使用其物资储备的程度。④ 换言之，1939 年 5 月德意结盟的时候，意大利需要至少 3 年的和平。而到了 1939 年 12 月，意大利却做好了 1940 年 5 月参战的准备。1940 年 1 月，墨索里尼致信希特勒表示："在目前，意大利准备做你的预备队。意大利将帮助你找到政治和外交解决办法的途径。在经济上，意大利将尽一切可能帮助你应对封锁。在军事上，意大利对你的帮助应该成为一个让你宽心的因素，而不是一个负担。"⑤ 正如墨索里尼对齐亚诺强调的："意大利不会放弃德意同盟，除非德国人犯下了无法弥补的错误。如果意大利放弃了德意同盟，那么这等于是意大利承认了英法以意大利的利益为代价获得的军事和殖民霸权。"⑥ 1940 年 2 月，意大利每天向德国提供 200 火车皮的粮食、水银等物资。⑦ 一个月后，意大利对德国的军事援助已达到每月提供 1 万火车皮物资的规模。⑧ 在支持德国的问题上，缺少再结盟可能性的意大利做的比它承诺的还要多。

① Minutes by Jebb, September 2, 1939, *DBFP*, Third Series, Vol. 7, pp. 518-519.
② François-Poncet to Bonnet, September 2, 1939, *The French Yellow Book*, p. 398.
③ Loraine to Halifax, September 2, 1939, *DBFP*, Third Series, Vol. 7, pp. 523-524.
④ Knox, *Mussolini Unleashed*, p. 62.
⑤ Knox, *Mussolini Unleashed*, p. 68.
⑥ Knox, *Mussolini Unleashed*, p. 67.
⑦ Réti, *Hungarian-Italian Relations in the Shadow of Hitler's Germany, 1933-1940*, p. 220.
⑧ Aufzeichnung über die Besprechungen zwischen Mussolini, Ciano, und Teleki, 28. März 1940, *Allianz Hitler-Horthy-Mussolini*, S. 255.

# 第四章　功能分异理论

大国之间的联盟及大国与小国的联盟均能塑造地区局势。如第一章所述，既有理论强调"安全利益"与"国内政治体制/意识形态"推动双边不对称联盟的形成。然而，既有理论并未充分解释上述因素发生交互作用时双边不对称联盟形成的条件。在既有理论的基础上，本章将提出"功能分异理论"并以此来解释不对称联盟的形成。大国使用武力为小国提供安全保障，小国对大国提供战略资源以影响大国之间的权力投射。战略资源包括人口、领土和物资。若大国和小国形成共同预期——大国为小国提供安全保障，小国对大国排他性地提供战略资源，则大国和小国成功结盟；反之，大国和小国不结盟或结盟失败。本章将应用既有理论分析1919—1941年英国、法国、德国和苏联与小国的结盟政策，揭示既有理论的局限；并以德国与周边小国结盟的案例，检验大国和小国之间的功能分异对结盟成败的影响。在这一案例中，德国要求波兰、匈牙利、保加利亚、南斯拉夫和芬兰对德国割让领土或提供军队过境权，按固定价格垄断罗马尼亚和保加利亚的对外贸易，并提高罗马尼亚、南斯拉夫和芬兰对德国出口矿产品占其矿产品产量的比重。匈牙利、罗马尼亚、保加利亚和芬兰先后答应了德国的要求。德国与上述国家结盟成功。与之相反，波兰拒绝对德国割地，南斯拉夫则拒绝德军过境。德国与波、南两国结盟失败。

## 第一节　理论假设

### 变量关系

如第一章所述，大国是指某个地区内具有强大的进攻性军事能力的国家。能够影响大国在其所在地区作战能力的要素是战略资源。战略资源主要包括三类，即人口、领土和物资。

人口影响大国平时能够动员的兵员，决定大国战时的军队规模、民族构成和官兵素质。例如，19世纪德意志的统一使得德国的人口数量超过了法国。双方人口规模的差异成为法国决策者心头挥之不去的阴影。1938年，德奥合并使得德国的新增适龄参军人员足够武装6个满员师。[①] 1938—1939年，德国肢解了捷克斯洛伐克，使自己再次增加350万德意志人口。第二次世界大战爆发前，法国的人口仅略多于"大德意志帝国"人口的50%。德法人口规模的差异加剧了法国的战略困境。除人口规模外，民族构成和官兵素质也是影响大国军事效能的重要因素。例如，第一次世界大战爆发前，奥匈帝国拥有数十万军队。然而，奥匈帝国军队的士兵使用各种不同语言，且文化素质不高。除了解基本军事术语的单词外，德意志将领、马扎尔参谋、捷克士官和克罗地亚士兵难以直接沟通。这不仅影响了军事效能，也削弱了军队的凝聚力。一遇战事失利，多民族混编的王朝军人就可能拿起手中的武器满足民族主义的诉求。这是奥匈帝国哈布斯堡王朝灭亡的重要原因。

领土影响大国平时的战备态势和作战计划，决定大国战时的战场走向。例如，广袤的欧洲平原刺激了俄国向各个方向扩张——寻找波罗的海的出海口、控制黑海的海峡、占领黑龙江和乌苏里江之间的所谓"待议地区"。[②] 这使得俄国的作战计划往往具有较强的进取性。沙皇俄国解体后的疆界也成为苏俄（苏联）决策者制定军事和安全政策的重要依据。例如，原处于沙俄帝国统治下的芬兰于第一次世界大战之后获得独立。这就使得列宁格勒（Leningrad）在战时将可能暴露于敌军的炮火下。因此，苏联曾对芬兰提出，将两国在卡累利阿（Karelia）地峡的界线从列宁格勒附近向北移动数十公里。苏联会以相当于芬兰损失领土面积两倍的苏联领土补偿芬兰。[③] 这一建议体现了苏联对领土面积和边界区位的敏感性。苏芬战争爆发后，芬兰凭借卡累利阿有利地形建立了"曼海

---

① Norman Rich, *Great Power Diplomacy since 1914*, Boston: McGraw-Hill, 2003, p. 200.

② 〔美〕罗伯特·K. 迈锡：《通往权力之路：叶卡捷琳娜大帝》，徐海幈译，北京时代华文书局2018年版；陈开科：《嘉庆十年：失败的俄国使团与失败的中国外交》，社会科学文献出版社2014年版，第169—177页。

③ 〔苏联〕莫洛托夫：《论苏联对外政策——一九三九年十月三十一日在苏联最高苏维埃会议上的报告》，外交学院国际关系与中国对外政策史研究室编《现代国际关系史参考资料（1939—1945）》，1957年版，第22—23页。

姆防线"（Mannerheim Line），有力地迟滞和杀伤了苏军的优势兵力。苏芬边界的走向极大削弱了苏联对芬兰的权力优势。由此可见，领土对大国拓展权力影响具有重要意义。

物资决定大国平时的储备规模和战时持续作战的时间。在传统社会，物资主要指粮食、草料、马匹和冷兵器数量。例如，在中国的春秋战国时期，一辆战车配备若干战马和携带武器的士兵。周天子权威衰落后，车辆、装具及兵器的生产、马匹和士兵的给养均由诸侯国供给和保障。结果，战车数量成为衡量国力的主要指标，即所谓"千乘之国""万乘之国"。在现代社会，物资主要指粮食、装备、改进装备所需的技术、生产装备所需的稀有金属和橡胶等，以及维持装备运转的石油。因此，大国往往是战略物资储备数量众多、门类齐全的国家。对维持和发展本国军备需要但本国却比较匮乏的物资，大国往往不遗余力寻找稳定的替代来源。例如，苏联拥有世界上数量庞大、种类丰富的战略物资。然而，地处中高纬度地区的苏联缺少生长于低纬度热带地区的橡胶。一方面，橡胶是军用品（例如卡车轮胎）的重要原料。另一方面，在冷战的环境下，美国及其盟国控制了橡胶的生产地区。因此，20世纪50年代，在与中国结盟之后，苏联不断敦促中国加大在中国南方生产橡胶的力度，并希望中国通过自行生产或者国际购买保证每年向苏联提供1.5万吨至2万吨橡胶。[①] 作为一个资源丰富、盟国众多的国家，苏联对橡胶的高度重视体现了战略物资对大国权势的重要意义。

若小国向大国提供战略物资，则小国可能影响大国之间的权力对比。首先，小国可以在战时向大国提供兵员，从而影响大国之间战争的进程。例如，第二次世界大战期间，英国是个大国，而其"帝国"之下的"自治领"则是弱小的政治实体。战争爆发后，英国陆军规模不足的弱点迅速暴露。因此，英国迫切需要"自治领"提供兵员。英国政府拟组建55个师。其中，21个师来自"自治领"。在1941年的希腊战役中，英国与轴心国集团作战的主力部队是来自澳大利亚的2个师和来自新西兰的1

---

① 周恩来：《关于同莫洛托夫等会谈情况给毛泽东并中央的报告》，1952年9月1日，中共中央文献研究室、中央档案馆编《建国以来周恩来文稿》（第七册），中央文献出版社2018年版，第104—105页。

个师。[①] 在此后的北非战役中，澳大利亚等"自治领"提供的兵员与英军并肩作战，并帮助英军取得了战役的胜利。

其次，小国可以允许或拒绝大国使用其领土，从而改变大国战争的结果。例如，第一次世界大战结束后，比利时的政策走向对法德军事竞争具有重要意义。起初，比利时奉行追随法国的政策。1923年，为迫使德国支付战争赔款，法国和比利时联合出兵占领了德国的鲁尔区。然而，进入20世纪30年代后，法国对德奉行绥靖政策。希特勒上台后，德国退出了裁军谈判和国际联盟，而法国并未对德国采取强硬措施。法国对德绥靖加剧了比利时的不安全感。1936年，比利时宣布不再允许法国在战时使用其领土。结果，法国被迫改变了对德作战计划，基本放弃了对德采取军事进攻的可能，更加突出对德"静态防御"战略。比利时的政策调整是1940年德国突袭法国计划成功的重要因素。[②]

最后，小国可以向大国提供稀有金属、橡胶或石油，影响大国的战争计划。经济能力是战争能力的基础。20世纪之前，小国对大国的财政支持有助于大国发展军事经济。例如，拿破仑领导下的法兰西帝国与一系列德意志中小邦国结盟。在法国的支持下，这些德意志中小邦国脱离了神圣罗马帝国，共同组成了莱茵联邦。[③] 这些国家在经济上积极支持法国的军事动员。1804—1814年，超过50%的法国军费来自法国的盟国及法军占领区。[④] 进入20世纪之后，大国往往比小国拥有更强的经济生产能力。因此，小国对大国的经济意义更多地表现为小国可向大国提供某些关键性自然资源。例如，本章案例将讨论1940年德国与罗马尼亚结盟的情况。缺少石油的德国急需石油，而此时罗马尼亚是除苏联外最大的欧洲产油国。因此，罗马尼亚对德国排他性地提供石油的承诺促进了两国结盟。

---

① 〔美〕埃利奥特·A. 科恩:《丘吉尔和第二次世界大战中的联盟战略》,〔美〕保罗·肯尼迪编《战争与和平的大战略》,时殷弘、李庆四译,世界知识出版社2005年版,第53页。

② Jeffery A. Gunsburg, "La Grande Illusion: Belgian and Dutch Strategy Facing Germany, 1919-May 1940," *Journal of Military History*, Vol. 78, 2014, pp. 101-158, 605-671.

③ J. Holland Rose, *The Revolutionary and Napoleonic Era*, *1789-1815*, Cambridge: Cambridge University Press, 1935, pp. 167-168.

④ Scott, *The Birth of a Great Power System*, *1740-1815*, p. 333.

　　开放与排他是一国向别国供给战略资源的两种方式。若小国对所有大国开放性地提供战略资源，则小国试图谋求经济利益或者在大国之间谋求政治平衡。小国提供战略资源的利用效率取决于各大国之间的差异，而与小国的战略资源无关。例如，1923 年，协约国与土耳其签署了《洛桑条约》。土耳其允许各国军舰在土耳其中立情况下自由通行土耳其海峡。1936 年，土耳其与英国、法国、苏联等国签署了关于海峡的《蒙特勒公约》，允许各国军舰在和平时期通过土耳其海峡。此时，英国、法国和苏联的竞争已经拓展到土耳其海峡地区。土耳其奉行中立政策且并未进入战争状态。土耳其允许各国军舰通行海峡的政策并未改变各大国在该地区的力量对比。因此，无论是缺少战略资源的小国还是开放性地提供战略资源的小国，它们并不能影响大国之间的权力对比。相反，若小国仅对某个大国排他性地提供战略资源，则小国会试图巩固与该大国之间的政治关系。这种政策会影响大国之间的权力对比，也涉及大国与小国的功能分异。

　　第一章曾讨论了莫罗的不对称联盟理论。他认为，小国和大国均应在获得外部安全和实现政策自主之间权衡利弊。他的观点颇有见地。然而，这一观点没有充分讨论大国和小国的本质差异。大国可以保障自身安全。大国之间的军事能力决定国际权力对比。与之相比，小国没有上述特点。除非小国能够以某种方式影响大国之间的权力对比，否则小国向大国让渡本国对外政策自主性对大国没有意义。换言之，小国让渡自主性能否成功不仅取决于小国的意愿，也取决于大国需要。小国不能直接改变大国之间的权力对比。因此，小国仅承诺爆发武装冲突时与大国共同作战并不能促使大国与小国结盟。在这种情况下，若大国与小国结盟，大国对小国的安全承诺是单向的，而非互助的。因此，即使大国原本试图与小国结盟，大国也会改变政策。然而，若小国对大国排他性地提供战略物资，即使小国不承诺爆发武装冲突时共同作战，小国也会改变大国之间的权力对比。在这种情况下，大国与小国结盟更容易成功。

　　19 世纪初，法国、奥地利与巴伐利亚（Barvaria）联盟关系的变化体现了不对称联盟形成的条件。根据法国与莱茵联邦成员国的安排，遇有战事，法国出兵 20 万人，巴伐利亚出兵 3 万人，其余德意志邦国出兵 3 万人。法国保障了巴伐利亚等弱小盟国的安全。作为回报，这些盟国也支持法国。一方面，法国在德意志地区的盟友共有 1460 万人口。这些盟国可为法国补充兵员。例如，莱茵联邦成员国于 1806 年为法国提供了 6.3 万人的德意志军队，于 1808 年为法国提供了 11.9 万人的德意志军队。另一方面，这些盟国有义务与法国协调对外政策。[①] 在莱茵联邦成员国中，巴伐利亚与法国的联盟颇具代表性。法国保障巴伐利亚的安全，而巴伐利亚对法国提供兵员和领土通道，并与法国的外交政策保持一致。1812 年，法国进攻俄国受挫，而奥地利开始瓦解法国与巴伐利亚之间的联盟。1813 年 10 月 8 日，奥地利与巴伐利亚缔结了《里德条约》（Treaty of Ried）。巴伐利亚同意退出莱茵联邦，对奥地利提供至少 3.6 万人的军队。奥地利及盟国保证巴伐利亚的主权，在战争结束后以协商的方式解决巴伐利亚与奥地利之间的领土争议。[②] 1813 年的法国和奥地利是对立的两个大国，而巴伐利亚是处于法奥之间的小国。巴伐利亚先后与法国和奥地利结盟，其结盟条件非常类似——小国对大国排他性地提供战略资源。这表明，大国与小国之间的功能分异是两者结盟的必要条件。

　　由此，"功能分异理论"的基本假设如图 4-1 所示。若存在一个双边不对称联盟，则大国和小国的功能存在明显差异。大国以本国的军事能力定义联盟的能力，而小国以战略资源影响联盟的权力投射。当一个大国试图与一个小国结盟时，若大国和小国能形成这种功能分异的预期，则它们成功结盟；反之，它们将不结盟或结盟失败。

### 案例选择

　　如表 4-1 所示，本章考察 1919—1941 年欧洲大国试图与小国结盟的案例。这一案例涉及 4 个大国（英国、法国、德国、苏联）和 7 个小国（波兰、捷克斯洛伐克、匈牙利、罗马尼亚、南斯拉夫、保加利亚、芬兰）。出于三个原因，笔者选择这一案例作为检验既有理论和发展新理论的经验基础。其一，当大国试图与小国结盟时，有些联盟形成了，有些联盟没有形成。因变量取值差异有利于笔者衡量不同理论的解释力。其

---

[①] Schroeder, *The Transformation of European Politics*, *1763-1848*, pp. 293-294; Nipperdey, *Deutsche Geschichte*, *1800-1866*, S. 19.

[②] Enno E. Kraehe, *Metternich's German Policy*, Vol. I: *The Contest with Napoleon*, *1799-1814*, Princeton: Princeton University Press, 1963, pp. 211-212.

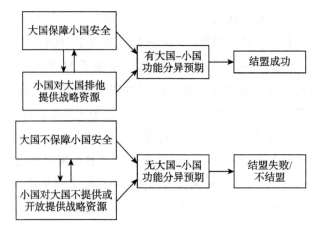

**图 4-1　功能分异理论的假设**

资料来源：笔者自制。

二，不同理论给出的解释变量不同。这些国家对外部威胁的判断不同。换言之，案例所涉及的大国和小国的安全利益不同。同时，案例所涉及的大国和小国的政治体制和意识形态迥异，英国、法国、捷克斯洛伐克和芬兰实行资本主义制度，德国、意大利、匈牙利、罗马尼亚、南斯拉夫和保加利亚实行独裁制度，苏联实行共产主义（社会主义）制度。波兰的政治体制发生过变化。第一次世界大战结束后波兰复国。复国初期，波兰实行议会民主制。随后，毕苏斯基将波兰改造成为其主导的专制独裁体制。毕苏斯基去世后，波兰元帅爱德华·雷兹-斯密格莱（Edward Rydz-Śmigły）和波兰外长约瑟夫·贝克（Józef Beck）控制了波兰的对外政策。直至波德战争爆发，波兰仍然是专制独裁体制。① 既有理论自变量（安全利益和国内政治体制/意识形态）的差异有利于笔者衡量既有理论的解释力。其三，这一案例涉及 4 个大国和 7 个小国。不同联盟案例的差异性中蕴含的大国与小国结盟成败的共性可以提高"功能分异理论"的解释力。

　　为更准确地定义被解释对象，在表 4-1 给出的 15 个联盟案例中，笔者将不讨论以下案例。首先，1920—1936 年，法国和比利时之间存在军事协作。双方进行年度参谋谈判，并曾考虑过在德国侵略的情况下进行联合军事动员。如果德国进攻比利时，那么比利时将邀请法国军队入境

---

① Jörg K. Hoensch, *Geschichte Polens*, Stuttgart：E. Ulmer, 1983, S. 259-278.

作战，并利用比利时预置的军事工事。法军将保证比利时工业区免受德军的攻击。毫无疑问，法比之间存在实质性的安全合作。然而，法比之间不存在联盟。双方没有在战时互助的承诺。特别是比利时拒绝因法国援助波兰或其他中东欧国家而介入法德冲突。[①] 因此，笔者不研究法国与比利时之间战略性合作的原因。其次，1919 年之后，法国和罗马尼亚之间形成事实上的联盟。1926 年法国和罗马尼亚签订了军事协定，约定在爆发武装冲突时进行安全磋商。笔者认为，法罗之间存在非正式的联盟。然而，有不少学者认为法国和罗马尼亚之间的联盟关系比较脆弱。[②] 因此，出于研究"双边不对称联盟形成"的目的，笔者排除了这个不够典型的案例。再次，1935 年苏联和法国缔结了同盟条约。作为法国的盟国，捷克斯洛伐克加入了法苏同盟。然而，苏联对捷克斯洛伐克的援助取决于法国对捷克斯洛伐克的援助。因此，苏捷同盟本质上是法苏同盟的副产品。因此，笔者排除了这个独立性较低的不对称联盟。最后，20 世纪 20 年代，法国分别和波兰、罗马尼亚订立了军事协定，波兰和罗马尼亚之间存在联盟条约。1939 年，欧洲出现了英法联盟与德意联盟对峙的局面。在德波关系恶化的情况下，英国试图与波兰和罗马尼亚结盟。英波、英罗关系无法独立于英法、法波、法罗、波罗关系而存在。英波、英罗之间未形成双边不对称联盟。因此，笔者排除了这两个联盟。

表 4-1 1919—1941 年欧洲的双边不对称联盟

| 序号 | 大国 | 小国 | 时间 | 外部威胁 | 意识形态 | 是否结盟 |
|---|---|---|---|---|---|---|
| 1 | 法国 | 波兰 | 1919 年 | 法：苏、德 波：苏、德 | 法：资本主义 波：资本主义 | 是 |
| 2 | 法国 | 罗马尼亚 | 1919 年 | — | | |

① Robert J. Young, *France and the Origins of the Second World War*, New York: St. Martin's Press, 1996, pp.17, 62.
② Eugene Boia, *Romania's Diplomatic Relations with Yugoslavia in the Interwar Period, 1919-1941*, New York: Columbia University Press, 1992, pp.126-127; Martin Thomas, "To Arm an Ally: French Arms Sales to Romania, 1926-1940," *Journal of Strategic Studies*, Vol.19, No.2, 1996, p.232; Christian Leitz, "Arms as Levers: 'Matériel' and Raw Materials in Germany's Trade with Romania in the 1930s," *International History Review*, Vol.19, No.2, 1997, p.134.

续表

| 序号 | 大国 | 小国 | 时间 | 外部威胁 | 意识形态 | 是否结盟 |
|---|---|---|---|---|---|---|
| 3 | 法国 | 捷克斯洛伐克 | 1924年 | 法：德<br>捷：德 | 法：资本主义<br>捷：资本主义 | 是 |
| 4 | 法国 | 南斯拉夫 | 1927年 | 法：德<br>南：意 | 法：资本主义<br>南：独裁制度 | 否 |
| 5 | 苏联 | 捷克斯洛伐克 | 1935年 | — | | |
| 6 | 苏联 | 罗马尼亚 | 1936年 | 苏：德<br>罗：匈、苏 | 苏：社会主义<br>罗：独裁制度 | 否 |
| 7 | 苏联 | 保加利亚 | 1940年 | 苏：德<br>保：罗 | 苏：社会主义<br>保：独裁制度 | 否 |
| 8 | 英国 | 波兰 | 1939年 | — | | |
| 9 | 英国 | 罗马尼亚 | 1939年 | | | |
| 10 | 德国 | 波兰 | 1939年 | 德：英、苏<br>波：德、苏 | 德：独裁制度<br>波：独裁制度 | 否 |
| 11 | 德国 | 罗马尼亚 | 1940年 | 德：英<br>罗：匈、苏 | 德：独裁制度<br>罗：独裁制度 | 是 |
| 12 | 德国 | 匈牙利 | 1940年 | 德：英、苏<br>匈：罗 | 德：独裁制度<br>匈：独裁制度 | 是 |
| 13 | 德国 | 芬兰 | 1941年 | 德：英、苏<br>芬：苏 | 德：独裁制度<br>芬：资本主义 | 是 |
| 14 | 德国 | 保加利亚 | 1941年 | 德：英、苏<br>保：罗 | 德：独裁制度<br>保：独裁制度 | 是 |
| 15 | 德国 | 南斯拉夫 | 1941年 | 德：英、苏<br>南：意 | 德：独裁制度<br>南：独裁制度 | 否 |

资料来源：笔者自制。

注：关于法国-波兰、法国-捷克斯洛伐克联盟，参见 Wandycz, *France and Her Eastern Allies, 1919-1925*。关于法国-南斯拉夫政治条约，参见 Jacob B. Hoptner, *Yugoslavia in Crisis, 1934-1941*, New York：Columbia University Press, 1962, p.14。南斯拉夫曾试图与法国进行总参谋部之间的军事协作，但法国建议双方通过武官交换信息，实际上拒绝了南斯拉夫的提议，参见 Adamthwaite, *France and the Coming of the Second World War*, p.24。关于苏联-罗马尼亚结盟谈判，参见 Dov B. Lungu, *Romania and the Great Powers, 1933-1940*, Durham：Duke University Press, 1989, pp.63-64。关于苏联-保加利亚结盟谈判，参见 Gabriel Gorodetsky, *Grand Delusion：Stalin and the German Invasion of Russia*, New Haven：Yale University Press, 1999, pp.80-81。本章将详细讨论其他案例。

　　在排除上述案例后，既有理论在多大程度上能解释其余11个备选案例？如第一章所述，既有理论从"安全利益"和"国内政治体制/意识形态"角度出发提供了解释。由表4-2所示，上述两个因素发生同向强化的案例有 5 个，即不足全部案例的 50%。相比而言，上述两个因素发生交互作用的案例有 6 个。这些案例是既有理论应当解释的案例，而既有理论却并未给出明确的解释。因此，既有理论的解释力存在较大的局限性。这些"反常案例"就成为检验"功能分异理论"的经验基础。

表 4-2　既有理论对联盟形成的解释

|  | 安全利益的一致性大 | 安全利益的一致性小 |
|---|---|---|
| 政治体制/意识形态的一致性大 | 既有理论已解释：<br>1919 年法波形成联盟<br>1924 年法捷形成联盟 | 既有理论未解释：<br>1939 年德波未形成联盟<br>1940 年德匈形成联盟<br>1940 年德罗形成联盟<br>1941 年德保形成联盟<br>1941 年德南未形成联盟 |
| 政治体制/意识形态的一致性小 | 既有理论未解释：<br>1941 年德芬形成联盟 | 既有理论已解释：<br>1927 年法南未形成联盟<br>1936 年苏罗未形成联盟<br>1940 年苏保未形成联盟 |

资料来源：笔者自制。

由表 4-2 所示，既有理论无法解释 1939—1941 年德国与周边小国结盟成败的条件。对此，"功能分异理论"提出了明确的答案。德国谋求与一系列位于东欧和北欧的中小国家结盟。德国试图对这些国家提供安全保障，但要求波兰、匈牙利、保加利亚、南斯拉夫和芬兰对德国割让领土或提供军队过境权，按固定价格垄断罗马尼亚和保加利亚的对外贸易，并提高罗马尼亚、南斯拉夫和芬兰对德国出口矿产品占其矿产品产量的比重。匈牙利、罗马尼亚、保加利亚和芬兰先后答应了德国的要求。德国与上述国家结盟成功。与之相反，波兰拒绝对德国割地，而南斯拉夫拒绝德军过境。德国与波、南两国结盟失败。

## 第二节　德波结盟

德国和波兰的关系复杂敏感。18 世纪，普鲁士、奥地利、俄国曾多次瓜分波兰。普鲁士从波兰获得了 56598 平方公里土地。这些土地主要位于东普鲁士（Ostpreußen）、西普鲁士（Westpreußen）和波森地区（Posen）。在上述地区，波兰族和德意志族长期杂居。① 第一次世界大战期间，为争取波兰参加反对德奥联盟的斗争，协约国公开支持波兰复国。法国将本国领土提供给波兰人组织军队，支持波兰将领统率军队，并向波兰军队提供经济和军事援助。美国总统伍德罗·威尔逊（Woodrow Wilson）则公开发表了"十四点原则"，主张建立独立的波兰国家。对此，波兰人做出了积极的响应。1917 年夏，波兰成立了民族委员会，并在巴黎建立政权。从世界各地赶到法国的波兰人组成了 5 万人的部队，并与法军联合作战。这也是波兰成为协约国的"盟国"并参与战后和会的主要依据。② 第一次世界大战结束后，《凡尔赛和约》划定了德国的疆界。原德意志帝国统治下的波兰人聚居区划入新成立的波兰共和国。波兰北部狭长而直通海岸线的地区形成了所谓的"波兰走廊"（The Polish Corridor）。

1919—1933 年，"波兰走廊"的存在成为德波关系紧张的象征。第一，"波兰走廊"将德国领土一分为二。地理的分割不仅造成了德国交通的不便，而且加剧了战败德国的战略脆弱性。德国的军备受到严格限制。如果德波之间爆发武装冲突，东普鲁士很容易遭到波兰军队的打击。第二，协约国宣称其划分德波疆域的原则是"民族自决"。然而，西普鲁士 2/3 的居民和波森地区 1/3 的居民是德意志人。这些地区未经全民公决而被直接划入波兰。在其他德波民族杂居区，公投不仅引发了德国和波兰对投票结果的争议，而且造成了边界居民之间的流血事件。③ 数十万波兰的德意志人迁居德国，但仍有近百万德意志人散居波兰各地。④

---

① Benjamin Conrad, *Umkämpfte Grenzen, umkämpfte Bevölkerung: die Entstehung der Staatsgrenzen der Zweiten Polnischen Republik 1918-1923*, Stuttgart: Franz Steiner Verlag, 2014, S. 26-27.

② Bernadotte E. Schmitt, "Rebirth of Poland, 1914-1923," in Bernadotte E. Schmitt ed., *Poland*, Berkeley: University of California Press, 1945, p.74.

③ Thomas Urban, *Deutsche in Polen: Geschichte und Gegenwart einer Minderheit*, München: C. H. Beck, 1993, S. 32-35. 关于德波争议领土上德意志族、波兰族人口所占总人口比例的统计数据，参见 Albert S. Kotowski, *Polens Politik: gegenüber seiner deutschen Minderheit 1919-1939*, Wiesbaden: Harrassowitz, 1998, S. 35; Hartmut Boockmann, *Deutsche Geschichte im Osten Europas: Ostpreußen und Westpreußen*, Berlin: Siedler, 1992, S. 398。

④ Winson Chu, *The German Minority in Interwar Poland*, Cambridge: Cambridge University Press, 2012, p.21.

历史纠葛和民族杂居严重恶化了德波关系。第三，波兰不仅控制了"波兰走廊"，而且控制了位于走廊北端但泽的经济命脉。第一次世界大战结束后，但泽成为由国际联盟管理的"自由市"。但泽的绝大多数居民是德意志人，但德国是个被惩罚的战败国。波兰通过在但泽的经济优势对但泽的安全防务施加影响，德国对此非常不满。《凡尔赛和约》非但没有解决德波、德法矛盾，反而激化了这些矛盾。在德波、德法关系紧张的情况下，波兰和法国结盟。在德国看来，波兰不仅违背了"民族自决"原则，而且还主动充当法国的反德工具。1919—1933年的历届德国政府均未明确承认德波边界。德国的政策巩固了法波联盟，促进了苏波关系的缓和。

不过，进入20世纪30年代后，德国和波兰的共同点开始增多。纳粹党的上台终结了魏玛共和国。此时，德国和波兰均建立了专制独裁政体。两国均反对苏联的共产主义意识形态。希特勒就任德国总理后，德国将主要的领土诉求聚焦奥地利和捷克斯洛伐克。在这种情况下，德国调整了对波兰的政策。

首先，1934年德国和波兰发表了联合声明，承诺10年内放弃使用武力解决德波历史悬案。[①] 这是德国对波兰的政治让步。德国的新政策动摇了法波联盟的基础，并加剧了苏波关系的紧张。波兰转而奉行"大国平衡"政策。当法国和苏联谋求建立地区集体安全体系时，德国和波兰予以反对。当德国和波兰收到了法国关于《东方公约》的草案时，德波共同反对法国。希特勒指出，根据《东方公约》的草案，如果苏联与其他国家发生武装冲突，那么德国将成为苏联的大后方。德国不可能接受这样的条约。苏联对德国和波兰都是威胁。稍后，波兰外长贝克宣称，关于《东方公约》，波兰已经对法国提出了一系列的问题。波兰越研究这个公约就越认为这个公约是糟糕的。德波协定不会受到拟议中的《东方公约》的影响。[②] 希特勒反对法苏同盟毫不奇怪。耐人寻味的是，作

---

① Meyer to the Legation in Poland, November 15, 1933, *DGFP*, Series C, Vol. 2, p. 129; Neurath to the Embassies in Great Britain and France, January 25, 1934, *DGFP*, Series C, Vol. 2, p. 420.

② Memorandum by Neurath, August 27, 1934, *DGFP*, Series C, Vol. 3, p. 360; Memorandum by Neurath, September 6, 1934, *DGFP*, Series C, Vol. 3, pp. 385–386.

为法国的盟友，贝克和希特勒一起抨击赖伐尔的提案。这表明德波关系的发展已经严重侵蚀了法波联盟的基础。

其次，德国对波兰做出经济让步。1935年11月，德国同意按照高于世界市场的价格购买波兰商品。双方结算贸易使用单独的账户。这样，波兰不使用硬通货即可购买德国产品。德国为建立这个系统提供启动资金。1936年春，德国同意为德国穿越波兰的铁路支付报酬。1936年5月，德国向波兰支付了180万马克，之后每月支付150万马克。① 这不仅使得波兰在经济上受益，而且表明德国间接承认了波兰对走廊地区的政治权利。德国的经济让步使得波兰相信德国对1934年德波协定采取了严肃认真的态度。因此，波兰进一步拉开了与法国和苏联的政策距离。波兰对法国的政策离心日益明显。

最后，德国和波兰加强了在立陶宛问题上的合作。第一次世界大战结束后，德国被迫对立陶宛割让了梅默尔（Memel）地区。梅默尔居住着大量德意志人。"梅默尔"一词甚至出现在魏玛共和国国歌的歌词里。立陶宛政府在梅默尔推行"去德意志化"的政策，从而加剧了德国和立陶宛关系的紧张。② 同时，波兰与立陶宛之间也存在矛盾。波兰以几个世纪前存在的"波兰-立陶宛王国"的疆界作为依据，对立陶宛提出了领土诉求。波兰和立陶宛之间没有外交关系。1938年，波兰和立陶宛之间再次爆发冲突。随后，波兰对立陶宛提出最后通牒，要求立陶宛在48小时内与波兰建立外交关系。否则，波兰将对立陶宛采取军事行动。在这种情况下，里宾特洛甫分别会见了立陶宛和波兰的驻德国大使。在接见波兰驻德大使约瑟夫·里普斯基（Józef Lipski）时，里宾特洛甫强调，德国已经建议立陶宛无条件接受波兰的最后通牒。自然，他希望波兰能够随时将事件的动态通报德国。对此，里普斯基承诺，他一有消息就会通报。如果必要的话，即使是在夜晚，他也会照常通报。③ 这表明，在地区安全事务上，德波合作日益紧密。

德国与捷克斯洛伐克之间的危机开辟了德国与波兰结盟的道路。捷

---

① Randall Everest Newnham, *Economic Linkage in German-Polish Relations, 1918 – 1939*, Pittsburgh: Center for Russian and East European Studies, 2006, pp. 21–22.

② Memorandum by Neurath, October 23, 1936, *DGFP*, Series C, Vol. 5, pp. 1133–1134

③ Memorandum by Ribbentrop, March 18, 1938, *DGFP*, Series D, Vol. 5, p. 438.

克斯洛伐克境内包括两个领土争议地区——德意志人聚居的苏台德地区（Sudetenland）和波兰人聚居的特申地区。[①] 德国和波兰分别对上述地区有领土要求。1937 年 8 月，贝克最亲密的助手之一、波兰驻法国大使朱利叶斯·卢卡谢维奇（Juliusz Łukasiewicz）对美国驻法国大使威廉·C. 布立特（William C. Bullitt）说："波兰抱着赞同的态度看待德国肢解捷克斯洛伐克。"[②] 1938 年初，德国已经着手推动肢解捷克斯洛伐克的计划了。在与贝克的谈话中，戈林没有掩饰他的观点——他认为捷克斯洛伐克不应以多民族国家的方式继续存在。[③] 1938 年 6 月，波兰希望与德国讨论德国、波兰、匈牙利联合对捷克斯洛伐克施加经济压力的可能性。[④] 同年 8 月，戈林对里普斯基建议，德波双方就苏联和捷克斯洛伐克问题交换情报。[⑤] 德国的建议鼓励波兰采取更为大胆的行动。此时，苏联和捷克斯洛伐克均主张以国联框架为基础推行集体安全。然而，波兰却明确表示不再谋求国联理事会中的"半永久常任理事国"席位。[⑥] 这一政策宣示表明，波兰拒绝与苏联、捷克斯洛伐克等国在国联推动集体安全合作。

1938 年 9 月，希特勒开始考虑德、波、匈采取联合行动的可能。为解除波兰的顾虑，德国提出了与波兰结盟的建议。希特勒对匈牙利国防部部长耶诺·拉兹（Jenö Rátz）说，德捷冲突解决后，他会把特申交给波兰。[⑦] 在德国拟议的联合行动中，苏联是威慑波兰采取行动的重要因素——苏联不仅与波兰存在领土争端，而且是捷克斯洛伐克的盟国。只要法国援助捷克斯洛伐克，苏联就会援助捷克斯洛伐克。在这种情况下，为鼓励波兰对捷克斯洛伐克施压，戈林对里普斯基提出，如果苏波之间

① 1938 年，捷克斯洛伐克人口约有 1500 万，其中 43% 是捷克人、22% 是斯洛伐克人、23% 是德意志人、5% 是马扎尔人、3% 是乌克兰人、4% 是犹太人和其他少数民族，参见 Horst Möller, *Europa zwischen den Weltkriegen*, München: R. Oldenbourg, 1998, S. 35。
② 〔美〕特尔福德·泰勒：《慕尼黑：和平的代价》（下），石益仁译，新华出版社 1984 年版，第 669 页。
③ Beck's Talk with Göring, January 13, 1938, in Lipski, *Diplomat in Berlin*, *1933-1939*, p. 332.
④ Lipski to Beck, June 19, 1938, in Lipski, *Diplomat in Berlin*, *1933-1939*, pp. 370-371.
⑤ Lipski to Beck, August 11, 1938, in Lipski, *Diplomat in Berlin*, *1933-1939*, p. 377.
⑥ Thomson, "Foreign Relations," in Schmitt ed., *Poland*, p. 411.
⑦ Sakmyster, ed., "The Hungarian State Visit to Germany of August 1938," pp. 686-687.

爆发战争，德国将援助波兰。[1] 这是德国首次提出对波兰提供战时援助，标志着德国试图与波兰结盟。

1938 年 9—10 月，德捷危机的升级推动了德波关系的高潮。9 月 15 日，根据贝克的指示，里普斯基对德方强调，如果捷克斯洛伐克根据全民公决解决苏台德问题，那么波兰要求捷克斯洛伐克必须在特申问题上应用同样的原则。[2] 9 月 20 日，波兰向英、法、德、意提交了其关于捷克斯洛伐克境内少数民族问题的照会，并开始在波捷边界集结部队。[3] 9 月 23 日，苏联向波兰发出照会：如果波兰入侵捷克斯洛伐克，那么苏联将废除与波兰的《互不侵犯条约》。对此，波兰立即答称：波兰针对捷克斯洛伐克的军事集结与苏联毫无关系。[4] 9 月 28 日，波兰对其罗马尼亚盟友提出对局势的估计：如果捷克斯洛伐克对波兰割让特申，那么波兰将在德捷冲突中保持中立。此时，苏联已经对法国提出通过波兰对捷克斯洛伐克提供援助，并且要求波兰就此对苏联提供便利。波兰是法国的盟国。如果法国支持苏联并对波兰施加压力，那么波兰将与德国站在一起。[5] 这一立场预示着波兰并不回避与德国结盟的可能。9 月 30 日，德国对波兰做出了积极回应。里宾特洛甫通知里普斯基：在波捷冲突的情况下，德国将对波兰保持友好态度；在波苏冲突的情况下，德国将对波兰采取远远超出一般友好的态度。戈林补充说，在发生波苏冲突的情况下，很难设想德国不对波兰提供援助。[6] 当天，德波签署经济协定，德国向波兰提供价值 1.2 亿兹罗提（złoty）的贷款。[7] 在德捷危机中，德国和波兰分别出兵占领了苏台德地区和特申地区。为配合德国的行动，波兰派出 3.5 万名士兵、100 辆坦克和 100 架飞机攻入捷克斯洛伐克。[8] 在特申

---

①   Lipski's Talk with Göring, September 9, 1938, in Lipski, *Diplomat in Berlin*, *1933-1939*, p. 395.

②   Lipski, *Diplomat in Berlin*, *1933-1939*, p. 402.

③   Hubert Ripka, *Munich: Before and After*, trans. by Ida Sindelková and Edgar P. Young, New York: H. Fertig, 1969, p. 113.

④   Thomson, "Foreign Relations," in Schmitt ed., *Poland*, p. 412.

⑤   Bossy and Bossy eds., *Recollections of a Romanian Diplomat*, *1918-1969*, Vol. 1, p. 244.

⑥   Lipski to Beck, October 1, 1938, in Lipski, *Diplomat in Berlin*, *1933-1939*, p. 437.

⑦   Newnham, *Economic Linkage in German-Polish Relations*, *1918-1939*, p. 22.

⑧   〔法〕让·洛佩、〔格鲁吉亚〕拉沙·奥特赫里梅祖里：《巴巴罗萨行动：1941，绝对战争》（上），张竝译，译林出版社 2022 年版，第 108 页。

地区，波兰获得了22.7万人口，其中仅有7.6万波兰人。① 波兰利用德波合作从捷克斯洛伐克获得了远远超过所谓"民族自决"原则保障的权益。

德捷冲突中的德波共同利益并不能根除德波之间的深层矛盾。德波关系中有两个障碍——"波兰走廊"和但泽问题。关于"波兰走廊"，早在1935年春，希特勒就提出了一个"不成熟的想法"——德国建造一条铁路和一条摩托化公路穿越波兰走廊。② 希特勒的设想既符合所谓的"民族自决"原则，又有利于德国从本土向东普鲁士集结军事力量——这将增加德国对苏联的权力投射。因此，德国领导人开始积极推动这一设想的落实。1937年2月，戈林对波兰领导人宣称，德国愿意容忍法波联盟并加强德波之间的政策协调。或许，波兰可以考虑德国修建连接德国本土和东普鲁士的公路。③ 1938年1月，戈林展示了德波合作前景，并重提合作条件。戈林声称，如果德国在东方为波兰提供补偿，那么德国希望能够在德国本土和东普鲁士之间修建铁路。④ 在德捷危机期间，戈林明确表达了支持波兰的立场，并且重申了德国的愿望——修建连接德国本土和东普鲁士公路。⑤ 换言之，波兰允许德国推行贯通波兰走廊交通的计划是德国对波兰提供安全保障的必要条件。

德国的交通计划与扩大在但泽的影响紧密联系。作为"波兰走廊"

① Thomson, "Foreign Relations," in Schmitt ed., *Poland*, p. 412. 需要注意的是，即使波兰遭到纳粹德国攻击且纳粹德国已经覆亡，波兰方面仍不愿意承认1938年曾利用德捷冲突占领特申的事实，而是强调特申"回归"波兰。冷战期间，这种观点可能是波兰统一工人党和"波兰流亡政府"共同的观点。波兰统一工人党所领导的政府与捷克斯洛伐克政府均为苏联盟友。因此，只有"波兰流亡政府"公开表述了这种观点。此外，波兰方面认为，特申地区仅有18万人口，且其中超过80%的人是波兰人，参见Łukasiewicz, *Diplomat in Paris, 1936-1939*, pp. 60-61. 在笔者看来，1918—1938年，大量波兰人口从特申地区迁出导致统计口径出现较大差异。为论证占领特申的合法性，波兰方面倾向于以波兰人口占比例较高的统计口径作为依据。

② Lipski to Beck, May 23, 1935, *Official Documents Concerning Polish-German and Polish-Soviet Relations 1933-1939*, p. 30.

③ Smigly-Rydz's Talk with Göring, February 16, 1937, *Official Documents Concerning Polish-German and Polish-Soviet Relations 1933-1939*, p. 38.

④ Beck's Talk with Göring, January 13, 1938, in Lipski, *Diplomat in Berlin, 1933-1939*, p. 332.

⑤ Lipski to Beck, September 16, 1938, in Lipski, *Diplomat in Berlin, 1933-1939*, pp. 404-405.

北端最大的城市，但泽与波兰之间存在紧密的经济联系。作为地处德国本土和东普鲁士之间的德意志人聚居的城市，一旦德国的交通计划得以落实，但泽很可能会脱离与波兰的经济联系。即使在德波合作的时代，希特勒也曾明确警告波兰：波兰不得蚕食但泽，否则，德国将做出最强烈的反应。① 在德国重整军备后，德国不断对波兰提出其跨境交通计划。这就使得波兰开始担心德国吞并但泽。因此，波兰对德国的交通计划采取了拖延的政策。只要德国的交通计划停留在纸面上，但泽就不会脱离波兰的经济影响。同时，波兰明确提出由德波双方解决但泽问题，强调任何缓和但泽局势的措施对德波关系都是有利的。波兰还建议双方延长1934 年的德波协定。② 在德波合作高潮期间，波兰重提解决但泽问题并延长德波协定的建议。对此，德国重提修建连接德国本土和东普鲁士公路的建议。③ 这种各说各话的交往表明，波兰已经感受到德国不断迫近的压力。因此，在苏台德危机中，当英法拟同意将超过 50%德意志人聚居的捷克斯洛伐克领土割让给德国时，波兰对法国提出，这种领土转让必须保证特申的自然资源、工业基础和交通线路不得落入德国的势力范围之内。④ 这是 1934 年以来波兰首次抵制德国的政策。

苏台德危机结束后，德国获得了捷克斯洛伐克的工业基础，进一步拉大了德波之间的力量差距。同时，德苏、苏波争端并未解决。因此，德国继续推动德波结盟。按照德国的设想，德国以军事能力保障波兰的安全，而波兰以领土增加德国对苏联的权力投射。1938 年 10 月 24 日，里宾特洛甫正式向里普斯基提出了德国的建议：但泽并入德国；波兰允许德国在走廊地区建立连接德国本土和东普鲁士的交通线路；在交通线地区，波兰给予德国治外法权。作为回报，德国将承认走廊属于波兰。波兰将在但泽获得港口和治外法权。德国将保障波兰在但泽的市场。德波之间互相保障领土，将 1934 年协定延长 10—25 年。波兰加入《反共产国际协定》，两国之间互相磋商政策。此外，捷克斯洛伐克解体后，德

---

①　Memorandum by Schliep, November 19, 1936, *DGFP*, Series C, Vol. 6, p. 82.

②　Beck's Talk with Göring, February 23, 1938, in Lipski, *Diplomat in Berlin*, *1933 - 1939*, pp. 348 - 349.

③　Lipski to Beck, September 16, 1938, in Lipski, *Diplomat in Berlin*, *1933 - 1939*, pp. 404 - 405.

④　Łukasiewicz, *Diplomat in Paris*, *1936 - 1939*, pp. 129 - 130.

国将按照波兰的愿望，将卢西尼亚（Ruthenia）交给匈牙利。[①] 德国对波兰结盟的条件是清楚明白的——波兰对德国割让领土。作为回报，德国延长德波协定，在波匈边界上满足波兰的愿望，并对波兰提供安全保障。双方结盟针对苏联。

波兰拒绝德国的建议预示着德波关系即将恶化。1938 年 11 月 9 日，里普斯基答复称，但泽是一个自由市，后面是一条完全属于波兰的河流。因此，但泽对波兰有象征意义。波兰不能允许但泽和德国建立关税同盟。如果德国提出但泽问题，那么德波关系将受到严重影响。对此，里宾特洛甫强调，他对波兰的立场感到非常遗憾。[②] 考虑到此时德苏关系处于敌对状态，波兰转而诉诸对苏联的合作以加强对德国的地位。11 月 26 日，波兰和苏联发表了联合声明。声明指出，1932 年苏波《互不侵犯条约》是两国关系的基础。双方愿将条约期限延长至 1945 年。此外，两国准备迅速缔结商务条约，并澄清边界冲突。[③] 在德波关系转折的关键时刻，苏波关系的缓和引起了德波外交纠纷。12 月 2 日，里宾特洛甫会见里普斯基。里普斯基指出，他发现德国地方当局对苏波联合声明表达了不满。对此，里宾特洛甫答称，他对波兰方面没有事先向德国通报苏波声明一事感到遗憾。这一声明对德国是个意外。他无法向希特勒解释此事。[④] 在德国看来，苏波声明不仅意味着波兰拒绝与德国结盟，而且意味着波兰试图与苏联合作应对德国。

1938 年底，德国开始将波兰视为潜在敌国而非结盟选项。在向希特勒提交的关于立陶宛问题的报告中，里宾特洛甫分析了德国在梅默尔地区已形成的优势地位。需要注意的是，与不久前的评估完全相反，里宾特洛甫强调了德波在立陶宛问题上的分歧。他指出，如果立陶宛允许梅默尔与德国合并，那么波兰可能会对立陶宛提出领土补偿的要求。这对德国是不利的。他着重指出："德国要防止一个由敌对国家（波兰）领导的有威胁的包围圈的形成。德国要让波罗的海的出海口对德国开放。"

---

① Ribbentrop's Talk with Lipski, October 24, 1938, *DGFP*, Series D, Vol. 5, pp. 104-107. 卢西尼亚，又称喀尔巴阡-乌克兰（Carpatho-Ukraine）。

② Memorandum by Ribbentrop, November 19, 1938, *DGFP*, Series D, Vol. 5, pp. 128-129.

③ Ripka, *Munich: Before and After*, p. 332.

④ Lipski to Beck, December 3, 1938, in Lipski, *Diplomat in Berlin, 1933-1939*, pp. 470-471.

为实现这一目标，在梅默尔并入德国之前，德国不能让第三国的势力渗透。德国应该对立陶宛提供军事物资，与立陶宛协调军事政策。同时，德国要考虑是否保障梅默尔地区之外的立陶宛领土的完整。① 德国和波兰分别与立陶宛存在领土纠纷。当德国试图与波兰结盟时，德国与波兰协调对立陶宛的政策。当波兰拒绝与德国结盟时，德国开始考虑通过保障立陶宛的领土完整限制波兰的影响。德国甚至将波兰视为"敌对性国家"。这不仅表明德波联盟的倡议已经胎死腹中，而且预示着德波关系将急转直下。波兰拒绝德国利用其领土是德波结盟计划失败的重要原因。

## 第三节　德匈、德罗结盟

在中东欧地区，德国不仅试图与波兰结盟，而且试图与匈牙利和罗马尼亚结盟。德匈关系中合作与冲突并存。根据 1920 年的《特里亚农和约》（Treaty of Trianon），原奥匈帝国疆域范围内一系列新成立的国家之间建立了相互关系。匈牙利向捷克斯洛伐克、罗马尼亚和南斯拉夫割让了原奥匈帝国治下匈牙利王国的领土。匈牙利的面积从 28.2 万平方公里减少为 9.3 万平方公里。人口从 1800 万减少为 760 万。② 匈牙利割让的领土上居住着大约 300 万马扎尔人（Magyars）。根据所谓"民族自决"原则，匈牙利对这些人口居住的地区提出了领土要求。因此，匈牙利同捷、罗、南的关系持续紧张。同时，捷克斯洛伐克境内居住着大量德意志人。因此，德国和匈牙利都以所谓"民族自决"为名，向捷克斯洛伐克提出了领土要求。这推动了德匈合作。然而，德匈关系中也存在紧张因素。匈牙利境内 50 万德意志少数民族使得匈牙利担心德国对匈牙利提出领土要求。同时，德国和匈牙利对南斯拉夫和罗马尼亚的政策不同。德国反对《凡尔赛和约》的领土安排，而匈牙利反对《特里亚农和约》的领土安排。虽然德国和匈牙利都要求修改相关条约，但德国对南斯拉夫和罗马尼亚没有领土要求。同时，德国需要南斯拉夫的铜矿和罗马尼亚的石油。因此，

---

①　Memorandum by Ribbentrop, December 10, 1938, *DGFP*, Series D, Vol. 5, p. 501.

②　Emil Niederhauser, "The National Question in Hungary," in Mikuláš Teich and Roy Porter eds., *The National Question in Europe in Historical Context*, Cambridge：Cambridge University Press, 1993, pp. 262–263.

德国对匈牙利关于南斯拉夫和罗马尼亚的领土要求采取不置可否的态度。①

在这种情况下，德匈关系曲折发展。德匈互不信任主要表现在三个方面。第一，匈牙利拒绝配合德国对捷克斯洛伐克的政策。1936 年春，匈牙利获悉了德国可能与捷克斯洛伐克签订互不侵犯条约的传言。匈牙利立即警告德国："签订这样的条约会被匈牙利民意视为在匈牙利最困难的时候从背后捅刀子。"② 此次德捷和解无果而终。随后，德国转而推行对捷克斯洛伐克的强硬政策。匈牙利对捷克斯洛伐克、南斯拉夫和罗马尼亚均有领土诉求；而德国通过间接和直接的方式多次对匈牙利表示，匈牙利应将领土要求聚焦捷克斯洛伐克。③ 对此，匈牙利不为所动。结果，德国和匈牙利互相提防对方。1938 年 3 月，匈牙利建议与德国达成对捷克斯洛伐克作战的协议。然而，德国担心匈牙利可能外泄谈判内容。因此，德国外交部和军方均反对与匈牙利讨论相关问题。④

德捷危机爆发后，德匈矛盾再次凸显。德国敦促匈牙利对捷克斯洛伐克使用武力。按照希特勒的说法，现在是匈牙利修改《特里亚农和约》规定的最后一次机会。波兰显然会采取行动支持德国。因此，他鼓励匈牙利效仿波兰参与德国主持的对捷克斯洛伐克的肢解。⑤ 自然，匈牙利乐意利用德捷危机迫使捷克斯洛伐克对匈牙利割让领土。但是，匈牙利拒绝按照德国制定的时间表出兵捷克斯洛伐克。1938 年 9 月 21 日，希特勒强烈谴责匈牙利在德捷危机中摇摆的态度。他宣称，如果匈牙利不与德国合作，那么他将不会替匈牙利谋取任何利益。他将在三周内解决捷克斯洛伐克问题。除了对德国落实计划的速度表示惊讶外，匈牙利没有做出任何有意义的回应。⑥ 结果，与波兰出兵配合德国形成了鲜明

---

① Schnurre to Kopke, November 6, 1934, *DGFP*, Series C, Vol. 3, pp. 583–585; Hitler's Talk with Stoyadinvoch, January 17, 1938, *DGFP*, Series D, Vol. 5, p. 225.

② Réti, *Hungarian-Italian Relations in the Shadow of Hitler's Germany, 1933–1940*, p. 73.

③ Underredungen Schmidt mit Ciano und Kánya vom 9. bis 12. November 1936, *ADÖ*, 11. Band, S. 94; Hitler's Talk with De Kozma, December 15, 1936, *DGFP*, Series C, Vol. 6, p. 192.

④ Ribbentrop to Keitel, March 4, 1938, *DGFP*, Series D, Vol. 2, p. 152; Keitel to Ribbentrop, March 7, 1938, *DGFP*, Series D, Vol. 2, pp. 153–154.

⑤ Sakmyster ed., "The Hungarian State Visit to Germany of August 1938," pp. 686–687.

⑥ Minute by Kordt for Weizsäcker, September 21, 1938, *DGFP*, Series D, Vol. 2, pp. 863–864.

对比，匈牙利没有向德国提供实质帮助。

第二，匈牙利挑战德国对捷匈边界的仲裁。1938 年的《慕尼黑协定》要求捷克斯洛伐克解决其境内波兰人和马扎尔人的少数民族问题。随后，德国将保证捷克斯洛伐克的新边界。因此，在向德国割让苏台德地区后，捷克斯洛伐克开始与匈牙利进行边界谈判。谈判破裂后，捷匈双方将冲突提交德国仲裁。这表明捷匈双方愿意接受德国对边界的裁定。起初，德国担心匈牙利不接受德国的仲裁。这可能导致德国使用武力保障仲裁结果。因此，德国反对仲裁。[1] 但意大利希望德国仲裁。此时，德国正谋求与意大利结盟。因此，德国不愿因匈牙利问题开罪意大利。在意大利的不断劝说下，德国接受对捷匈领土争端进行仲裁。[2] 根据德国划定的捷匈边界，除布拉迪斯拉发（Bratislava）等城市外，德国拟将9606 平方公里的斯洛伐克领土划入匈牙利。在匈牙利的不断要求下，德国又同意匈牙利可获得总计 10390 平方公里的领土和 85 万人口。[3] 匈牙利和意大利之间存在战略性合作。因此，德国对匈牙利的一再让步是德国对意大利的示好。即使如此，德国的仲裁仍未完全满足匈牙利的领土要求。德国公布仲裁结果后，匈牙利威胁使用武力改变这一结果。

匈牙利的态度激怒了德国。当德捷危机可能引发英法德冲突时，匈牙利躲在幕后。无论德国如何敦促，匈牙利都拒绝和德国进行军事协作。然而，在《慕尼黑协定》迫使捷克斯洛伐克割让领土后，匈牙利又冲到了前台。匈牙利不但将德国推上了仲裁的地位，而且在德国仲裁后又挑战仲裁结果。这表明，匈牙利对德国采取了纯粹机会主义的态度。结果，德国转而对匈牙利施加压力。1938 年 11 月底，里宾特洛甫以希特勒的名义提出了警告：三周前匈牙利无条件接受了德国的仲裁；如果匈牙利试图使用武力兼并领土，那么德国可能武装介入；匈牙利必须对最后的结果承担全部的责任。[4] 1939 年 1 月，希特勒对匈牙利领导人强调：匈牙利要停止媒体的宣传，停止将一千年前匈牙利王国的疆域作为本国目前

---

①　Ciano's Talk with Ribbentrop, October 22, 1938, *Ciano's Diplomatic Papers*, p. 238.

②　Memorandum by Schmidt, October 28, 1938, *DGFP*, Series D, Vol. 4, pp. 519–520.

③　Ladislav Deák, *Hungary's Game for Slovakia*, Bratislava：Veda, 1996, pp. 103–107.

④　Memorandum by Ribbentrop, November 20, 1938, *DGFP*, Series D, Vol. 4, pp. 156–157.

领土主张的依据。否则，有一天他将亲自纠正这种情况。[①] 1939年3月，德国肢解了捷克斯洛伐克，并允许斯洛伐克在德国的保护下宣布"独立"。德国反对匈牙利兼并斯洛伐克是德匈关系紧张的重要表现。

第三，匈牙利试图阻挠德国对波兰施加压力。波兰和匈牙利均对捷克斯洛伐克有领土要求，均反对苏联的意识形态。因此，波匈存在较强的合作动力。波匈关系的主要障碍是波兰与罗马尼亚的联盟。波兰是罗马尼亚的盟友，而匈牙利对罗马尼亚有领土要求。在这种情况下，波兰希望以匈牙利在捷克斯洛伐克的领土收益促使其放弃对罗马尼亚的领土要求。这将能够实现波兰、匈牙利和罗马尼亚的合作。在德捷危机中，德国与波兰联合出兵捷克斯洛伐克。在对德合作的同时，波兰对德国提出，应将捷克斯洛伐克的卢西尼亚割让给匈牙利，从而建立波兰和匈牙利的边界。德国和波兰都明白：波兰提出这一建议的部分原因是出于对德国的恐惧。[②] 因此，当德国对波兰提议结盟时，卢西尼亚问题成为德国对波兰让步的一个条件。德波结盟失败后，两国关系迅速恶化。

德波关系的骤然恶化使得匈牙利的对外政策陷入困境。匈牙利需要德国的支持以便其向罗马尼亚施加压力。然而，匈牙利不愿得罪试图帮助其获得卢西尼亚的波兰。因此，匈牙利拒绝支持德国对波兰的政策。当德国准备出兵波兰时，德国认为"不能轻易地将匈牙利列为盟国"。[③] 的确，匈牙利对德国表达了它对波兰的同情。匈牙利不参加德国对波兰的军事行动，拒绝为德国军队徒步或乘坐火车穿越匈牙利提供便利。如果德军踏上匈牙利领土，那么匈牙利军队将攻击德军。[④] 德波战争爆发后，德军进展迅速导致其直接从波兰南部完成了对波兰军队的包抄。这降低了德国借道匈牙利围歼波兰军队的需求。然而，匈牙利拒绝为德国军队提供便利清楚地表明了德匈合作存在很强的局限性。[⑤] 简言之，1940年春季之前，德匈之间谈不上亲密无间，更没有形成联盟关系。

---

① Hitler's Talk with Csáky, January 16, 1939, *DGFP*, Series D, Vol. 5, p. 363.

② Moltke to the Foreign Ministry, October 6, 1938, *DGFP*, Series D, Vol. 5, pp. 87 – 88; Bossy and Bossy eds., *Recollections of a Romanian Diplomat*, *1918–1969*, Vol. 1, pp. 250 – 251.

③ Directive by Hitler, April 11, 1939, *DGFP*, Series D, Vol. 6, p. 225.

④ Brief, Csáky an Villani, 27. April 1939, *Allianz Hitler-Horthy-Mussolini*, S. 227.

⑤ Bossy and Bossy eds., *Recollections of a Romanian Diplomat*, *1918–1969*, Vol. 1, p. 302.

在匈牙利与罗马尼亚之间的争议悬而未决的情况下，德匈关系的龃龉为德罗关系的发展创造了一定的条件。除匈牙利问题外，在和平时期，德国和罗马尼亚存在经济互补性。德国需要罗马尼亚的农产品，而罗马尼亚需要德国的工业品。在战争时期，德国需要罗马尼亚的石油。随着德国战备计划的落实和战争的爆发，德国对罗马尼亚石油的需求日益迫切。然而，与德匈关系类似，德罗关系同样充满矛盾。出于三个原因，德罗政治关系长期处于紧张状态。

第一，罗马尼亚担心德国干涉罗马尼亚内政。一方面，罗马尼亚境内存在大量的德意志少数民族。罗马尼亚担心德国利用所谓"民族自决"原则对罗马尼亚领土上的德意志人聚居区提出领土要求。另一方面，罗马尼亚的卡罗尔国王（Carol Ⅱ）与铁卫团（the Iron Guard）存在政权之争。国王认为，得到德国纳粹党支持的罗马尼亚铁卫团会削弱罗马尼亚的专制王权。因此，罗马尼亚敦促德国停止支持铁卫团，而德国对此未明确表态。戈林仅表示，如果国王有抱怨，那么他愿意倾听。①

第二，德国和罗马尼亚对匈牙利的政策大相径庭。罗匈争议地区主要位于特兰西瓦尼亚②。在这块领土上交错居住着罗马尼亚人和匈牙利人，且匈牙利人聚居区深入罗马尼亚腹地。③ 结果，匈牙利对罗马尼亚提出了大量领土要求。这成为罗匈两国关系长期紧张的根源和象征。德国拒绝澄清对罗匈领土争端的态度。这成为德罗关系紧张的表现。德国对罗马尼亚强调，德国不会放弃修改《凡尔赛和约》，而匈牙利也不会承认《特里亚农和约》确定的疆界。德国不支持匈牙利使用武力修改边界，但德国也不会对罗马尼亚承诺反对匈牙利修改边界。④ 当德国发现罗马尼亚可能允许苏军过境援助捷克斯洛伐克时，德国保留支持匈牙利反对罗马尼亚的权利。随后，波兰向罗马尼亚通报了德国的上述意见。⑤此时，德国和波兰是共同反对捷克斯洛伐克的伙伴，而波兰和罗马尼亚是条约义务联系起来的盟友。波兰对罗马尼亚通报情况可能是波兰为推

①　Göring's Talk with Carol, November 26, 1938, *DGFP*, Series D, Vol. 5, p. 346.

②　特兰西瓦尼亚，又称锡本比尔根（Siebenbürgen）。

③　Berend, *Decades of Crisis*, p. 176.

④　Memorandum by Neurath, December 10, 1934, *DGFP*, Series C, Vol. 3, p. 733.

⑤　Lipski to Beck, June 21, 1938, in Lipski, *Diplomat in Berlin*, *1933–1939*, pp. 373–374.

行自身政策以减少来自罗马尼亚阻力而做出的努力，也可能是德国通过波兰对罗马尼亚施压的策略。无论是何种情况，波兰对罗马尼亚通报的德国的意见体现了德罗两国在匈牙利问题上的重大分歧。

第三，德国和罗马尼亚对捷克斯洛伐克的政策相互排斥。匈牙利不仅对罗马尼亚有领土要求，也对捷克斯洛伐克有领土要求。同时，德国对捷克斯洛伐克有领土要求。在这种情况下，罗马尼亚是捷克斯洛伐克的盟国，而德国和匈牙利是捷克斯洛伐克的敌国。德国与匈牙利合作对捷克斯洛伐克施压，而罗马尼亚则担心匈牙利会借罗马尼亚盟国的崩溃夺取特兰西瓦尼亚。德捷危机爆发后，捷克斯洛伐克购买了苏联飞机，由捷克斯洛伐克飞行员驾驶这些飞机，从苏联途经罗马尼亚飞抵捷克斯洛伐克。罗马尼亚对此予以默许。[①] 罗马尼亚支持捷克斯洛伐克恶化了德罗关系。德罗政治关系阻碍了经济关系的发展。德捷危机结束后，德国和罗马尼亚都表达了发展贸易关系的愿望。[②] 然而，罗马尼亚仅承诺出口价值153.8万英镑的货物，其中只有25%是石油或者石油产品。[③] 这体现了罗马尼亚对德国的戒心。这种贸易依存度使得德国难以通过经贸关系对罗马尼亚施加政治影响。

1939年春，德国开始考虑与罗马尼亚结盟。3月，德国撕毁了《慕尼黑协定》，使用武力直接肢解捷克斯洛伐克。这引起罗马尼亚的忧虑，也导致英国对德政策从绥靖转向强硬。英德矛盾的激化意味着罗马尼亚更为迫切地需要其他大国给予其安全保障，而德国则更为迫切地需要罗马尼亚的石油备战。因此，罗马尼亚成为英德竞争的焦点。在这种情况下，德国和英国争相对罗马尼亚提供安全保障。德国提出与罗马尼亚建立互助性的安全承诺，实际上提出了结盟建议。同年3月，德国对罗马尼亚提出照会。德国将保障罗马尼亚的边界，但罗马尼亚应将德国作为罗马尼亚出口的唯一目的地。[④] 换言之，德国将使用武力保护罗马尼亚，

① Fabricius to the Foreign Ministry, June 3, 1938, *DGFP*, Series D, Vol. 2, p. 383.
② Hitler's Talk with Carol, November 24, 1938, *DGFP*, Series D, Vol. 5, p. 339; Göring's Talk with Carol, November 30, 1938, *DGFP*, Series D, Vol. 5, p. 346.
③ Ripka, *Munich: Before and After*, p. 303.
④ 《苏联驻英全权代表给苏联外交人民委员部的电报》，1939年3月17日，苏联外交部编《第二次世界大战前夕苏联为争取和平而斗争（1938年9月—1939年8月）》，外交学院译，第247页。

而罗马尼亚应排他性地向德国提供战略资源。结果，罗马尼亚通过外交渠道向各国表明了拒绝德国建议的立场。英国则对罗马尼亚提供单方面的安全保障——如果罗马尼亚遭到进攻，英国将援助罗马尼亚。与德国的建议不同，英国不要求罗马尼亚承担援助英国的义务。在这种情况下，罗马尼亚立即以"被动"的姿态接受了英国的安全保障。德国敦促罗马尼亚拒绝英国的安全保障，要求罗马尼亚不得对英国的反德宣传提供支持。但是，罗马尼亚提出，德国应像英国那样对罗马尼亚提供单边保障而无须罗马尼亚对德国承担义务。此外，罗马尼亚还要求德国帮助罗马尼亚解决与匈牙利的争端。[①] 结果，德国暂时搁置了与罗马尼亚结盟的倡议。

1939 年秋，英德交战提高了罗马尼亚对德国的谈判地位。一方面，战争使得原油价格成倍上涨。罗马尼亚趁机要求德国按照新的价格购买原油。德国不得不增加对罗马尼亚的预付款和信贷数额。[②] 另一方面，对德出口仅占罗马尼亚外贸出口的 50%。[③] 罗马尼亚努力平衡德国和英国在其外贸出口中的份额。战争爆发后，罗马尼亚奉行"中立"政策。如表 4-3 所示，罗马尼亚同时向德国和英国输出石油。英德竞争直接导致德罗结盟计划暂时受阻。

表 4-3　1939—1940 年罗马尼亚石油输出估计值

单位：千吨

| 输出地 | 1939 年 | | | 1940 年 | | | | |
|---|---|---|---|---|---|---|---|---|
| | 10 月 | 11 月 | 12 月 | 1 月 | 2 月 | 3 月 | 4 月 | 5 月 |
| 德国 | 98 | 66 | 60 | 28 | 21 | 45 | 52 | 53 |
| 英国 | — | 35 | 140 | 120 | 75 | 120 | 70 | 75 |

资料来源：Mark Axworthy, et al. , *Third Axis*, *Fourth Ally*：*Romanian Armed Forces in the European War*, *1941-1945*, London：Arms and Armour, 1995, p. 18。

1940 年春，英德战事的逆转导致罗马尼亚开始响应德国的结盟倡

---

① Fabricius to the Foreign Ministry, April 7, 1939, *DGFP*, Series D, Vol. 6, p. 210；
　　Ribbentrop's Talk with Gafencu, April 18, 1939, *DGFP*, Series D, Vol. 6, pp. 279-280.
② Ribbentrop to Göring, March 16, 1940, *DGFP*, Series D, Vol. 8, p. 926.
③ Clodius and Fabricius to the Foreign Ministry, March 30, 1940, *DGFP*, Series D, Vol. 9, p. 52.

议。英德均势是罗马尼亚"中立"的前提。当均势得以维持时，罗马尼亚对德国采取了两面的政策。一方面，罗马尼亚允诺增加对德国的石油出口；另一方面，罗马尼亚强调在其生存受到威胁的情况下将毁掉德国急需的油田。[①] 然而，这一政策在英德均势不复存在的情况下已经难以为继。1940年5月10日，德军进攻荷兰、比利时、卢森堡、法国。英国远征军败退英伦三岛。德军在西线的胜利使得它开始着手澄清与罗马尼亚的关系，而罗马尼亚几乎立即改变了"中立"政策。5月16日，罗马尼亚表示将满足德国的全部石油配额需求，并且保证对英国的石油出口不会影响德国。[②] 5月27日，德国和罗马尼亚缔结了协定：德国向罗马尼亚提供军备，罗马尼亚向德国提供石油。军备和石油价格按照战争爆发前的价格结算。[③] 5月29日，罗马尼亚提出放弃中立，与德国结盟。[④] 对此，德国要求罗马尼亚澄清对邻国修改边界的态度：罗马尼亚愿在多大程度上同意其邻国的领土要求，例如满足苏联关于比萨拉比亚问题的要求。[⑤] 罗马尼亚答称：它准备和苏联谈判，但它不可能满足匈牙利对特兰西瓦尼亚的要求。[⑥] 这表明，德国必须通盘考虑德匈、德罗结盟的条件。

苏联介入地区局势将德匈、德罗结盟提上了德国的政策日程。1933—1940年，德国一直避免在匈牙利-罗马尼亚的冲突中选边站队。正如希特勒对里宾特洛甫指出的，德国的基本政策是将这两个国家"放在火上烤"，根据德国的利益和形势的发展来塑造罗匈关系的发展方向。[⑦] 然而，随着德苏缔结《互不侵犯条约》及其秘密附加议定书，德国执行上述政策变得越来越困难。根据德苏协定，苏联将迫使罗马尼亚割让比萨拉比亚，而德国将不予阻挠。苏联疆域的拓展鼓励了匈牙利可能对罗马尼亚使用武力夺取特兰西瓦尼亚。早在两年多前，匈牙利就曾向德国提

---

① Killinger to Ribbentrop, April 14, 1940, *DGFP*, Series D, Vol. 9, pp. 165–166; Clodius and Fabricius to the Foreign Ministry, April 15, 1940, *DGFP*, Series D, Vol. 9, pp. 167–168.

② Fabricius to the Foreign Ministry, May 16, 1940, *DGFP*, Series D, Vol. 9, pp. 349–350.

③ Neubacher to the Foreign Ministry, May 28, 1940, *DGFP*, Series D, Vol. 9, p. 459.

④ Fabricius to the Foreign Ministry, May 29, 1940, *DGFP*, Series D, Vol. 9, p. 466.

⑤ Ribbentrop to the Legation in Romania, June 1, 1940, *DGFP*, Series D, Vol. 9, p. 493.

⑥ Fabricius to the Foreign Ministry, June 14, 1940, *DGFP*, Series D, Vol. 9, p. 564.

⑦ Memorandum by Ribbentrop, November 24, 1938, *DGFP*, Series D, Vol. 5, pp. 340–341.

出利用苏罗冲突占领特兰西瓦尼亚的计划。当时，德国对这一计划反应冷淡。① 在苏联介入的情况下，匈牙利可能会利用罗马尼亚虚弱的形势强行推动这一计划。这可能导致罗马尼亚解体，从而危及德国的石油供应。1940年夏，德国是唯一可能使用武力支持匈牙利对罗马尼亚提出领土要求的国家，也是唯一可能使用武力制约匈牙利对罗马尼亚使用武力的国家。因此，匈牙利和罗马尼亚争相谋求与德国结盟。

此时，匈牙利和罗马尼亚的战略利益南辕北辙，但两国对德国提出的结盟条件却大致相同。两国将排他性地对德国提供战略资源以换取德国对本国的安全保障。匈牙利准备以本国农产品和领土为代价与德国结盟。1933年希特勒刚上台时，匈牙利对德出口仅占其全部出口的11%。② 1940年6月28日，匈牙利向德国提出，如果德国允许匈牙利获得特兰西瓦尼亚，那么匈牙利将以降低本国消费为代价提高对德国的出口。此外，匈牙利准备给德国军队自由通行的权利。德国的列车和人员可以不受限制地在匈牙利通行。③ 7月1日，卡罗尔国王对德国公使再次提出德罗结盟的意见。卡罗尔国王不仅强调将废除英国对罗马尼亚的"保障"，而且要求与德国缔结政治协定。国王会将之前奉行的与英法友好的政策调整为完全对德友好的新政策。④ 7月2日，卡罗尔国王通过德国驻罗公使对希特勒重申：罗马尼亚希望在所有方面与德国紧密合作，并获得德国的政治保证。国王特别请求德国派遣军事顾问团到布加勒斯特。⑤ 这意味着罗马尼亚允许德军使用本国领土。7月26日，罗马尼亚准备让本国农业完全符合德国的需要，将农产品和半成品的出口提高到500万吨。罗马尼亚会进口相应数量的德国产品，并成为德国工业品的市场。⑥

匈牙利和罗马尼亚开出的条件将极大地增强德国的经济能力，并迅速提高德国对苏联的权力投射。在这种情况下，德国决定与匈牙利和罗

---

① Beck's Talk with Göring, February 23, 1938, in Lipski, *Diplomat in Berlin*, *1933-1939*, pp. 346-347.

② Berend, *Decades of Crisis*, p. 274.

③ Clodius and Erdmannsdorff to the Foreign Ministry, June 28, 1940, *DGFP*, Series D, Vol. 10, pp. 56-57.

④ Fabricius to the Foreign Ministry, July 1, 1940, *DGFP*, Series D, Vol. 10, pp. 74-75.

⑤ Fabricius to the Foreign Ministry, July 2, 1940, *DGFP*, Series D, Vol. 10, p. 91.

⑥ Hitler's Talk with Gigurtu, July 26, 1940, *DGFP*, Series D, Vol. 10, pp. 307-308.

马尼亚结盟。德国既不支持匈牙利对罗马尼亚使用武力，也不支持罗马尼亚维持 1919 年之后形成的边界。[①] 德国要求罗马尼亚与匈牙利通过直接谈判解决争端。自然，这是以罗马尼亚对匈牙利割让领土为前提的。希特勒强调，任何试图使得罗匈谈判破裂乃至引发战争的国家都是"轴心国的敌人"。[②] 然而，罗匈双方立场差距过大导致谈判破裂。由此，德国决定仲裁罗匈边界，并以武力保障仲裁结果——谁不接受德国的裁定，谁就要对后果承担全部责任。[③] 8 月 30 日，德国裁定匈牙利获得特兰西瓦尼亚北部地区，并保障罗马尼亚残余部分的"所有边界"。[④] 匈牙利和罗马尼亚均未实现本国的全部目标，但两国均向德国提供了排他性的战略资源。这两个相互敌对的国家同时成为德国的盟国。这不仅意味着德国将防止匈牙利和罗马尼亚之间爆发军事冲突，也意味着德国将在这两国与苏联发生冲突时援助它们。德国与匈牙利、与罗马尼亚分别形成了新的联盟。

## 第四节　德保结盟

与德匈、德罗关系相比，德国与保加利亚的关系较为融洽。第一次世界大战期间，德国与保加利亚是并肩作战的盟国。第一次世界大战结束后，协约国不仅惩罚了德国，也惩罚了保加利亚。保加利亚被迫向罗马尼亚割让了南多布罗加（Southern Dobruja）。战后相似的遭遇拉近了德国和保加利亚的政治关系。与匈牙利和罗马尼亚的情况不同，保加利亚境内的德意志人数量有限。保加利亚境内也没有在德国支持下挑战保加利亚王权的反政府组织。与匈牙利和罗马尼亚的情况类似，保加利亚与德国之间存在很强的经济互补性。德国需要保加利亚的农产品，而保加利亚需要德国的工业品。在德国重整军备后，保加利亚需要德国的军事

---

① Ribbentrop to Fabricius, July 4, 1940, *DGFP*, Series D, Vol. 10, pp. 116–117; Hitler's Talk with Gigurtu, July 26, 1940, *DGFP*, Series D, Vol. 10, pp. 311–312.

② Bossy and Bossy eds. , *Recollections of a Romanian Diplomat, 1918–1969*, Vol. 2, p. 355.

③ 〔意〕加莱阿佐·齐亚诺著，〔美〕休·吉布森编《齐亚诺日记：1939—1943 年》，武汉大学外文系译，第 334 页。

④ Ribbentrop's Talk with Manoilescu, August 29, 1940, *DGFP*, Series D, Vol. 10, pp. 571–572.

装备。因此，德保关系平稳发展。

1933—1938 年，德国在保加利亚的政治目标有限。一方面，德国与保加利亚之间不存在共同边界。另一方面，德国尚未与匈牙利和罗马尼亚结盟。保加利亚的领土诉求尚未影响德国外交的重大决策。在这种情况下，德国和保加利亚均满足于双方的经济互补性，致力于扩大"武器换资源"的双边贸易。1938 年 3 月，德国和保加利亚签订秘密协定。保加利亚向德国公司订购总价值 3000 万马克的武器装备。德国允许保加利亚延期支付货款，并不计利息。[①] 1939 年 3 月，保加利亚要求德国增加对保加利亚武器贸易的贷款额度。结果，德国将信贷额度增加到 4500 万马克。作为回报，保加利亚将增加对德国的原材料出口。[②]

1938—1939 年，德国和保加利亚开始试探相互结盟的条件。1938 年 10 月，德国提出和保加利亚缔结为期 12 年的经济协定。德国向保加利亚提供军火、机械和工业品；向保加利亚派出专家、工程师和技术人员，帮助保加利亚改善交通和基础设施等。保加利亚将全部农产品剩余出售给德国。双方在协议期限内按照固定价格交易。[③] 保加利亚希望获得来自德国的更多优惠信贷，但对加入《反共产国际协定》心存疑虑。[④] 因此，保加利亚并未积极响应德国的建议。1939 年 3 月，德国肢解了捷克斯洛伐克，并缴获了数量可观的军事装备。因此，保加利亚要求德国将部分捷克斯洛伐克的军事装备作为德国对保加利亚的军事援助。[⑤] 德保关系日益密切。至 1939 年 7 月，保加利亚 80% 的出口依赖于德国。保加利亚对德国强调，"虽然两国的政治关系没有条约保障，但是保加利亚的邻国知道保加利亚是德国的天然盟友"。对此，希特勒指出，德国愿意和保加利亚建立合作机构，讨论保加利亚提供资源及获得援助的数量。德保关系是双向交流：一方提供资源和食品，而另一方提供机器设备。[⑥]

---

①　Secret Protocol between Germany and Bulgaria of March 12, 1938, *DGFP*, Series D, Vol. 5, p. 254.

②　Memorandum by Weizsäcker, April 17, 1939, *DGFP*, Series D, Vol. 6, p. 268; Secret Protocol between Germany and Bulgaria, April 21, 1939, *DGFP*, Series D, Vol. 6, p. 303.

③　Ripka, *Munich*: *Before and After*, p. 303.

④　Memorandum by Weizsäcker, February 24, 1939, *DGFP*, Series D, Vol. 5, pp. 402–403.

⑤　Richthofen to the Foreign Ministry, May 21, 1939, *DGFP*, Series D, Vol. 6, p. 548.

⑥　Hitler's Talk with Kiosseovanov, July 5, 1939, *DGFP*, Series D, Vol. 6, pp. 850–851.

换言之，德国希望彻底垄断保加利亚的对外贸易，从而增强德国备战的经济基础；而保加利亚希望利用德国的战争计划重整本国军备，并实现对罗马尼亚的领土诉求。在保加利亚的强烈要求下，德国同意向保加利亚尽快提供 2000 挺轻机枪、30—40 辆捷克斯洛伐克生产的坦克、10 架德国轰炸机和 10 架德国战斗机。①

1939—1940 年，德国在中东欧的战略重点是波兰、匈牙利和罗马尼亚。至 1940 年春，德国已经消灭了波兰，并着手与匈牙利和罗马尼亚结盟。德匈、德罗结盟意味着德军将出现在保加利亚的边境地区。由此，保加利亚成为德国外交中的重大关切。与匈牙利类似，保加利亚对罗马尼亚也有领土要求。与匈牙利和罗马尼亚相比，保加利亚与德国的政治关系更为融洽。1940 年 5 月，德国对局势做出了明确的研判：保加利亚的主要军政人员（特别是国王）认为外交政策的唯一选择是与德国结盟。他们意识到，保加利亚近年来在经济上已经依赖于德国的市场。出于自身利益考虑，保加利亚反对削弱德保经济联系。② 德国的上述判断得到了保加利亚的确认——保加利亚明确强调德保两国是"肩并肩的兄弟"。③

通过裁定罗匈边界，德国介入了罗马尼亚与保加利亚的领土争端。保加利亚要求获得南多布罗加。德国声称支持保加利亚的领土要求，同时也限制保加利亚对罗马尼亚使用武力。④ 当罗马尼亚寻求与德国结盟时，德国要求罗马尼亚澄清与邻国的边界：德国不可能在军事上限制匈牙利和保加利亚对罗马尼亚提出要求。罗马尼亚曾以这两个国家为代价进行扩张。因此，罗马尼亚解决与匈牙利和保加利亚的边界问题是平息巴尔干地区争端的首要条件。⑤ 在德国的压力之下，罗马尼亚与保加利亚开始谈判。德国要求罗马尼亚将整个南多布罗加割让给保加利亚。⑥

---

① Memorandum by Wiehl, July 22, 1939, *DGFP*, Series D, Vol. 6, p. 958.

② Clodius and Richthofen to the Foreign Ministry, May 4, 1940, *DGFP*, Series D, Vol. 9, p. 287.

③ Memorandum by Weizsäcker, June 18, 1940, *DGFP*, Series D, Vol. 9, p. 607.

④ Ribbentrop to Richthofen, July 1, 1940, *DGFP*, Series D, Vol. 10, p. 77.

⑤ Ribbentrop to Fabricius, July 4, 1940, *DGFP*, Series D, Vol. 10, pp. 116-117.

⑥ Nicholas Constantinesco, *Romania in Harm's Way, 1939-1941*, New York: Columbia University Press, 2004, pp. 163-174.

在德国的支持下，保加利亚从罗马尼亚获得了领土。同时，里宾特洛甫以希特勒的名义宣称，德国理解它的"旧盟友"的要求，不会忘记德国和保加利亚是并肩作战的兄弟。随后，德国重提与保加利亚结盟的条件——双方按固定价格签署为期10年的协定，以便德国获得保加利亚的全部出口剩余。[①] 德保联盟呼之欲出。

　　然而，德国与保加利亚的结盟道路却一波三折。德匈、德罗结盟后，德军通过匈牙利进驻罗马尼亚。这增强了德国对苏联的权力投射，但也增加了罗马尼亚依靠德国军事力量"收复失地"的信心。在罗马尼亚看来，南多布罗加属于"失地"。对罗马尼亚的打算，保加利亚心知肚明。因此，保加利亚占领南多布罗加后对英国表示了感谢。[②] 此时，英国和德国处于交战状态。因此，保加利亚的态度表明它试图与德国保持距离。德国提出向保加利亚派遣教官和特种部队；保加利亚给出了看似矛盾的反馈。在保加利亚首都索非亚（Sofia），保加利亚政府宣称愿意接受德国的教官，但未对德国派遣特种部队明确表态。在德国首都柏林，保加利亚公使宣称同意德国的意见，可以接受一些德国教官，但要求德国不要派遣空军联络部队，以免被英国情报机构发现。这实际上拒绝了德国的要求。[③] 德国提出和保加利亚一起从马其顿对希腊发起进攻。德国的计划兼顾了德保双方的诉求：德国试图削弱英国在地中海地区的影响，而这一计划也有助于保加利亚的领土扩张——保加利亚和希腊长期争夺在马其顿的影响力。德国的计划本应得到保加利亚的响应。但保加利亚声称：目前的公路情况很难允许保加利亚在1941年3月之前邀请大量德军进驻。此外，保加利亚强调：德国不能在制定好进军计划之后再通知保加利亚。德国对保加利亚制造既成事实可能会影响两国关系。[④] 上述情况均表明，保加利亚对德军过境心存忌惮。当德国谋求在保加利亚驻军时，保加利亚采取了拖延的政策。保加利亚甚至对德国宣称：它既不想

① Ribbentrop's Talk with Filov, July 27, 1940, *DGFP*, Series D, Vol. 10, pp. 334-335.

② Ribbentrop's Talk with Mussolini, September 19, 1940, *DGFP*, Series D, Vol. 11, p. 117.

③ Ritter to the Legation in Bulgaria, November 16, 1940, *DGFP*, Series D, Vol. 11, p. 591.

④ Papen and Richthofen to Ribbentrop, November 22, 1940, *DGFP*, Series D, Vol. 11, p. 652, note 2.

和德国结盟，也不想和苏联结盟。① 保加利亚同等对待德国和苏联表现了其对德国的对苏政策存在明显的保留。

苏联的介入迫使保加利亚在德苏之间做出选择。1940 年 6 月 25 日，莫洛托夫会见意大利驻苏大使时指出：苏联将保加利亚、土耳其海峡以及巴统（Batum）东南方视为自己的利益范围。如果意大利尊重苏联的利益，那么苏联愿意将地中海视为意大利的势力范围，也会将土耳其的其余部分视为德意利益攸关的地区。苏联愿在这一基础上与意大利达成协议。② 苏联的建议引起了德国的警惕。此时，罗匈冲突尚未解决。在里宾特洛甫看来，苏联的介入将导致疆界变迁成为一个意识形态问题。相关国家将难以达成关于领土问题的协议。③ 对此，参与仲裁罗匈边界的意大利心知肚明。齐亚诺曾对墨索里尼强调，希特勒和里宾特洛甫的讲话明显地体现了他们对苏联的不信任。在德国看来，苏联目前正在利用局势扩大在保加利亚和南斯拉夫的影响。苏联将向土耳其海峡地区和亚得里亚海（Adriatic Sea）方向前进。④ 德匈、德罗结盟后，德国保障罗马尼亚残余部分的"所有边界"。对此，德国通知苏联：罗匈均无条件地接受了德国的意见。现在，德国和意大利可以保证在多瑙河地区的和平局面了。为了防止再次出现问题，轴心国已经对罗马尼亚的剩余领土做了保证。既然苏联对比萨拉比亚的要求和保加利亚对罗马尼亚的要求已经得到了满足，而罗匈之间的争端也已得到德国和意大利的仲裁，那么轴心国认为没有理由拒绝保障罗马尼亚剩余部分。⑤ 德国并未事先与苏联磋商德国对罗马尼亚新边界的保障。因此，苏联认为德国违背苏德《互不侵犯条约》磋商条款，对德国提出了抗议。⑥

1940 年秋冬之际，德苏在罗马尼亚和保加利亚的矛盾同时激化。在德国看来，苏联向巴尔干和土耳其海峡进军是严重的事变。如果苏联的

---

① Papen and Richthofen to Ribbentrop, November 22, 1940, *DGFP*, Series D, Vol. 11, p. 652.

② Zehra Önder, *Die türkische Aussenpolitik im Zweiten Weltkrieg*, München: Oldenbourg, 1977, S. 58.

③ Ribbentrop to the Embassy in Italy, August 16, 1940, *DGFP*, Series D, Vol. 10, p. 487.

④ Ciano's Talk with Hitler, August 29, 1940, *Ciano's Diplomatic Papers*, p. 386.

⑤ Ribbentrop to the Embassy in the Soviet Union, August 31, 1940, *DGFP*, Series D, Vol. 10, pp. 589-590.

⑥ Schulenburg to the Foreign Ministry, September 1, 1940, *DGFP*, Series D, Vol. 11, p. 1.

影响超过了多瑙河（如进入保加利亚），那么保加利亚的内政可能出现
问题。① 在德苏竞争日益激烈的背景下，德国的担心正是苏联的目标。
苏联援引德国保障罗马尼亚为例，要求德国同意苏联保障保加利亚。对
此，德国宣称不清楚保加利亚是否需要苏联的安全保障。此外，在未与
意大利协商前，德国不能对苏联表态。② 这不过是德国的托词。事实上，
意大利曾同意过苏联的建议：通过承认苏联在保加利亚和土耳其海峡的
利益换取苏联承认意大利在地中海的利益。③ 在德国和苏联明知上述事
实的情况下，德国对苏联的托词是德国对苏联间接但却坚决的抵制。因
此，苏联转而对保加利亚施加压力，敦促保加利亚接受苏联的安全保障。
自 1939 年 10 月开始，苏联就寻求和保加利亚缔结双边互助条约。对此，
保加利亚采取回避的态度。④ 与保加利亚私下接触未果之后，苏联转而
诉诸公众舆论。苏联宣布准备与保加利亚缔结双边互助条约，并要求保
加利亚立即接受苏联的条件。⑤

　　结果，保加利亚对外政策走向成为德苏关系的试金石。1941 年初，
德国再次对保加利亚提出了军队过境的要求。为保障保加利亚的边界，
德国准备部署 10 个步兵师和 2 个装甲师。德国已经在罗马尼亚部署了 1
个军和 1 个装甲师，很快将部署另 1 个军和 1 个装甲师。此外，德国将
以远程轰炸机支持地面部队。如果保加利亚与德国结盟，那么保加利亚
可以获得任何数量的德国师以及支持性的装甲部队和轰炸机。保加利亚
长期希望获得爱琴海（Aegean Sea）的出海口，特别是希腊控制的萨洛
尼卡（Salonika）。对此，德国乐见保加利亚以希腊为代价拓展领土。⑥
随后，德国提出，德国与保加利亚两军的总参谋部进行磋商，并将德国
空军专家派往保加利亚。⑦ 德国的倡议遭到苏联的抵制。莫洛托夫接见
舒伦堡时指出："根据我们掌握的情况，大量德国军队在罗马尼亚集结，
并且准备进入保加利亚，以便占领保加利亚、希腊和海峡。……苏联不

---

① Ribbentrop's Talk with Mussolini, September 19, 1940, *DGFP*, Series D, Vol. 11, p. 117.

② Hitler's Talk with Molotov, November 13, 1940, *DGFP*, Series D, Vol. 11, p. 560.

③ Önder, *Die türkische Aussenpolitik im Zweiten Weltkrieg*, S. 58.

④ Memorandum by Weizsäcker, October 12, 1939, *DGFP*, Series D, Vol. 8, p. 277.

⑤ Richthhofen to the Foreign Ministry, November 28, 1940, *DGFP*, Series D, Vol. 11, p. 726.

⑥ Hitler's Talk with Filov, January 4, 1941, *DGFP*, Series D, Vol. 11, pp. 1021-1026.

⑦ Memorandum by Weizsäcker, January 15, 1941, *DGFP*, Series D, Vol. 11, p. 1104.

断提醒德国注意，苏联认为保加利亚和海峡地区是苏联的安全区域。苏联不会对伤害苏联安全利益的事情坐视不管。因此，苏联认为它有义务声明，任何外国军队出现在保加利亚和海峡地区，将被认为是侵犯苏联安全利益的行为。"[1] 德苏在保加利亚的竞争白热化。

德苏围绕保加利亚的冲突迫使保加利亚选边站队。此时，德国已经确定了借道保加利亚进攻希腊的计划。希腊是英国的盟国。因此，德国的军事计划旨在肃清英国在地中海地区的影响。用希特勒的话说，德国已经明确告诉保加利亚，德国不可能接受英国军队出现在希腊。因此，德军迟早会以某种方式进入保加利亚。[2] 在这种情况下，保加利亚将不得不按照德国或苏联的条件，与两国中的一国结盟。德国和苏联的结盟条件方向相反而内容类似——保加利亚排他性地对其中一国提供其领土以便该国抵制另一国的影响。在保加利亚看来，德国而非苏联与保加利亚的政治体制类似；德国而非苏联与保加利亚存在经济上互相依赖的关系；德国而非苏联帮助保加利亚获得了南多布罗加；德国而非苏联可以帮助保加利亚进一步扩张领土。因此，保加利亚允许德军过境，进而与德国结盟。1941 年 2 月初，德国和保加利亚达成了协定。德国将在保加利亚境内部署足够数量的陆军，特别是装甲师和摩托化师。德国空军将进驻索非亚。德国的防空部队将做好准备，在出现明显危险的时候进入保加利亚。德国海军将保护保加利亚的港口。德国将按照清单向保加利亚提供武器、100 辆机车和 1500 辆载重车皮。同时，保加利亚总参谋部将负责德军的交通运输。保加利亚的铁路、邮政等将适应德国的军事需要。[3] 3 月 1 日，保加利亚加入了轴心国集团，正式与德国结盟。

## 第五节　德南结盟

第一次世界大战后，与保加利亚类似，南斯拉夫也并非德国外交的优先方向。德国对南斯拉夫的政策主要受三个国家，即意大利、法国和

---

① Schulenburg to the Foreign Ministry, January 17, 1941, *DGFP*, Series D, Vol. 11, pp. 1124-1125.

② Hitler's Talk with Mussolini, January 21, 1941, *DGFP*, Series D, Vol. 11, p. 1132.

③ The German-Bulgarian Protocol, February 2, 1941, *DGFP*, Series D, Vol. 12, pp. 67-71.

捷克斯洛伐克的影响。南斯拉夫和意大利之间存在领土争端。因此，南斯拉夫加强与法国的合作以制衡意大利。在德法关系紧张的情况下，南斯拉夫与法国的关系导致其成为德国潜在的敌人。南斯拉夫和匈牙利之间存在领土争端。因此，南斯拉夫与捷克斯洛伐克、罗马尼亚组成了针对匈牙利的联盟。德国与捷克斯洛伐克的关系长期紧张。因此，南斯拉夫在德国面前维护捷克斯洛伐克的立场引起了德国对南斯拉夫的强烈不满。[①]

虽然德南政治关系冷淡，但是两国之间经济互补性很强。南斯拉夫、罗马尼亚和捷克斯洛伐克互为盟国。南、罗均与捷存在高度的经济互补性。然而，1925 年之后，主张对进口农产品征收高额关税的农民党对捷议会施加重大影响。捷对外经济政策越发强调维护本国经济利益。捷既不愿罗、南农产品进入捷市场，也不愿对罗、南提供贷款。[②] 这就为德国和罗、南分别发展经贸关系创造了条件。德国迫切需要南斯拉夫的铜矿以便发展本国的军事经济，而南斯拉夫迫切需要来自外部的军事援助以抵制来自意大利、匈牙利和保加利亚的领土诉求。1938 年慕尼黑会议后，作为一个独立国家的捷克斯洛伐克不复存在。同时，法国退出了中东欧的国际政治舞台。长期以来，捷克斯洛伐克和法国是南斯拉夫主要的武器供应者。因此，南斯拉夫迫切需要寻找新的武器供应来源。南斯拉夫与意大利存在领土争端，与苏联没有外交关系。因此，德国和英国是南斯拉夫可能的武器来源。1939 年春，英德关系急转直下。德南贸易互补性使得南斯拉夫日益倾向德国。南斯拉夫对德国保证：在战争中南斯拉夫将推行善意中立的政策，并对德国提供南斯拉夫的经济资源。[③]

1939 年秋，英德进入战争状态扩大了德国对南斯拉夫的需求。德南经济互补性对南斯拉夫的对外政策走向产生了重要的政治影响。德国对南斯拉夫提供军事援助，包括 5 架飞机和 124 门高射炮。[④] 南斯拉夫对德国迅速发送武器很满意。作为回报，南斯拉夫表示将尽可能将铜矿置于

---

①　Pochhammer to the Foreign Ministry, September 1, 1937, *DGFP*, Series C, Vol. 6, pp. 1047-1048.

②　Zeman and Klimek, *The Life of Edvard Beneš, 1884-1948*, pp. 83-84.

③　Memorandum by Erdmannsdorff, April 30, 1939, *DGFP*, Series D, Vol. 6, p. 374.

④　Memorandum by Kalisch, August 24, 1939, *DGFP*, Series D, Vol. 7, p. 256.

国家的监督之下。正如南斯拉夫保罗亲王（Paul Karadjordjević）强调的，"必须扩大德南之间的贸易。虽然南斯拉夫希望置身于战争之外，但是南斯拉夫永远是德国的邻国，而绝不可能是英国的邻国"。① 10月初，德南达成了重要协议。德国向南斯拉夫提供100架战斗机、13架教练机、28门750毫米高射炮、80门765毫米高射炮、420门反坦克加农炮（每门配1000发炮弹）。南斯拉夫保证向德国提供自然资源，特别是铜、铅、铝等。南斯拉夫承诺每月向德国供应1500—2000吨铜。南斯拉夫每年生产4万吨铜和7000吨加工后的铜。按德国的估计，南斯拉夫38%—51%的铜产量供应德国。此外，南斯拉夫允许德国以双边清账的方式，无限制地购买南斯拉夫的原材料。② 德南经济协定使得南斯拉夫逐步成为德国的战争后方。

　　1939年5月，德国与意大利缔结了联盟条约，将南斯拉夫作为意大利势力范围的一部分。③ 德国对南斯拉夫的政治目标是有限的，不愿介入意大利的势力范围。然而，意大利在南欧的军事破产导致德国开始谋求与南斯拉夫结盟。1940年春，德军的"闪击战"击败了法军主力。法国贝当（Henri Pétain）政府呼吁法军停止抵抗德军。在这种情况下，以3∶1的优势兵力对法军发起进攻的意大利军队却遭到重创。1940年10月，意大利又以优势兵力进攻希腊。但是，希腊的反击却将战线推进到意大利控制下的阿尔巴尼亚。相较德国，海军是意大利颇具优势的军种。然而，在1940年11月的塔兰托战役（Battle of Taranto）中，意大利海军主力损失殆尽。结果，巴尔干的局势向德国提出了两个挑战。一方面，在与英国的斗争中，德国的盟国意大利损失惨重。德国支持意大利是扭转这种局面的关键。另一方面，如前所述，此时德国已经对苏联渗透巴尔干地区抱有强烈的戒心。德苏合作关系已经出现动摇迹象。如果巴尔干地区能成为德国稳定的后方，那么德国可以同时解决上述两个问题。在这种背景下，德国开始考虑和保加利亚、南斯拉夫结盟。

---

①　William S. Grenzebach, *Germany's Informal Empire in East-Central Europe: German Economic Policy toward Yugoslavia and Rumania, 1933-1939*, Stuttgart: F. Steiner Verlag Wiesbaden, 1988, p. 170. 1938年德奥合并后，德军开始出现在南斯拉夫的边境地区。德国和南斯拉夫成为彼此的"邻国"。

②　Grenzebach, *Germany's Informal Empire in East-Central Europe*, pp. 170-172.

③　Ciano's Talk with Ribbentrop, May 6-7, 1939, *Ciano's Diplomatic Papers*, p. 285.

德南结盟存在三个障碍。第一，南斯拉夫人和俄罗斯人同属斯拉夫民族。南斯拉夫的亲俄政治势力可以诉诸泛斯拉夫主义与苏联发展政治和经济关系。1940 年 6 月，南斯拉夫与苏联建立外交关系。这为南斯拉夫与苏联发展安全关系奠定了政治基础。第二，南斯拉夫对德意联盟心存疑虑。德奥合并后，德军开始出现在南斯拉夫西北部边界。德国与匈牙利和罗马尼亚结盟后，德军大量屯驻南斯拉夫北部边境地区。意大利占领了阿尔巴尼亚并出兵希腊，从东西两个方向包围了南斯拉夫。这意味着南斯拉夫在北、东、西三面被德意联盟包围，而在南面则是不设防的亚得里亚海。为了防止遭德意并吞，南斯拉夫并未完全放弃与英国的政治和经济关系。第三，南斯拉夫与保加利亚关系紧张。第一次世界大战结束后，在协约国的支持下，南斯拉夫兼并了保加利亚人聚居区，控制了马其顿的部分地区。随后，南斯拉夫、希腊、土耳其和罗马尼亚组成了针对保加利亚的《巴尔干协约》。保加利亚认为，南斯拉夫恶劣地对待境内的 150 万保加利亚人。德国和南斯拉夫之间的协议将会激起保加利亚人的反德情绪。[1] 保加利亚对德国准备给予南斯拉夫在爱琴海出海口颇多保留。[2] 此时，德国希望借道保加利亚出兵希腊，而南斯拉夫是希腊的伙伴和保加利亚的敌国。[3] 因此，若德国同时与保加利亚和南斯拉夫结盟，德国需要协调这两个对立国家的关系。

当意大利军队在希腊受挫时，德国对南斯拉夫提出了结盟的建议。1940 年 11 月，希特勒对南斯拉夫外长亚历山大·马尔科维奇（Aleksandar Cincar-Marković）指出，德国希望把南斯拉夫纳入欧洲的联盟。希特勒指出，南斯拉夫原本是意大利势力范围内的国家。然而，当德国出兵帮助意大利时，德国就有权影响意大利的对外政策。当德国和南斯拉夫的关系密切时，德国会限制意大利对南斯拉夫的领土要求。如果德国和南斯拉夫结盟，南斯拉夫还可以希腊为代价得到爱琴海的出海口。[4] 对希特勒的要求，马尔科维奇虚与委蛇。稍后，南斯拉夫宣称其只愿意与

---

[1]  Hitler's Talk with Draganov, December 3, 1940, *DGFP*, Series D, Vol. 11, pp. 771–772.

[2]  Memorandum by Woermann, December 10, 1940, *DGFP*, Series D, Vol. 11, pp. 834–835.

[3]  Önder, *Die türkische Aussenpolitik im Zweiten Weltkrieg*, S. 80.

[4]  Hitler's Talk with Cincar-Marković, November 28, 1940, *DGFP*, Series D, Vol. 11, p. 733.

德国缔结互不侵犯条约，而对与德国结盟则颇多保留。① 在这种情况下，德国对南斯拉夫软硬兼施。希特勒再次表达了与南斯拉夫结盟的愿望。他强调："对南斯拉夫来说，一个独特的、历史性的机遇已经到来，这可以建立南斯拉夫在欧洲的地位……南斯拉夫要迅速加入（德、意、日）三国同盟。……只要南斯拉夫加入三国同盟，那么德意将会给南斯拉夫保障。"② 同时，德国也准备对南斯拉夫施加军事压力。罗马尼亚是南斯拉夫的邻国。此时，驻扎在罗马尼亚的德军已达 68 万人，其中相当一部分装备了新式武器。③ 南斯拉夫拒绝与德国结盟后可能面临德军的直接打击。

此外，德国还通过德保联盟从侧面对南斯拉夫施加影响。1941 年 3 月 1 日，保加利亚加入轴心国集团。德国对保加利亚提出秘密承诺：保加利亚将从东到西延长它的领土，从而获得在爱琴海的出海口。④ 此时，德国已经多次对南斯拉夫表达了愿意给予南斯拉夫爱琴海出海口的愿望。因此，德国对保加利亚和对南斯拉夫的承诺是两面性的。如果南斯拉夫效仿保加利亚与德国结盟，那么德国将协调南斯拉夫和保加利亚在爱琴海的边界。否则，德国将以南斯拉夫为代价满足保加利亚的要求。德国对保加利亚的承诺秘而不宣。这为德国处理与保加利亚和南斯拉夫的关系留出了足够的政策空间。至 1941 年 3 月初，局势日渐明朗。南斯拉夫面临两个选择：要么以允许德军过境为条件与德国结盟，要么以与德国为敌为代价维护独立。

1941 年 3 月，南斯拉夫对德国采取了两面政策。一方面，南斯拉夫宣称愿意与德国结盟。另一方面，南斯拉夫回避对德国的结盟义务。3 月 7 日，南斯拉夫对德国提出：南斯拉夫想了解能否得到德国的书面保证——南斯拉夫的主权和领土完整将得到尊重；南斯拉夫不对处于交战状态的国家提供军队过境权；南斯拉夫将得到德意的军事援助，并获得爱琴海的出海口。⑤ 换言之，南斯拉夫希望得到德国的保障和援助，但

① Heeren to Ribbentrop, December 7, 1940, *DGFP*, Series D, Vol. 11, p. 806.
② Hitler's Talk with Cincar-Marković, February 14, 1941, *DGFP*, Series D, Vol. 12, p. 95.
③ Ritter to the Embassy in the Soviet Union, February 22, 1941, *DGFP*, Series D, Vol. 12, p. 127.
④ Ribbentrop to Filov, March 1, 1941, *DGFP*, Series D, Vol. 12, p. 203.
⑤ Heeren to Ribbentrop, March 7, 1941, *DGFP*, Series D, Vol. 12, p. 233.

拒绝履行对德国的义务。德国答称，它愿意发表一个声明，承诺尊重南斯拉夫的主权和领土完整。此外，德国承诺南斯拉夫可以获得爱琴海的出海口。然而，德国坚持要求南斯拉夫允许德军过境。南斯拉夫加入轴心国集团意味着它要对德国提供援助。当然，对南斯拉夫允许德军过境的义务，德南双方可以单独缔结秘密协定。换言之，德国愿意满足南斯拉夫的军备需求和领土诉求，也愿意通过秘密谈判的方式帮助南斯拉夫政府减少政治阻力。然而，正如德国驻南斯拉夫公使指出的，南斯拉夫加入轴心国集团却不承担军事义务的立场没有意义。[1]

　　南斯拉夫的态度使得德国对南斯拉夫的政策日益强硬。里宾特洛甫对南斯拉夫拒绝承担盟友义务表达了不满。他强调，"在任何情况下，德国都不可能同意发表以下声明：德国不要求南斯拉夫提供任何援助，而是让南斯拉夫根据自己的利益与轴心国单独缔约"。在里宾特洛甫看来，南斯拉夫回避对德国的义务只能毁掉轴心国集团。然而，里宾特洛甫也表达了对南斯拉夫让步的愿望。"南斯拉夫要求德国和意大利发表不在战争期间让军队从南斯拉夫过境的声明。……考虑到南斯拉夫政府的特殊愿望，德国准备提供这样的保证，但是这个保证不能发表。"[2] 与里宾特洛甫相比，希特勒对南斯拉夫更为强硬。3 月 17 日，南斯拉夫对德国提出，德南结盟的条件是，德国尊重南斯拉夫主权和领土完整，且双方对德军过境南斯拉夫问题达成一致。南斯拉夫提出以下草案："轴心国政府将不对南斯拉夫提出要求，让军队从南斯拉夫的国家领土上过境。"此外，德国要承诺南斯拉夫在爱琴海将获得出海口，而且这一问题不能与德军过境或免除南斯拉夫援助德国的义务相挂钩。[3] 南斯拉夫的要求直接导致希特勒改变了德国对匈牙利的政策。3 月 17 日，匈牙利对德国提出了其修改匈牙利与南斯拉夫边界的意见。对这一要求，德国强调它并不认为匈牙利的要求像匈牙利宣称的那么急迫。[4] 然而，3 月 22 日，在接见匈牙利代表时，希特勒却改变了立场。在论述德国仲裁罗匈边界必

①　Heeren to the Foreign Ministry, March 10, 1941, *DGFP*, Series D, Vol. 12, p. 257.

②　Ribbentrop to the Legation in Yugoslavia, March 14, 1941, *DGFP*, Series D, Vol. 12, pp. 291-294.

③　Heeren to the Foreign Ministry, March 17, 1941, *DGFP*, Series D, Vol. 12, pp. 303-304.

④　Memorandum by Weizsäcker, March 17, 1941, *DGFP*, Series D, Vol. 12, p. 302.

要性后，希特勒转而谈到了匈牙利与南斯拉夫的边界。希特勒声称："在上次大战中的朋友当然比上次大战中的敌人要亲密得多。"这一暗示具有很强的指向性。第一次世界大战期间，德国是奥匈帝国的盟友和塞尔维亚的敌人。匈牙利继承了原奥匈帝国中匈牙利王国的部分领土，而塞尔维亚则获得原匈牙利王国的部分领土形成了南斯拉夫。因此，希特勒强调德匈关系与德南关系性质不同。德匈有合作反对南斯拉夫的历史传统。同时，希特勒指出："关于南斯拉夫，德国不想给这个国家的边界予以任何保障。"① 这意味着，如果南斯拉夫拒绝按照德国的条件与德国结盟，那么德国将对南斯拉夫使用武力。

南斯拉夫拒绝排他性地对德国提供军事通道导致德南结盟计划破产。3月25日，南斯拉夫加入了轴心国集团。德国没有公开承诺德军不在南斯拉夫领土过境，也没有公开承诺免除南斯拉夫援助德国的义务。德国这种暧昧不明的态度导致南斯拉夫出现了政治危机。3月26日，南斯拉夫国内爆发了大规模游行，抗议德南结盟。这既是南斯拉夫民众也是南斯拉夫政府内部反德力量对南斯拉夫倒向轴心国集团所表达的不满。3月27日，南斯拉夫发生政变，与德国结盟的政府被推翻。摄政王保罗流亡。南斯拉夫新任外长对德国驻南公使强调，新政府将与轴心国维持友好的关系，同时尽可能地回到中立政策。② 这一态度激怒了希特勒。当晚，希特勒向墨索里尼传达了口信：德国已经尽力吸引南斯拉夫加入轴心国集团。然而，这些努力都失败了。现在南斯拉夫马上就要改变它的外交政策。③ 因此，德国将对南斯拉夫的政策从"结盟"变为"征服"。在希特勒看来，与其让德国依赖南斯拉夫的合作出兵希腊，还不如由德国直接消灭南斯拉夫获得出兵希腊的通道。此外，此时德国已经准备进攻苏联。如果在德国对苏作战的过程中南斯拉夫再次出现政变，那么情况对德国将更加严重。④ 同年4月6日，德国与意大利、匈牙利、保加利亚等国组成联军，并展开了对南斯拉夫的军事行动。德南结盟计划彻底

---

① Hitler's Talk with Bárdossy, March 21, 1941, *DGFP*, Series D, Vol. 12, pp. 332-333.

② Heeren to the Foreign Ministry, March 27, 1941, *DGFP*, Series D, Vol. 12, p. 384.

③ Hewel to the Embassy in Italy, March 27, 1941, *DGFP*, Series D, Vol. 12, p. 397.

④ Minutes of a Conference Regarding the Situation in Yugoslavia, March 27, 1941, *DGFP*, Series D, Vol. 12, p. 373; Hitler's Directive, March 27, 1941, *DGFP*, Series D, Vol. 12, p. 395.

失败。

## 第六节　德芬结盟

　　德国对苏联的备战不仅发生在欧洲的东南，也发生在欧洲的东北。1941 年德国入侵苏联，而芬兰立即参与了德军对苏联的攻击。这与德芬结盟有直接关系。德芬关系与德苏关系之间存在很强的联动性。1939—1940 年，在德苏合作的背景下，苏联出兵芬兰以强化在波罗的海地区的存在。德芬关系从属于德苏关系。1940—1941 年，在德苏竞争的背景下，德国需要芬兰的领土和矿产备战，而芬兰寻求德国的安全保障。芬兰对德国排他性地提供战略资源。双方形成了针对苏联的联盟。

　　1939 年德波危机爆发后，在芬兰问题上，德国和苏联以合作为主，但双方立场不尽相同。德国谋求与苏联缓和关系，而苏联谋求在中东欧巩固和扩大影响。自然，苏联的政策目标包括芬兰。1939 年 3 月，苏联对芬兰提出以卡累利阿东部地区交换列宁格勒附近的芬兰岛屿。随后，苏联又提出芬兰将上述岛屿租给苏联。在遭到芬兰拒绝后，苏联仍试图加强列宁格勒防御纵深的意义，并强调苏联在芬兰阿兰群岛（Åland Island）的利益。[①] 8 月底，苏联拒绝了与英、法结盟，而与德国达成了《互不侵犯条约》。英德冲突升级后，苏联则利用德苏合作的形势对芬兰提出了最后通牒。苏联谋求在芬兰领土上建立军事基地。遭芬兰拒绝后，苏联扶植成立以奥托·库西宁（Otto Wille Kuusinen）为首的“芬兰民主共和国”，并展开了对芬兰的军事行动。芬兰寻求德国援助未果，转而寻求英国的支持，并在国联控诉苏联的武装行动。结果，在英国的支持下，国联将苏联开除。德国谴责了英国，并对苏联表示同情。[②] 尽管如此，德苏在芬兰问题上也并非完全一致。在苏芬冲突爆发前，德国与芬兰的经济互补性很强。德国对芬兰提供工业品，并从芬兰进口镍矿和木材。苏芬冲突影响了德芬贸易。此外，在苏芬冲突爆发前，德国与芬兰签订了军售协议。德国不仅对芬兰提供在波兰战争中缴获的战利品，而且还

---

①　Blücher to the Foreign Ministry, August 7, 1939, *DGFP*, Series D, Vol. 6, p. 1072.

②　Circular of Ribbentrop, December 7, 1939, *DGFP*, Series D, Vol. 8, p. 501.

提供了 40—60 门高射炮。苏芬冲突爆发后，苏联抗议德国继续对芬兰发售军火。[①] 为维持德苏关系，德国承诺不再援助芬兰。

苏芬战争爆发后，在英法的支持下，芬兰军队迟滞了苏联军队的攻势。这使得苏联不得不降低对芬兰谈判的条件。1940 年 1 月，除继续坚持扩大列宁格勒的防御纵深外，苏联同意吸收芬兰资产阶级政治家进入库西宁领导的政权。尽管如此，苏联仍未达成全部目标。双方遂进行停战谈判。芬兰割地并允许苏军驻扎芬兰。但是，苏联也不得不放弃库西宁领导的政权，并接受由敌视苏联的芬兰政府执行苏芬和约条款。对此，莫洛托夫宣称："芬政府已接受吾国之建议，不在阿兰岛设防，并在该处设立苏联领事馆。苏芬关系之进一步发展，对双方均属有利，此事主要惟芬兰自身努力是视。倘芬兰统治阶级中某某分子不停止迫害芬兰社会上力求与苏联巩固善邻邦交之人士，则苏芬关系自亦可能遭遇损害也。"[②] 苏芬和约非但没有缓和苏芬关系，反而加剧了苏芬关系的紧张。芬兰继续维持 10 万人规模的常规部队，并大量投资军事装备。[③]

苏芬冲突对德芬关系的重要影响有三点。首先，苏芬冲突表明了苏军尚未充分适应现代战争的要求。具有优势兵力的苏联不仅无法迅速战胜芬兰，而且还不得不重新承认芬兰的资产阶级政府。苏军的表现助长了德国侵略苏联的野心。其次，苏芬冲突结束后，苏联更为重视包括芬兰在内的中东欧邻国的对外政策走向。随着德国在西线的胜利，苏联开始将德国视为敌人。结果，苏联和德国围绕芬兰的竞争日益激烈。最后，苏芬冲突影响了芬兰对德国的物资供应。这使得德国更为重视德芬贸易的互补性。苏芬冲突结束后，德国再次向芬兰提供贸易优惠待遇，使芬兰的出口额增加了 4 倍。[④] 德芬贸易的基础是"武器换原料"。因此，苏芬冲突结束后，德国重新开始向芬兰提供军备，首先是德军在挪威和丹

---

① 〔意〕加莱阿佐·齐亚诺著，〔美〕休·吉布森编《齐亚诺日记：1939—1943 年》，武汉大学外文系译，第 224—225 页；Memorandum by Ribbentrop, December 11, 1939, *DGFP*, Series D, Vol. 8, pp. 512-513。

② 《莫洛托夫报告苏联外交政策——一九四〇年八月一日在苏联最高苏维埃大会演词全文》，周康靖编《二次世界大战史料（第一年）》，大时代书局 1946 年版，第 166 页。

③ Jeremy Land and Jari Eloranta, "Wartime Economics, 1939-1945: Large and Small European States at War," in Nicholas Doumanis ed., *The Oxford Handbook of European History, 1914-1945*, Oxford: Oxford University Press, 2016, p. 473.

④ 陈晖：《1933—1941 年的苏德关系》，第 377 页。

麦缴获的装备。①

1940 年夏，德苏关系逆转导致德国着手与芬兰结盟。1940 年 7 月 31 日，希特勒提出，德国应通过闪击战消灭苏联，以便打消英国取胜的希望。按希特勒的设想，在对苏战争开始后，德军将占领苏联西部地区，而芬兰军队将占领白海。当然，希特勒也认为，芬兰的态度还"有待观察"。② 此时，德国仅将芬兰视为潜在盟国，并开始试探芬兰的立场。一个多月后，芬兰做了初步回应。9 月 6 日，苏联与芬兰达成协定：苏军可以驻扎芬兰的汉科（Hanko）半岛。仅一周之后，9 月 12 日，德国与芬兰达成协定：德国军队可以从芬兰过境前往挪威。9 月 21 日，德国对苏联解释了德芬协定：英国不断试图渗透德国和德国占领的领土，特别是挪威北部。德国将在这一地区部署更多的防空炮兵部队。德国认为，从芬兰运输这些武器最为便利。因此，德国将于 22 日通过芬兰运输武器装备。之后，德国将由火车把武器装备从芬兰运到挪威。芬兰政府已经给了德国特许。9 月 22 日和 9 月 25 日，德军和苏军分别出现在芬兰。③ 在芬兰被迫对苏联开放的情况下，芬兰选择同时对德国开放。这预示了芬兰外交的政策走向。

芬兰同时对苏联和德国提供了军队的过境权。但是，芬兰排他性地对德国提供战略物资。1940 年 10 月 1 日，德国和芬兰签订了协定——德国向芬兰提供武器，芬兰则允许德国优先购买它感兴趣的所有芬兰矿场（首先是镍矿）的开采权。④ 对处于战争中的德国而言，芬兰的矿产对德国维持和扩大军备颇具吸引力。芬兰用这种方式表明了它对德芬结盟的严肃态度。对此，德国予以积极响应。10 月 28 日，希特勒向墨索里尼提出：德国需要挪威和瑞典的铁矿石以便生产优质钢材。这些地区邻近

①  军事科学院军事历史研究部世界军事历史研究室编《第二次世界大战大事纪要——起源、进程和结局》，解放军出版社 1990 年版，第 349—350 页。

②  Editor's Notes, July 31, 1940, *DGFP*, Series D, Vol. 10, pp. 373-374.

③  Osmo Jussila, Seppo Hentilä and Jukka Nevakivi, *From Grand Duchy to Modern State: A Political History of Finland Since 1809*, London: Hurst & Co., 1999, pp. 194-195; Ribbentrop to the Embassy in the Soviet Union, September 16, 1940, *DGFP*, Series D, Vol. 11, pp. 92-93.

④  军事科学院军事历史研究部世界军事历史研究室编《第二次世界大战大事纪要——起源、进程与结局》，第 369 页。

芬兰。因此，德军需要从芬兰过境，以便在挪威驻军并修筑机场和公路。为此，德芬已经达成了德军过境协定。德国已经向芬兰提供了武器并且装满了5条船。德国将继续向芬兰提供军备。希特勒明确指出：芬兰的前途属于德国。当苏芬再次爆发武装冲突时，德国将不会坐视不管。[1]在短短两个月内，德国和芬兰相互接近的程度使得它们之间的联盟呼之欲出。

1940年11月，芬兰成为德苏冲突的重要内容。在访问柏林期间，莫洛托夫与德国领导人就芬兰问题展开了激烈的辩论。德国强调，德国需要芬兰的镍矿石和木材。因此，德国不能允许苏芬之间再次爆发武装冲突。德国将波罗的海视为为数不多的对外通商海域。因此，德国不能允许波罗的海再次成为战场。在那种情况下，德国将失去在波罗的海自由通行的权利。然而，苏联却强调，通过缔结与德国的《互不侵犯条约》及秘密附加议定书，德国已经同意芬兰处于苏联的势力范围。因此，苏联不能允许德国插手苏芬关系。苏联不能对德国承诺苏联未来不对芬兰使用武力。在苏联看来，芬兰的反苏示威游行不断强调芬兰与德国的特殊关系，而德国在芬兰的驻军为这种观点提供了依据。因此，苏联敦促德国从芬兰撤军。[2]

德苏矛盾的激化推动了德国与芬兰结盟。1940年11月，莫洛托夫访问柏林，要求德国允许苏联控制芬兰的森林、在土耳其海峡建立基地并在保加利亚施加影响。这些条件遭到希特勒的拒绝。[3] 1940年12月18日，希特勒下达进攻苏联的战备命令。他希望芬兰参与对苏进攻。在战争初期，芬兰将在北线与德国从挪威派遣的部队联合作战。[4] 1941年1月，德国对芬兰提出了对苏联合作战计划。芬兰对德国保证，在总动员开始9天后，芬兰将沿芬苏边界做好战斗准备。[5] 1941年夏，德国对苏

---

① Hitler's Talk with Mussolini, October 28, 1940, *DGFP*, Series D, Vol.11, p.417.
② Hitler's Talk with Molotov, November 13, 1940, *DGFP*, Series D, Vol.11, pp.556-557;《莫洛托夫同德国大使舒伦堡的谈话》，1940年11月13日，沈志华总主编《苏联历史档案选编》（第16卷），第127—129页。
③ Ribbentrop's Talk with Matsuoka, March 31, 1941, *DGFP*, Series D, Vol.12, p.379.
④ Hitler's Directive, December 18, 1940, *DGFP*, Series D, Vol.11, p.900.
⑤ 军事科学院军事历史研究部世界军事历史研究室编《第二次世界大战大事纪要——起源、进程与结局》，第400页。

联发动进攻。芬兰立即参战，履行了作为德国盟国的义务。

1919—1941年英国、法国、德国和苏联的联盟外交反映了既有理论的解释力和局限性。1933—1941年，德国与多个弱小邻国的结盟则体现了"功能分异理论"的解释力。大国-小国的"功能分异"是解释双边不对称联盟形成的必要条件。大国使用武力为小国提供安全保障，小国对大国提供战略资源影响大国之间的权力投射。战略资源包括人口、领土和物资。若大国和小国形成共同预期——小国将向大国排他性地提供战略资源，则大国和小国成功结盟；反之，大国和小国不结盟或结盟失败。在与多个弱盟友形成联盟之后，强盟主一般会推动多个弱盟友之间建立安全承诺。本章解释了双边不对称联盟的形成条件，而下一章将解释不对称联盟转型的条件。

# 第五章　谈判能力理论

如第四章所述，大国与小国结盟的条件是：小国对大国排他性地提供战略资源。在这个联盟中，大国是强盟主，而小国是弱盟友。弱盟友提供的战略资源增强了强盟主的权力投射能力。同时，弱盟友得到了强盟主提供的安全保障。这种保障提高了弱盟友在国际社会无政府体系中生存的概率。对强盟主和弱盟友而言，上述功能分异奠定了双方互助性安全承诺的基础。在一个地区内，若一个强盟主面对多个弱盟友，则强盟主往往致力于在多个弱盟友间建立互助性的安全承诺。对强盟主而言，多个弱盟友之间的互助可以增强联盟整体的凝聚力，而强盟主并不承担弱盟友之间的互助义务。联盟转型对强盟主维持和扩大影响具有重要意义。然而，弱盟友却要增加援助其他弱盟友的义务。这就给联盟转型带来了阻力。强盟主成功推动双边不对称联盟转型为多边不对称联盟的条件是什么？

对此，本章将提出"谈判能力理论"。强盟主对弱盟友的谈判能力是解释不对称联盟转型成败的必要条件。强盟主对弱盟友的援助能力、干涉能力、补偿能力和损耗能力越强，联盟转型越容易成功；反之，联盟转型越容易失败。本章选择 1936—1937 年法国在中东欧的联盟转型失败和 1940—1941 年德国在中东欧的联盟转型成功作为检验理论的案例。1936—1937 年，捷克斯洛伐克和罗马尼亚均为法国的盟国。三国均面临德国重整军备的安全压力。捷克斯洛伐克和罗马尼亚之间存在针对匈牙利的安全承诺，但两国政治体制/意识形态差异较大。法国试图在这一基础上建立捷克斯洛伐克和罗马尼亚之间针对德国的安全承诺。然而，法国虚弱的谈判能力导致法、捷、罗联盟转型失败。1940—1941 年，匈牙利和罗马尼亚均为德国的盟国。三国的政治体制/意识形态类似，而匈牙利和罗马尼亚之间存在安全矛盾。德国强大的谈判能力克服了匈牙利和罗马尼亚之间的争端。当德国对苏联发动进攻时，匈牙利和罗马尼亚均派兵参战。德国、匈牙利和罗马尼亚的军队共同参战标志着德国在中东欧联盟转型的成功。

# 第一节　理论假设

## 变量关系

第一章定义了不对称联盟的不同类型。在双边不对称联盟中，强盟主只面对一个弱盟友；在多边不对称联盟中，强盟主面对多个弱盟友。若一个强盟主与若干个弱盟友建立了双边不对称联盟关系，则强盟主与每个弱盟友之间都存在"功能分异"。强盟主与每个弱盟友之间都存在各取所需的关系。弱盟友对强盟主排他性地提供各类战略资源，并得到了强盟主提供的安全保障。然而，弱盟友之间没有"功能分异"，也不存在各取所需的特点。这就对强盟主提出了政策难题。一方面，将双边不对称联盟"转型"为多边不对称联盟有利于增加强盟主对潜在竞争者（或敌方）的权势。另一方面，多个弱盟友之间的关系是脆弱的。它们之间的安全利益或国内政治体制/意识形态可能是对立的。弱盟友之间不稳定的关系成为强盟主联盟转型的主要障碍。在什么情况下，强盟主能在多个弱盟友之间建立新的安全承诺？

联盟转型意味着联盟成员在与潜在敌方发生冲突时，联盟整体效益和效率的提高。这对强盟主和弱盟友都有利。但是，强盟主不需要承担弱盟友之间的安全承诺带来的成本；而弱盟友则要承担这种成本。对一个弱盟友来说，联盟转型意味着它对潜在竞争者（或敌方）获得新的收益，但它相对于其他弱盟友则需承担新的成本。如果这个弱盟友认为新的联盟体系带来的收益小于成本，那么它将利用与强盟主的相互依赖关系抵制联盟转型。[①]

弱盟友是否有能力抵制强盟主？结构现实主义的代表学者肯尼思·N.沃尔兹（Kenneth N. Waltz）指出，在不对称联盟中，弱盟友对联盟的贡献并不重要。强盟主无须担心弱盟友的忠诚，因为弱盟友基本上没有选择。[②]

---

[①]　关于联盟成员分担联盟成本的更多讨论，参见张景全、刘丽莉《成本与困境：同盟理论的新探索》，《东北亚论坛》2016年第2期，第21页。

[②]　Kenneth N. Waltz, "The Origins of War in Neorealist Theory," in Robert I. Rotberg and Theodore K. Rabb eds., *The Origins and Prevention of Major Wars*, Cambridge：Cambridge University Press, 1989, p. 45.

沃尔兹的观点解释了强盟主在权力差距方面的优势，但忽视了强盟主所面临的来自弱盟友的制约。在很多情况下，弱盟友在地理区位、自然资源、情报搜集等方面对强盟主构成了有力的约束。换言之，即使在双边不对称联盟中，强盟主与弱盟友之间仍然存在相互依赖的关系，而非单向依赖。如第四章所述，这种相互依赖恰恰是强国与弱国结盟的条件。如前所述，联盟转型意味着弱盟友承担额外的成本。因此，除非强盟主对弱盟友具备较强的谈判能力，否则强盟主无法克服联盟转型的障碍。

金东希（Tongfi Kim）和伊万·N. 雷斯尼克（Evan N. Resnick）分析了强盟主对弱盟友的谈判能力。金东希提出了一个"联盟供给模型"，认为体系结构和国内政治变量共同塑造了这种能力。[1]在他的理论中，体系结构（"极数"）是变化速度较慢的自变量，其变化速度以数十年为单位。领导人的"国内政治基础的脆弱程度"和"对联盟是否采取合作态度"则变化较快。因此，他主要以国内政治解释谈判能力的强弱。与之类似，雷斯尼克提出了一个"新古典现实主义"的分析框架，解释美国对盟友的谈判能力。在国际结构层面，美国对盟国有系统性的优势。美国及其盟友国内政治情况决定了美国谈判能力的强弱及对盟友谈判的结果。他的研究控制了"盟国间权力差异"这一因素对谈判能力的影响，从而突出了国内因素的作用。[2]

上述学者在理论上提出了盟国间"谈判能力"的概念，将这一概念嵌入联盟研究的分析框架，开拓了联盟研究的新议程。然而，他们的研究也存在两点局限。其一，他们将联盟成员的安全需求和国内政治情况作为谈判能力的来源。如果盟国间谈判的内容是联盟转型，那么他们的理论并未解释联盟成员的安全需求和国内政治发生交互作用的情况下联盟转型的成败。其二，他们的经验研究均为二战后美国的联盟政策，即雷斯尼克所说的强盟主对弱盟友享有系统性优势情况下的谈判能力。[3]强盟主对弱盟友的权力优势未必总能达到这种程度，而这对理解谈判能

---

[1]　Tongfi Kim, *The Supply Side of Security: A Market Theory of Military Alliances*, Stanford: Stanford University Press, 2016, pp. 74-75.

[2]　Evan N. Resnick, *Allies of Convenience: A Theory of Bargaining in U. S. Foreign Policy*, New York: Columbia University Press, 2019.

[3]　Resnick, *Allies of Convenience*, p. 43.

力和联盟转型结果至关重要。事实上，在雷斯尼克讨论的案例中，美国对潜在盟国的优势存在明显差异。

　　由此，笔者转而采取新的方式界定谈判能力。一是讨论盟国间安全需求和国内政治情况发生交互作用时强盟主对弱盟友的谈判能力；二是区分不同情况下强盟主对弱盟友权力优势差异。强盟主可通过直接或间接的方式激励或惩罚弱盟友。强盟主对弱盟友的谈判能力体现在以下四个方面，即援助能力、干涉能力、补偿能力和损耗能力。

　　（1）强盟主对弱盟友的援助能力。强盟主对弱盟友的援助是否具有不可替代性？如果强盟主对弱盟友的援助具有不可替代性，那么强盟主对弱盟友的谈判能力较高。反之，强盟主对弱盟友的谈判能力较低。例如，冷战期间，苏联对每个东欧盟国进行援助，而苏联的盟国之间也进行互助。换言之，苏联对每个盟国的援助为盟国之间的互助提供了物质条件。同时，苏联也鼓励和支持盟友之间的互助。这意味着，苏联对每个盟国具有不可替代性。苏联对弱盟友的谈判能力较高。与之相比，1936—1939年，德国与意大利共同援助西班牙弗朗西斯科·佛朗哥政权。此时，德国和意大利之间仍存在安全矛盾，且佛朗哥政府同时从德意获得援助。德国或意大利对佛朗哥政府的援助具有可替代性。与苏联对东欧国家的谈判能力相比，德国或意大利对佛朗哥政府的谈判能力较低。

　　（2）强盟主对弱盟友的干涉能力。强盟主对弱盟友可能采取的干涉方式的强制程度如何？如果强盟主可在弱盟友的主权范围内进行军事占领或影响其政权更迭，那么强盟主对弱盟友的谈判能力较高。反之，强盟主对弱盟友的谈判能力较低。例如，德怀特·D. 艾森豪威尔（Dwight D. Eisenhower）执政时期，美国支持吴庭艳（Ngô Đình Diệm）在越南南方建立政权。约翰·K. 肯尼迪（John F. Kennedy）就任美国总统后，美国开始在越南进行"特种战争"，并不断升级军事行动。吴庭艳政权的腐败导致美国对其在越南南方的统治丧失了信心。在这种情况下，美国支持吴庭艳政权的反对派并默许其采取强硬手段在越南南方进行政权更迭，吴庭艳政权覆亡。[①] 美国对越南南方的干涉手段及结果体现了美国

---

　　① Seth Jacobs, *Cold War Mandarin: Ngo Dinh Diem and the Origins of the Vietnam War, 1950–1963*, Lanham: Rowman & Littlefield, 2006.

对越南南方的干涉能力较强。

与之相比，美国对以色列的干涉能力则弱得多。作为接受了大量美国援助的国家，以色列是美国最坚定的盟国之一。然而，美国和以色列之间存在政策差异。20 世纪 60 年代之后，美国致力于推行核不扩散政策，甚至不惜使用武力推翻试图拥有核武器国家的政府。然而，对以色列发展核武器的计划，美国不但心知肚明，而且并未采取强制性措施迫使以色列无核化。恰恰相反，自建国以来，以色列不断通过影响美国国内的犹太人团体塑造美国对以色列的政策。美国既不能占领以色列，也难以更迭以色列政权。美国对以色列的权力优势与美国受制于以色列的程度形成了强烈的反差。美国对以色列的干涉能力较弱。

（3）强盟主对弱盟友的补偿能力。强盟主以非盟友补偿弱盟友的能力如何？如果强盟主可通过以非盟友为代价来增进弱盟友的安全，那么强盟主对弱盟友的谈判能力较高。反之，强盟主对弱盟友的谈判能力较低。例如，作为强盟主，拿破仑帝国与德意志地区的一系列弱盟友形成了联盟。拿破仑将德意志地区的 300 多个政治实体重划为不足 40 个追随法国的弱盟友。在这一过程中，巴伐利亚、巴登（Baden）、黑森-达姆施塔特（Hesse-Darmstadt）、符腾堡（Württemberg）和萨克森（Saxony）等国均扩充了领土，成为法国在莱茵联邦中最重要的弱盟友。[1] 拿破仑以这些弱盟友为依托，应对奥地利、普鲁士、俄国等敌国。同时，拿破仑又以敌国的领土补偿弱盟友。例如，乌尔姆和奥斯特里茨战役后，法国迫使奥地利向巴伐利亚割地。[2] 又如，耶拿战役后，法国迫使普鲁士向萨克森割地。[3] 法国与奥地利和普鲁士的媾和条件是逼迫其对手对法国的弱盟友割让领土。这体现了法国对巴伐利亚和萨克森强有力的补偿能力。

与之相比，19 世纪 80 年代，俄国对保加利亚的补偿能力就逊色许多。在与土耳其的战争中，俄国与保加利亚并肩作战，并迫使土耳其签订了《圣斯特法诺和约》（Treaty of San Stefano）。这一和约以牺牲土耳

---

① Alexander Grab, *Napoleon and the Transformation of Europe*, New York：Palgrave, 2003, pp. 88–90；Scott, *The Birth of a Great Power System*, *1740–1815*, pp. 327–328.

② Grab, *Napoleon and the Transformation of Europe*, p. 89.

③ Michael Broers, *Europe under Napoleon*, *1799–1815*, London：Arnold, 1996, p. 44.

其为代价增加了保加利亚的领土。和约大大拓展了俄国的影响力，也引起了英国和奥匈帝国的抵制。在德国的斡旋下，1878 年，英国、法国、俄国和奥匈帝国在柏林召开会议。作为俄国的盟国，保加利亚力图维持《圣斯特法诺和约》确定的疆界。而俄国反对保加利亚代表出席会议，并阻止保加利亚代表团向会议提出诉求。柏林会议最后达成的协定中有半数条款涉及保加利亚，而俄国接受了一个领土面积大为缩小的保加利亚。① 在保加利亚看来，俄国无力在其他国家面前维护保加利亚的利益。柏林会议结束后，俄国与保加利亚的双边关系迅速恶化。②

（4）强盟主对弱盟友的损耗能力。强盟主以弱盟友补偿非盟友的能力如何？如果强盟主可通过弱盟友为代价增进与非盟友的合作，那么强盟主对弱盟友的谈判能力较高。反之，强盟主对弱盟友的谈判能力较低。例如，法国对"华沙公国"有很强的损耗能力。在划定华沙公国的疆域时，法国拒绝以波兰被俄、奥、普瓜分前的疆域作为主要依据。"华沙公国"的主要疆域仅包括普鲁士占领的波兰和约 50% 由奥地利占领的波兰领土，几乎未触及由俄国占领的波兰领土。"华沙公国"的领土不包括出海口，国名中没有"波兰"，最高统治者不是波兰人而是德意志萨克森的君主。③ 法国以背弃盟国为代价增进了与俄国的合作。这体现了法国对华沙公国的损耗能力。在法国的强权下，华沙公国始终追随法国的政策，尤其配合法国对俄国的备战。1807—1812 年，华沙公国大规模扩军，从 1807 年的 3 万人扩充至 1809 年的 6 万人，再扩充至法俄战争前夜的 10 万人。④ 1807—1812 年，18 万—20 万波兰人在法国军队中服役。⑤ 在拿破仑帝国霸权衰落的过程中，波兰人是最后一个离

① Anderson, *The Eastern Question 1774-1923*, p. 210.

② Charles Jelavich and Barbara Jelavich, "The Danubian Principalities and Bulgaria under Russian Protectorship," *Jahrbücher für Geschichte Osteuropas*, Neue Folge, Bd. 9, H. 3, 1961, pp. 349-366; William Norton Medlicott, *The Congress of Berlin and After: A Diplomatic History of the Near Eastern Settlement, 1878-1880*, Hamden, C. T.: Archon Books, 1963, pp. 23-24.

③ Francis Loraine Petre, *Napoleon's Campaign in Poland, 1806-7: A Military History of Napoleon's First War with Russia*, London: Sampson Low, Marston and Company, 1901, pp. 13-15; Julia Swift Orvis, "Partitioned Poland, 1795-1914," in Bernadotte E. Schmitt ed., *Poland*, Berkeley: University of California Press, 1945, pp. 51-52.

④ Stuart Woolf, *Napoleon's Integration of Europe*, New York: Routledge, 1991, p. 172.

⑤ Hoensch, *Geschichte Polens*, S. 188.

开法国的盟友。[1] 华沙公国积极响应法国是法国对波兰拥有较强损耗能力的结果。

与之相比，20 世纪 50 年代，美国对弱盟友的损耗能力较弱。安全利益冲突和国内政治体制/意识形态分歧使得美国与亚洲的共产主义力量之间长期处于直接对抗的状态。例如，美国-朝鲜之间随时可能爆发武装冲突。在这种情况下，美国无法通过发展朝美关系约束韩国。反过来，韩国则利用这种情势推动自身的政策议程。在板门店谈判即将达成协议的关键时刻，韩国的李承晚政府却宣称准备"武力统一"朝鲜半岛。美国无法阻止弱盟友公开提出与本国相悖的政策议程。这体现了美国对弱盟友较弱的损耗能力。

强盟主对弱盟友的谈判能力如表 5-1 所示。强盟主对弱盟友的谈判能力越强，则强盟主促使或迫使一个弱盟友承担对其他弱盟友的安全承诺的能力越强，联盟转型越容易成功。强盟主对弱盟友的谈判能力越弱，则强盟主促使或迫使一个弱盟友承担对其他弱盟友的安全承诺的能力越弱，联盟转型越容易失败。在谈判能力四个组成部分中，取正值的指标越多，联盟转型成功的可能性越高。取负值的指标越多，联盟转型成功的可能性越低。由此，"谈判能力理论"的基本假设如图 5-1 所示。

**表 5-1 强盟主对弱盟友的谈判能力**

|  | 直接方式 | 间接方式 |
|---|---|---|
| 激励机制 | 援助能力 | 补偿能力 |
| 惩罚机制 | 干涉能力 | 损耗能力 |

资料来源：笔者自制。

需要特别指出的是，既有理论分析强国影响弱国时，往往强调强国应实行"自我约束"，引导弱国自愿追随强国，以政策协调促进国际合作。[2]

---

[1] John D. Stanley, "Napoleon's Last Allies: The Poles in 1814," *The Polish Review*, Vol. 61, No. 3, 2016, pp. 3-31.

[2] G. John Ikenberry, "The Future of International Leadership," *Political Science Quarterly*, Vol. 111, No. 3, 1996, p. 388; Charles A. Kupchan, "After Pax Americana: Benign Power, Regional Integration, and the Sources of a Stable Multipolarity," *International Security*, Vol. 23, No. 2, 1998, pp. 47-48.

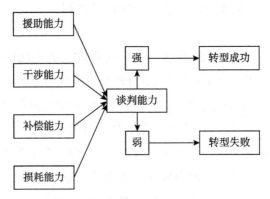

**图 5-1 "谈判能力理论"的假设**

资料来源：笔者自制。

这种看法有合理性。毕竟，如果弱国自愿追随强国，则强国对弱国政策的执行阻力更小。强国和弱国协调政策的效率更高。然而，"自我约束"不等于"自废武功"。对每个联盟成员而言，联盟既有收益也有成本。联盟的成本并非所有盟友均摊。不对称联盟转型意味着弱盟友需增强对联盟的安全承诺。对弱盟友来说，这意味着实际的成本，而强盟主几乎不分担这种成本。强盟主与弱盟友之间的实力差距会形成心理预期，即强盟主应承担更多的责任。然而，对弱盟友的努力，强盟主却很可能坐享其成。预期与现实的不平衡会进一步扭曲弱盟友的心态，从而导致联盟转型更为困难。因此，若强盟主对弱盟友仅提供激励机制而无法以惩罚机制做保障，则强盟主对弱盟友的谈判能力将被削弱。这会降低联盟转型成功的可能性。

## 案例选择

为了检验谈判能力对联盟转型的影响，本章选取以下两个案例：①1936—1937 年法国在中东欧的联盟转型失败；②1940—1941 年德国在中东欧的联盟转型成功。这两个案例均符合分析不对称联盟转型的前提条件。法国和德国是欧洲大陆的强国，两国分别在中东欧拥有多个弱小盟国，并且两国都试图推动联盟转型。在此基础上，笔者选择这两个案例主要基于以下三个原因。

第一，如第一章所述，既有理论强调，安全利益和国内政治体制/意识形态塑造不对称联盟转型的结果。然而，既有理论没有解释上述因素交互作用的情况。如表5-2所示，联盟成员安全利益的一致性和联盟成员政治体制/意识形态的一致性之间存在显著的不匹配。20世纪20年代，法国分别对捷克斯洛伐克和罗马尼亚做出安全承诺。[①] 同时，捷克斯洛伐克和罗马尼亚之间有针对匈牙利的联盟。20世纪30年代，法、捷、罗共同面对德国的威胁。法国希望在捷罗之间建立新的针对德国的安全承诺，以便捷罗联盟与法捷、法罗联盟对接。然而，法、捷、罗三国的政治体制和意识形态迥异。法、捷两国实行资本主义民主制度，而罗马尼亚的卡罗尔国王对议会民主制度并无好感。相反，他不遗余力地加强王权并推动个人崇拜。法国的联盟转型将有助于增强罗马尼亚的安全，但会对罗马尼亚的政权产生负面影响。类似地，1939—1940年，德国分别对匈牙利和罗马尼亚做出安全承诺。三国的独裁者希特勒、米克罗斯·霍尔蒂（Miklós Horthy）、扬·安东内斯库（Ion Antonescu）对专制政体的认同推动了三国的接近。然而，三国的安全利益并不一致。特兰西瓦尼亚争端导致匈牙利和罗马尼亚将彼此视为威胁。1940—1941年，德国试图将匈牙利和罗马尼亚变为对苏作战中并肩战斗的盟友，但匈牙利与罗马尼亚之间的争端对德国带来了挑战。在这两个案例中，联盟成员均面临国际环境与国内政治不匹配的情况。因此，既有理论不能充分解释这种情况下联盟转型的结果。选择这两个例子可以使笔者控制安全利益和国内政治体制/意识形态对联盟转型的影响，从而聚焦谈判能力对联盟转型的影响。

表5-2　既有理论对联盟转型的不完全解释

| | | 联盟成员安全利益的一致性 | |
|---|---|---|---|
| | | 大 | 小 |
| 联盟成员政治体制/意识形态的一致性 | 大 | 既有理论已解释 | 既有理论未解释<br>案例：1941年德国能否建立德、匈、罗多边联盟？ |

---

① 除捷克斯洛伐克和罗马尼亚外，1927年11月法国与南斯拉夫缔结了友好条约。然而，法国与南斯拉夫的条约不涉及法国与南斯拉夫彼此的安全承诺。相关讨论参见 Wight, *Power Politics*, p. 132；Hoptner, *Yugoslavia in Crisis, 1934-1941*, p. 14。

续表

| | | 联盟成员安全利益的一致性 | |
|---|---|---|---|
| | | 大 | 小 |
| 联盟成员政治体制/意识形态的一致性 | 小 | 既有理论未解释<br>案例：1937 年法国能否建立法、捷、罗多边联盟？ | 既有理论已解释 |

资料来源：笔者自制。

第二，为检验谈判能力理论，本章重点考察谈判能力如何影响联盟转型的结果。因此，本章选择谈判能力不同和联盟转型结果不同的案例，以便讨论两者之间的因果关系。法国和德国谈判能力的取值（见表 5-3）。在这两个案例中，自变量的四个指标均存在明显差异。因此，自变量取极值。同时，这两个案例中，因变量也取极值（转型失败 vs. 转型成功）。因此，以这两个案例为依据有利于笔者分析"谈判能力理论"变量之间的因果关系，并评估理论的解释力。在案例检验部分，笔者将对谈判能力和联盟转型的关系做更详细的讨论。

表 5-3　案例变量取值

| | 1936—1937 年法国的联盟转型 | 1940—1941 年德国的联盟转型 |
|---|---|---|
| （自变量）<br>强盟主对弱盟友的谈判能力 | 低 | 高 |
| （指标 1）<br>强盟主对弱盟友的援助能力 | 低<br>援助可以被替代 | 高<br>援助难以被替代 |
| （指标 2）<br>强盟主对弱盟友的干涉能力 | 低<br>难以占领盟国或更迭盟国政权 | 高<br>可以占领盟国或更迭盟国政权 |
| （指标 3）<br>强盟主对弱盟友的补偿能力 | 低<br>法国以德国补偿盟国困难 | 高<br>德国以苏联、南斯拉夫补偿盟国容易 |
| （指标 4）<br>强盟主对弱盟友的损耗能力 | 低<br>法国以德国损耗盟国困难 | 高<br>德国以苏联损耗盟国容易 |
| （因变量）<br>转型结果 | 失败 | 成功 |

资料来源：笔者自制。

第三，两个联盟转型对国际关系的发展产生了持久、重大的影响，使得这两个案例具备检验理论必要条件的潜力。若1937年法国实现了联盟转型，则罗马尼亚有义务对面临德国威胁的捷克斯洛伐克提供援助。考虑到此时法国、苏联、捷克斯洛伐克已经结盟，罗马尼亚可能会允许苏联军队利用罗马尼亚的领土和领空支援捷克斯洛伐克。1938年5月，罗马尼亚曾对局势做出估计：在德捷危机中，如果波兰站在法国一边并保护捷克斯洛伐克，那么德国就难以得手。① 若法国、苏联和罗马尼亚同时支持捷克斯洛伐克，则捷克斯洛伐克可以控制苏台德地区。退一步说，即使德国能够在遭到强烈抵抗的情况下占领苏台德地区，考虑到波兰和罗马尼亚已经结盟，波兰也很难参与肢解捷克斯洛伐克的进程。作为当时世界上人均武器数量最多的国家，捷克斯洛伐克的存在将从地缘政治、军事装备和工业潜力三方面迟滞德国的战争准备，进而推迟世界大战的爆发。类似地，若1941年夏德国仍无法实现联盟转型，则匈牙利与罗马尼亚之间的争端可能导致匈牙利为防备罗马尼亚而对德国要求借道匈牙利进攻南斯拉夫和苏联抱有疑虑。同时，持续的争端将影响罗马尼亚对德国提供石油。没有匈牙利领土和罗马尼亚石油的支持，德国军队将很难在东部战场迅速展开，也难以对苏联发动决定性的攻势。上述两个联盟转型涉及世界大战演变的进程，而既有理论却不能充分解释这两个案例。因此，检验这两个案例不仅有助于笔者检验和发展关于联盟转型的理论，而且有助于人们理解世界大战的进程。

## 第二节　法、捷、罗联盟转型

20世纪20年代，捷克斯洛伐克和罗马尼亚成为法国在中东欧的重要盟国。然而，法国与两国结盟的动力并不完全相同。法国担心德国重新成为军事大国，而捷克斯洛伐克担心德国利用捷境内的德意志人对捷提出领土要求。因此，法捷联盟主要是针对德国的。相较而言，法罗联盟最初是针对苏联的。法国将苏维埃政权视为"瘟疫"，试图将罗马尼

---

① Yvon Lacaze, *France and Munich: A Study of Decision Making in International Affairs*, New York: Columbia University Press, 1995, p. 250.

亚作为"反共防疫线"的前哨。① 而罗马尼亚则担心苏联依据帝俄时代的边界对罗马尼亚提出领土要求。在比萨拉比亚，乌克兰族和俄罗斯族总人口超过 100 万人。② 20 世纪 30 年代，上述情况发生了一些变化。德国很可能再次成为军事大国，而德苏关系的恶化增强了法苏合作的动力。因此，法捷联盟针对德国的属性并未改变。与此同时，为制衡德国的扩张，法国推行对苏缓和政策。在苏罗未解决领土争端的情况下，法国同苏联缔结了《互不侵犯条约》。这就使法罗关系出现紧张。

希特勒就任德国总理为法捷、法罗关系的发展提供了新的契机。希特勒在《我的奋斗》中宣扬的重整军备和种族政策引起了法国、捷克斯洛伐克和罗马尼亚的警觉。法国的经济实力和人口资源逊于德国。若德国推行重整军备的政策，则德国将在几年内改变法德军力平衡。德国谋求修改《凡尔赛和约》，而该条约是捷克斯洛伐克及罗马尼亚疆域形成的主要依据之一。德国谋求将全体德意志人纳入"大德意志国家"中，而捷克斯洛伐克和罗马尼亚境内分别有 300 多万和 50 万—60 万德意志少数民族。德国对世界各国的法西斯主义运动提供物质和道义支持，而捷克斯洛伐克和罗马尼亚政府镇压本国境内的法西斯组织。换言之，希特勒就任德国总理使得法国、捷克斯洛伐克和罗马尼亚获得了强化联盟的契机。同时，匈牙利为联盟转型提供了可能。《特里亚农和约》以牺牲匈牙利为代价增加了捷克斯洛伐克和罗马尼亚的领土。早在 20 世纪 20 年代，捷克斯洛伐克和罗马尼亚即形成了反对匈牙利的联盟。只要法国在既存的捷罗之间针对匈牙利的安全承诺的基础上增加盟国针对德国的安全承诺，那么法国就可以实现联盟转型。

法国对盟国的谈判能力不足最终导致联盟转型失败。法国对盟国的援助方式主要表现为提供经济和军事支持。《凡尔赛和约》和《圣日耳曼条约》划定了德国和奥地利的边界，并保障了奥地利的独立。法国支持上述条约，反对德奥合并。1931 年春，德国推行德奥关税联盟计划，与法国的利益发生了冲突。一个增加数百万德意志人口的新经济空间可能使得德国成为中欧的权力中心。此外，一旦德奥关税联盟计划成功，

①   Kalervo Hovi, *Cordon Sanitaire or Barrière de l'est? The Emergence of the New French Eastern European Alliance Policy，1917–1919*，Turku：Turun Yliopisto，1975.

②   Berend，*Decades of Crisis*，p. 177.

德国和奥地利将加强彼此的经济互补性。奥地利将成为德国工业品的市场和原料产地。这将增强德国产品在奥地利市场上对捷克斯洛伐克产品的竞争力，从而削弱捷克斯洛伐克与奥地利的经济联系。因此，捷克斯洛伐克抵制德奥关税联盟计划。捷克斯洛伐克明确警告奥地利不得响应德奥关税联盟计划：若奥地利一意孤行，则后果自负。[1] 为鼓励捷克斯洛伐克，在捷克斯洛伐克外长爱德华·贝奈斯（Edvard Beneš）谴责德奥关税联盟计划的当天，法国向捷克斯洛伐克提供了 5000 万美元的贷款。1932 年 1 月 22 日，法国再次向捷克斯洛伐克提供了 3000 万美元的贷款。[2]

尽管如此，法国对盟国的援助存在很强的局限性。这主要表现在两方面。首先，法国对盟国的援助缺少连续性。例如，自 1932 年初至 1939 年初，随着德国重整军备，法国和捷克斯洛伐克共同抵制德国的利益越来越大。然而，法国未向捷克斯洛伐克提供新的大规模援助。与对捷克斯洛伐克援助相比，法国对罗马尼亚援助更是"口惠而实不至"。1931 年春，法国曾向罗马尼亚提供 4200 万美元贷款。[3] 这也是罗马尼亚反对德奥关税联盟计划的重要原因。然而，自 1932 年春至 1940 年夏，法国逐步减少以至于最终取消了对罗马尼亚的援助。与捷克斯洛伐克相比，罗马尼亚是个农业国，更为迫切地需要外国援助维持本国军备。法国对罗马尼亚援助的中断导致罗马尼亚逐步将对外政策的依托由法国变为德国。

其次，法国对盟国的援助缺少不可替代性。捷克斯洛伐克是个工业国家。斯柯达（Skoda）工厂为捷克斯洛伐克军队提供了世界一流水平的军事装备。因此，法国很难通过对捷援助影响捷克斯洛伐克对外政策的走向。如果法国不能以有效的方式保障捷克斯洛伐克的安全，那么捷克斯洛伐克可能与德国和解。这正是 1936 年 6 月捷克斯洛伐克曾考虑过的方案。[4] 1936 年 8 月至 1937 年 1 月，捷克斯洛伐克曾与德国秘密讨论过

---

[1] F. Gregory Campbell, *Confrontation in Central Europe：Weimar Germany and Czechoslovakia*, Chicago：University of Chicago Press, 1975, p. 224.

[2] Felix John Vondracek, *The Foreign Policy of Czechoslovakia, 1918-1935*, New York：Columbia University Press, 1937, pp. 337-338.

[3] Vondracek, *The Foreign Policy of Czechoslovakia, 1918-1935*, p. 337.

[4] Jordan, *The Popular Front & Central Europe*, p. 188.

签订《互不侵犯条约》的条件。① 德国对捷克斯洛伐克的领土要求以及纳粹的种族主义意识形态使得德捷和解计划胎死腹中。然而，德捷秘密谈判的存在意味着，当法国只能对捷克斯洛伐克提供有限援助时，捷克斯洛伐克保留了采取违背法国利益政策的可能。

　　与捷克斯洛伐克相比，罗马尼亚对德政策与法国对德政策的差异更大。其中一个重要的原因在于，德国对罗马尼亚的援助抵消并取代了法国对罗马尼亚的援助。作为一个农业国，罗马尼亚不能生产自动化的小型武器、摩托化设备、坦克和大炮。因此，罗马尼亚迫切需要外部军事援助提高本国国防能力。1934 年 6 月，法国外长路易斯·巴都（Louis Barthou）访问罗马尼亚为增进两国关系提供了契机。巴都声称，只要有一平方厘米的罗马尼亚土地被改变，那么法国将站在罗马尼亚一边。虽然巴都的演讲博得了雷鸣般的掌声，但他却对援助罗马尼亚虚与委蛇。6 月 21 日，罗马尼亚强烈要求法国提供军事装备。巴都表示法国将考虑这一建议，但是法国的援助不可能是无偿的。罗马尼亚表示愿意支付报酬或者石油。几个月之后，法国发现罗马尼亚无法支付购买武器的款项。因此，法国给了罗马尼亚一些旧式武器。这些武器属于法国政府，但是罗马尼亚可在紧急的情况下使用。1934 年法国情报部门估计，罗马尼亚有 10—80 架可以在战争中使用的飞机。1934 年 9 月，罗马尼亚向法国提出购买飞行器材和弹药的要求。拖了两个月之后，法国予以拒绝。② 1935 年夏，罗马尼亚对法国重提"石油换武器"计划。罗马尼亚政府每年对本国石油公司征税，并且将石油公司开采的配额在国内和国际市场出售。该项收入每年大约为 8000 万法郎。虽然罗马尼亚工业企业反对政府将石油收益抵押给法国，但是罗马尼亚政府仍然准备对法国出售 12 年的石油开采权，从而获得法郎。这既可以减少罗马尼亚对法国的债务，也可以使罗马尼亚购买法国武器。③ 尽管如此，法国和罗马尼亚的武器贸易仍然处于停滞的状态。在这种情况下，罗马尼亚只好利用其与德国的经济

---

①　Steiner, *The Triumph of the Dark*, pp. 267-268.

②　William Evans Scott, *Alliance against Hitler: The Origins of the Franco-Soviet Pact*, Durham: Duke University Press, 1962, p. 174; Lungu, *Romania and the Great Powers, 1933-1940*, p. 42; Thomas, "To Arm an Ally," pp. 239-241; Duroselle, *France and the Nazi Threat*, p. 68.

③　Jordan, *The Popular Front & Central Europe*, pp. 125-126.

互补性从德国进口武器。表5-4显示了1930—1937年罗马尼亚从法国、捷克斯洛伐克和德国进口武器所占比重。德国和罗马尼亚的安全关系紧张，但德国却成为罗马尼亚武器主要供给国之一。这反映了法国对罗马尼亚援助的可替代性。

表5-4　1930—1937年罗马尼亚武器进口比重

单位：%

| 来源国 | 1930年 | 1931年 | 1932年 | 1933年 | 1934年 | 1935年 | 1936年 | 1937年 |
|---|---|---|---|---|---|---|---|---|
| 法国 | — | 10.5 | 93.1 | 63.1 | 1.0 | 0.1 | — | — |
| 捷克斯洛伐克 | 60.5 | 31.9 | 0.6 | 25.7 | — | 4.6 | 16.1 | 35.4 |
| 德国 | 0.1 | 35.1 | 3.5 | 4.7 | 52.1 | 39.8 | 37.6 | 22.3 |

资料来源：Milan Hauner, "Military Budgets and the Armaments Industry," in Michael Charles Kaser and E. A. Radice, eds., *The Economic History of Eastern Europe, 1919-1975*, Vol. 2, Oxford: Oxford University Press, 1986, p.64。

法国与捷克斯洛伐克和罗马尼亚之间无共同边界，这也降低了法国对盟国的援助能力和干涉能力。一旦法国的盟国可能卷入武装冲突，法国不能直接出兵援助盟国；一旦法国的盟国试图抛弃法国，法国不能占领盟国或更迭盟国政权。1936年3月14日，甘末林对英国武官详细分析了地理条件对法国的中东欧政策的限制。"假设德国在建立（西线）防御工事之后向东发展，攻击奥地利、捷克斯洛伐克和波兰，那么法国的道路将被堵塞，并且不可能迅速强化中东欧盟友。"甘末林总结说，"（援助）办法取决于法国无法直接控制的条件。"① 关于地理条件对法国援助盟国的限制，甘末林的分析是正确的。

但是，甘末林夸大了地理因素的影响。作为德国的邻国，法国有条件直接进攻德国，而德国的主要工业区鲁尔谷地将首当其冲。法国的军事和政治战略使它很难用德国的损失补偿法国在中东欧的盟国。20世纪30年代，法国开始推行静态防御战略，并修筑了"马其诺防线"。同时，法国奉行绥靖政策以避免同德国发生武装冲突。法国对意大利、苏联和英国的政策体现了法国对中东欧盟国缺乏足够的补偿能力。1935年1月5日，在赖伐尔与墨索里尼会谈中，法国和意大利都反对德国重整军备

① Clerk to Eden, March 15, 1936, *DBFP*, Second Series, Vol. 16, pp.143-145.

的政策。墨索里尼指出，只有战争才能摧毁德国的军备，而赖伐尔明确拒绝了这个提议。[①] 同时，在谋求与苏联结盟时，法国并不愿承担"自动"援助苏联的义务。[②] 当德国占领莱茵兰非军事区后，法国的政策不是与苏联合作制裁德国，而是谋求英国向法国提供保障。[③] 占领莱茵兰非军事区后，德国便开始在法德边境地区构筑"齐格菲防线"（The Siegfried Line）。这进一步降低了法国进攻德国的可能性，使得法国更难以德国的损失补偿盟国，从而进一步降低了法国对盟国的谈判能力。

最后，法国损耗盟国的能力较低。法德关系难以和解导致法国的盟国并不担心自己成为法国对德政策的牺牲品。法国很难以法德关系的变化影响中东欧盟国。在法国看来，德国重整军备是对法国安全的重大威胁。1935 年 3 月，德国正式背弃《凡尔赛和约》，开始大规模征兵。在法德经济力量和人口对比有利于德国的情况下，法苏结盟是法国应对德国挑战的措施。然而，在德国看来，法苏同盟是包围德国的措施。因此，法苏结盟后，德国决策者将法国谋求与德国和解的措施视为空洞的姿态而予以拒绝。1935 年 6 月 25 日，德国外长牛赖特对法国驻德大使明确表示，赖伐尔"法德和解"的建议没有价值。赖伐尔只是为了选举才高喊这一口号。[④] 1935 年 11 月 21 日，希特勒毫不客气地抨击了法国大使。法国大使宣称，赖伐尔希望以法德共同声明展示法德和解。法国即将批准与苏联的联盟条约，但缔结该条约并非旨在反对德国，而是将欧洲放在安全的框架中。希特勒打断了大使的话。希特勒强调，在德国看来，法苏条约形成了一个专门针对德国的军事联盟。苏联媒体证实了这个观点。在法苏条约基础上实现法德和解是不可能的。法国大使询问法德能否达成航空协定和军控协定，对此，希特勒予以明确拒绝。[⑤] 换言之，在法苏结盟后，法德矛盾成为欧洲最重要的矛盾。只要德国尚未完成重整军备，法国就会利用尚存的军事优势与德国缠斗。德国拒绝法德和解

①　Mussolini's Talk with Laval, January 5, 1935, in Strang, "Imperial Dreams：The Mussolini-Laval Accords of January 1935," p. 803.

②　Radice, *Prelude to Appeasement*, p. 129；Roberts, *The Unholy Alliance*, pp. 68–70.

③　Eden to Clerk, March 18, 1936, *DBFP*, Second Series, Vol. 16, pp. 167–168；Emmerson, *The Rhineland Crisis*, p. 193.

④　Memorandum by Neurath, June 25, 1935, *DGFP*, Series C, Vol. 4, p. 356.

⑤　Memorandum by Neurath, November 22, 1935, *DGFP*, Series C, Vol. 4, pp. 847–848.

将强化法国对德国采取的强硬政策。只要法德和解的可能性不高，那么法国在中东欧的盟国就不必担心法国抛弃它们。因此，它们缺乏足够的动力满足法国关于联盟转型的要求。

德国占领莱茵兰非军事区推动了法国在中东欧的联盟转型。法国清楚地意识到，非军事区的存在是德国西部防线脆弱的重要原因。因此，德国占领非军事区将强化德国在西线的地位，并使德国可以抽调更多的兵力用于东线。在德军东进的道路上，捷克斯洛伐克将成为首轮打击目标之一。[①] 当然，德军占领非军事区也给了法国新的机会。德军占领非军事区后，捷克斯洛伐克即提出，法捷联盟和多瑙河地区都处于德国的威胁之下。关于对德政策，捷克斯洛伐克准备与法国站在一起。同时，捷克斯洛伐克准备与罗马尼亚和南斯拉夫磋商，以采取共同的外交政策。[②] 捷克斯洛伐克的态度意味着，它准备将法捷针对德国的安全承诺与捷罗针对匈牙利的安全承诺相联系。这就为法国推动联盟转型提供了契机。

1936 年夏，法国开始推行更为积极的中东欧政策。一方面，德国占领非军事区之后，法国不得不将主要精力放在法德边界上。当时法国尚不能优先考虑中东欧问题。另一方面，法国国内政府更迭。首次执政的法国联合阵线（The Popular Front）需要一定的时间熟悉外交事务。当英法军事谈判已经开始并且法国新政府趋于稳定后，法国便开始考虑捷克斯洛伐克的建议。对法国来说，联盟转型是重新显示法国在中东欧存在的机会。若法国能在中东欧成功实现联盟转型，则法国可以降低德国占领非军事区带来的负面影响，并迟滞德国的备战。1936 年 6 月，法国和苏联驻意大利的大使向意大利政府建议重新组织集体安全体系。法国、英国、意大利和苏联将采取行动保卫奥地利的独立，其他国家将取消因意大利入侵阿比西尼亚而对意大利施加的制裁。[③] 这表明，法国准备修补与意大利的关系以抵制德国。法国也准备与苏联协调政策以制约德国。

---

① Eden to Clerk, January 27, 1936, *DBFP*, Second Series, Vol. 15, p. 611; Clerk to Eden, March 15, 1936, *DBFP*, Second Series, Vol. 16, p. 144.

② Dieckhoff to the Legation in Czechoslovakia, March 12, 1936, *DGFP*, Series C, Vol. 5, p. 118.

③ Jürgen Gehl, *Austria, Germany, and the Anschluss, 1931-1938*, London: Oxford University Press, 1963, p. 131.

7月31日，法国国防部部长爱德华·达拉第（Édouard Daladier）批准向苏联出口价值1亿法郎的军事装备。[①]

　　捷克斯洛伐克和罗马尼亚为法国推动联盟转型提供了具体的方案。此时，法国的盟国已经感受到德国带来的安全压力。1936年6月，贝奈斯和罗马尼亚外长尼古拉·底图内斯库（Nicolae Titulescu）会面。双方一致认为，德国将很快推动德奥合并，并进攻捷克斯洛伐克。这将成为德国考验英法能否维持中欧现状的试金石。如果英法无所作为，那么捷克斯洛伐克和罗马尼亚将被迫与德国和解。[②] 捷克斯洛伐克、罗马尼亚和南斯拉夫是小协约国成员。各国有针对匈牙利的安全承诺。捷克斯洛伐克和罗马尼亚已经达成了政治谅解，而南斯拉夫对法国采取友好的政策。由此，小协约国参谋长召开会议，并做出结论：如果想要阻止德国的扩张，那么小协约国必须获得法国的军事支持。罗马尼亚的将军们强调，如果法国自我孤立，那么中欧国家将被迫在苏德之间选边站队。罗马尼亚将选择德国。他们强烈要求法国和小协约国缔结军事同盟。[③] 随后，在获得捷克斯洛伐克和南斯拉夫同意的情况下，底图内斯库对法国提出希望在法国与小协约国之间订立互助公约，将小协约国从反对匈牙利的联盟转变成为反对一切侵略的联盟。自然，这一联盟将针对德国。[④]

　　正当法国准备巩固在中东欧的阵地时，罗马尼亚的对外政策却发生了突变。1934—1936年，作为反对修改《凡尔赛和约》的国家元首，卡罗尔国王试图让罗马尼亚加入"集体安全"体系。因此，底图内斯库推进了罗马尼亚与法国和苏联的合作。然而，在卡罗尔国王看来，德国占领非军事区表明法国力量的衰弱。法国联合阵线的执政意味着法国左派对罗马尼亚政体的威胁。过去两年的经验表明，即使罗马尼亚与法国和苏联合作，它也无法解决与苏联的领土争端问题。因此，卡罗尔国王不愿再将罗马尼亚的安全和政权系于法国，也不愿再将本国的领土和主权与苏联相联系。卡罗尔国王将底图内斯库撤职意味着罗马尼亚改变了对

---

① Adamthwaite, *France and the Coming of the Second World War*, p. 49.

② Jordan, *The Popular Front & Central Europe*, p. 188.

③ Jordan, *The Popular Front & Central Europe*, pp. 188–189.

④ Robert J. Young, *In Command of France: French Foreign Policy and Military Planning*, *1933-1940*, Cambridge, M. A.: Harvard University Press, 1978, p. 144.

法国联盟转型的态度。1936 年 9 月 5 日，罗马尼亚新任外长维克多·安东内斯库（Victor Antonescu）向德国驻罗马尼亚公使威廉·法布里齐乌斯（Wilhelm Fabricius）表示，罗马尼亚不想在欧洲事务中发挥积极作用，不会与苏联结盟，不会给予苏联军队在罗马尼亚的过境权。罗马尼亚与法国的友好关系不意味着与德国的敌对关系。① 法国的联盟转型计划因此出现了重大变化。底图内斯库去职前，捷克斯洛伐克和罗马尼亚推动了法国考虑联盟转型的方案。底图内斯库去职后，法国和捷克斯洛伐克要推动罗马尼亚接受以前捷克斯洛伐克和罗马尼亚设想过的联盟转型方案。在罗马尼亚改变政策的情况下，除非法国能够迫使罗马尼亚承担对捷克斯洛伐克新的义务，否则法国的联盟转型将失去意义。

　　联盟转型有助于法国改善在中东欧的地位。因此，法国试图继续推动联盟转型。1936 年 10 月 22 日，法国向捷克斯洛伐克和罗马尼亚正式提出了联盟转型计划，希望它们将彼此反对匈牙利的义务变成反对任何侵略的互助义务。② 这一计划是针对德国的。德尔博斯指出，法国准备与各国分别谈判；捷罗间也进行谈判。只有捷罗达成协议后，它们才能与法国谈判。③ 此时，法国已经意识到罗马尼亚的离心倾向。11 月 5—15 日，罗马尼亚领导人访问比利时和法国。考虑到罗马尼亚和波兰之间的联盟关系，罗马尼亚随后向波兰介绍了法罗会谈情况。法国外长德尔博斯向罗方表示，法国不会反对罗马尼亚和德国发展关系。罗马尼亚应当采取与波兰类似的政策：无论发生任何情况，法波联盟都得到了维护。④ 德尔博斯的谈话表明，法国明白它无法阻止德罗关系的发展。在这种情况下，法国对罗马尼亚政策的重点是要求罗马尼亚无条件地维护法罗联盟。作为回报，或许法国不会坚持要求罗马尼亚对捷克斯洛伐克承担新的义务。如果捷克斯洛伐克遭到德国攻击，那么罗马尼亚可以作壁上观。德尔博斯的谈话反映了法国对罗马尼亚政策改变的无奈，预示着法国联盟转型失败。

---

① Fabricius to the Foreign Ministry, September 6, 1936, *DGFP*, Series C, Vol. 5. p. 950.

② Adamthwaite, *France and the Coming of the Second World War*, *1936-1939*, p. 46.

③ John E. Dreifort, *Yvon Delbos at the Quai d'Orsay: French Foreign Policy during the Popular Front*, *1936-1938*, Lawrence: University Press of Kansas, 1973, p. 133.

④ Lipski, *Diplomat in Berlin*, *1933-1939*, p. 277.

　　法国无法实现法德和解导致法国对罗马尼亚影响力的进一步降低。1936 年圣诞节前夕，德尔博斯会见德国驻法大使并表达了法德和解的愿望。德尔博斯指出，1919 年他就提倡法德和解。德国应该有原料产地和殖民地，交换条件是和平。德尔博斯详细阐述了法德在西班牙内战问题上达成谅解的具体步骤。他希望大使能尽快告知德国政府的答复。① 在给国内的报告中，德国驻法大使指出，德国要么与法国达成协定，要么让法国采取孤立德国的政策。"如果我们对于法方的建议拖延不答，我们的敌人就会认定我方是抗拒这种建议。"② 从报告的语气看，德尔博斯的论述打动了德国大使。大使希望德国抓住机会实现法德和解。然而，大使没有理解法德和解对法国的中东欧盟国产生的影响。如果德国响应法国的倡议，那么罗马尼亚会担心其成为法德和解的牺牲品。在这种情况下，或许罗马尼亚会强化与法国的关系，更积极地支持捷克斯洛伐克。这对德国是不利的。德国拒绝回应法国的倡议将加剧法国对罗马尼亚政策的困境。

　　在对德和解倡议未得到积极响应的情况下，德尔博斯退而求其次，以取消在中东欧的联盟转型计划来维持法罗联盟。1936 年 12 月，罗马尼亚答复了法国关于联盟转型的建议。法国的方案基于国联《盟约》第 3 款第 16 条的规定：每个国联成员必须允许援助受侵略国的军队通过其领土。这使得罗马尼亚认为法国和捷克斯洛伐克试图让罗马尼亚同意苏军过境援助捷克斯洛伐克。因此，罗马尼亚要求小协约国不作为一个整体，而是成员国分别与法国签署条约。③ 这表明了罗马尼亚抵制联盟转型的态度。为防止罗马尼亚倒向德国，法国采纳了罗马尼亚的意见而否决了捷克斯洛伐克的意见。1937 年 1 月 17 日，法国对捷克斯洛伐克强调：如果实现联盟转型，那么法国要为罗马尼亚和南斯拉夫承担新的义务。然而，没有迹象表明小协约国之间的团结加强了。这意味着法国对三国援助的意义不大。此外，如果联盟转型的草案借鉴法苏联盟条约的表述，

① Welczeck to the Foreign Ministry, December 24, 1936, *DGFP*, Series D, Vol. 3, pp. 180, 182.

② 《德国驻法大使维尔奇克致外交部长内拉特函》，1936 年 12 月 26 日，《第二次世界大战前夜的文件和材料》（第二卷），第 227 页。

③ 周旭东：《夹缝中的罗马尼亚：二十世纪三十年代罗马尼亚外交政策研究》，中国社会科学出版社 2003 年版，第 111 页。

那么这将为德国的宣传提供新的证据。反对联盟转型的意见是如此之大，以致法国必须改变原来的计划。①

1937年春，法国对罗马尼亚的有限谈判能力最终导致联盟转型的流产。1937年1月底，正如罗马尼亚对波兰盟友指出的，法国推动联盟转型的努力并未取得进展。② 随后，罗马尼亚对德国强调：无论法国的联盟如何转型，联盟不能针对德国。罗马尼亚希望在经济上和德国达成重大谅解。罗马尼亚和德国不仅应发展政治友好，也应大量地增加贸易。③ 在德罗关系发展的背景下，法国失去了对罗马尼亚谈判的筹码。1937年2月12日，法国外交部起草了一份备忘录，指出：法国与捷克斯洛伐克的合作形式很清楚，然而与罗马尼亚的合作形式并不清楚。"我们能从我们的盟友那里期望得到什么，我们能够在什么方面依靠盟友——这既是一个军事问题，也是一个政治问题。"如果法国只能得到否定的答案，"那么法国政府就要决定它到底想在这个地区维持什么地位，以及如何防止法国在这一地区的传统影响遭到削弱"。备忘录强调，捷克斯洛伐克面临德国的威胁，并且与苏联发展友好关系。然而，罗马尼亚对德国是恐惧和羡慕交织，对苏联是恐惧和仇恨交织。因此，罗马尼亚不愿意承担援助捷克斯洛伐克的义务。底图内斯库和贝奈斯关于将两国之间的联盟改造成欧洲外交工具的设想已经破产。法国必须放弃这个计划。④ 在法国改变立场的情况下，捷克斯洛伐克也不得不承认联盟转型计划的失败。⑤

## 第三节　德、匈、罗联盟转型

如第四章所述，当法国在中东欧的联盟走向解体时，德国开始形成在中东欧的不对称联盟。1940年夏，匈牙利和罗马尼亚排他性地对德国提供本国的战略资源。德国使用武力保障了匈牙利和罗马尼亚的边界。由此，中东欧地区形成了德匈、德罗联盟。对匈牙利和罗马尼亚来说，

①　Dreifort, *Yvon Delbos at the Quai d'Orsay*, pp. 134–135.

②　Łukasiewicz, *Diplomat in Paris, 1936–1939*, p. 40.

③　Fabricius to the Foreign Ministry, February 11, 1937, *DGFP*, Series C, Vol. 6, p. 406.

④　Jordan, *The Popular Front & Central Europe*, p. 250.

⑤　Marek an Schmidt, 5. April 1937, *ADÖ*, 11. Band, S. 165–166.

它们的盟国不仅有德国，还有意大利。毕竟，除德国外，意大利也参与了对匈牙利和罗马尼亚之间领土争端的仲裁。然而，德匈、德罗联盟是两个以德国为主导的不对称联盟。意大利的作用极为有限。1939 年 9 月前，意大利对德国的影响是重大的。意大利拥有可观的军事能力。除水面舰艇优势外，意大利的空军也具有相当作战能力。1938 年 7 月，意大利拥有 4000 架飞机和 1 万名经过训练的飞行员。① 德意结盟后，意大利帮助德国在西线牵制了英法军队，从而使德军得以东进波兰。然而，1939 年 9 月战争爆发后，意大利对德国的影响力骤减，在巴尔干地区的影响力也丧失殆尽。

　　1939—1940 年，意大利的对外政策显示了德国在中东欧地区逐渐形成了绝对优势。1939 年秋，罗马尼亚已经感受到来自德国的压力。因此，罗马尼亚对意大利提出了一系列建议，试图在巴尔干地区形成由意大利领导的新集团。这一建议有助于罗马尼亚将意大利推到抵御德国的一线，也有利于意大利提高对德国的谈判能力。因此，意大利向德国解释了罗马尼亚建议形成由意大利领导的"经济集团"的计划。这是意大利对德国的试探。对此，德国答复称，德国支持这一集团的条件是，该集团不能带有"政治特征"。经过两周多的考虑，墨索里尼迎合了德国的愿望，并拒绝了罗马尼亚的建议。② 这表明，意大利的政策已不能脱离德国的政策轨道。即使获得了德国的同意，意大利也不会在德国采取行动之前有所动作。例如，德意仲裁罗匈边界后，罗匈两国国内的少数民族冲突非但没有停止，反而有所升级。1940 年 9 月 19—22 日，里宾特洛甫和齐亚诺决定对匈牙利虐待其境内罗马尼亚少数民族提出抗议。德意要求匈牙利立即停止行动。9 月 21 日，齐亚诺要求意大利驻匈牙利使馆落实上述决定。然而，9 月 24 日，齐亚诺收到了以下消息：德国驻匈牙利使馆尚未收到柏林的意见。在这种情况下，意大利对匈牙利提出抗议是不恰当的。③ 意大利的政策反映了它必须在中东欧地区唯德国马首

---

①　Aufzeichnung über die Unterredungen zwischen Mussolini, Ciano, Imrédy, und Kánya, 18. Juli 1938, *Allianz Hitler-Horthy-Mussolini*, S. 188.

②　Lowe and Marzari, *Italian Foreign Policy, 1870-1940*, pp. 355-356; Constantinesco, *Romania in Harm's Way, 1939-1941*, pp. 95-96.

③　Réti, *Hungarian-Italian Relations in the Shadow of Hitler's Germany, 1933-1940*, p. 269.

是瞻。这不仅是意大利的政策，也是众所周知的事实。正如罗马尼亚对德国强调的，意大利不能提供罗马尼亚最需要的东西。① 在德军进入罗马尼亚后，意大利对罗马尼亚提出，罗马尼亚是否需要意大利军队也进入罗马尼亚，与德军一起保护罗马尼亚油田？对此，罗马尼亚答称，在没有获得德国同意的情况下，罗马尼亚不会向意大利军队发出邀请。② 意大利与罗马尼亚的互动表明，至 1940 年秋，意大利在中东欧地区的影响力几乎不复存在了。

1940 年 5 月欧洲西线战事的结束导致德苏在中东欧失去了共同的敌人。德苏关系开始从合作走向竞争。对苏备战成为德国推动德匈、德罗联盟转型的主要动力。在德国仲裁罗匈边界的当天，苏联立即就此做了事实性的报道。随后，苏联媒体的评论员文章宣称：德国仲裁领土纠纷对欧洲的和平做出了贡献。③ 然而，这不过是苏联外交的表面文章。在私下会谈中，苏联严厉谴责德国违背德苏《互不侵犯条约》第 3 条关于磋商的规定。莫洛托夫对舒伦堡声明，德国保障了两个苏联的邻国。因此，苏联自然牵涉其中。德国迫使苏联接受其制造的既成事实。④ 这表明德苏关系已经出现了明显的紧张。

在这种情况下，德国开始致力于建立匈牙利和罗马尼亚之间的联盟关系，以便服务于其对苏政策。匈牙利的领土、罗马尼亚的石油和罗匈冲突对德国构成了挑战。1939 年 9 月，当发起波兰战役时，德国曾向匈牙利提出德军过境的要求。但是，匈牙利拒绝了德国。⑤ 1940 年秋，德军过境匈牙利再度成为现实问题。与德国结盟后，罗马尼亚要求德国向罗马尼亚派驻武装力量。这既是针对苏联的，也是针对匈牙利的。鉴于罗马尼亚石油的战略意义，德国准备向罗马尼亚派驻武装力量。然而，德军进驻罗马尼亚需要利用匈牙利领土，而匈牙利则担心德罗联盟会鼓励罗马尼亚使用武力夺回特兰西瓦尼亚。因此，德国不得不考虑如何再

---

① Ribbentrop's Talk with Pop, October 14, 1940, *DGFP*, Series D, Vol. 11, p. 305.
② Réti, *Hungarian-Italian Relations in the Shadow of Hitler's Germany*, *1933-1940*, p. 274.
③ Béni L. Balogh, *The Second Vienna Award and the Hungarian-Romanian Relations*, *1940-1944*, trans. by Andrew Gane, New York: Columbia University Press, 2011, p. 262.
④ Schulenrurg to the Foreign Ministry, September 1, 1940, *DGFP*, Series D, Vol. 11, p. 1.
⑤ 〔意〕加莱阿佐·齐亚诺著，〔美〕休·吉布森编《齐亚诺日记：1939—1943 年》，武汉大学外文系译，第 186—189 页。

次向匈牙利提出德军过境的要求。① 德国对匈牙利和对罗马尼亚的政策
日益从属于对苏联的政策。如果德国能在匈牙利和罗马尼亚之间建立新
的安全承诺，那么德国将获得对苏政策的主动权。

德国推动联盟转型的谈判能力如何？第一，德国对匈牙利和罗马尼
亚的援助能力较强。德国不仅可以向盟国提供物质援助，而且可以在必
要时直接出兵援助盟国。德国具备这样的军事能力。1940 年夏，德国与
匈牙利和罗马尼亚结盟时，德国刚刚迫使法国投降并缴获了大量英国远
征军的装备。意大利糟糕的军事表现进一步凸显了德国军事力量的优势。
苏军是欧洲大陆唯一能与德军抗衡的力量。然而，苏军在芬兰战线的表
现不尽如人意。这不仅暴露了苏军的弱点，也导致苏联谋求对德妥协。
在德匈、德罗联盟形成时，德国是欧洲大陆最重要的军事大国。1940 年
11 月，希特勒对德国的军事能力做了如下评估。"到明年春天，德国陆
军将有 230 个师，包括 186 个可用于进攻的师、20 个坦克师、4 个装甲
旅和 12 个摩托化师。"② 德国与盟国的权力差距成为德国援助盟国的物
质基础。

此外，德国也具备直接援助盟国的地理条件。通过与德国结盟，德
国开始向匈牙利和罗马尼亚派驻军队。在罗马尼亚看来，德国用驻军的
办法可以展示德国保障罗马尼亚边界完整的严肃性。这是罗马尼亚获得
安全的唯一方式。③ 1940 年 10 月，德罗军事合作取得了明显的进展。在
会见罗马尼亚驻德公使时，里宾特洛甫指出，目前德国的军事使团已经
到了罗马尼亚。公使对此深表感谢。里宾特洛甫强调德国会将军事经验
传授给罗马尼亚。德国军事使团出现在罗马尼亚将会对整个巴尔干的局
势有所帮助。对此，公使表示赞同，并强调罗马尼亚政府准备在所有领
域与轴心国合作。④ 1941 年 2 月，驻扎在罗马尼亚的德军已达 68 万人，
其中相当一部分装备了新式武器。⑤ 随后，德国又与保加利亚结盟。结
果，匈牙利和罗马尼亚的领土及军队完全被德军所包围。这就使得德国

---

① Canaris to the Foreign Ministry, September 20, 1940, *DGFP*, Series D, Vol. 11, p. 137.

② Hitler's Talk with Antonescu, November 22, 1940, *DGFP*, Series D, Vol. 11, p. 666.

③ Enclosure, September 18, 1940, *DGFP*, Series D, Vol. 11, p. 127.

④ Ribbentrop's Talk with Pop, October 14, 1940, *DGFP*, Series D, Vol. 11, p. 305.

⑤ Ritter to the Embassy in the Soviet Union, February 22, 1941, *DGFP*, Series D, Vol. 12, p. 127.

可以直接出兵援助匈牙利和罗马尼亚。

第二，德国对匈牙利和罗马尼亚的干涉能力较强。在德匈、德罗结盟的过程中，德国要求匈牙利不得对罗马尼亚使用武力，而罗马尼亚要对匈牙利割让领土。匈牙利和罗马尼亚的领土主张是相互对立的。关于特兰西瓦尼亚的争端，罗马尼亚仅准备向匈牙利割让 1.4 万平方公里，而匈牙利则要求罗马尼亚向其割让 6 万平方公里。① 罗匈领土争端的结果同时涉及两国政权合法性，而德国是仲裁这一领土争端的国家。因此，匈牙利和罗马尼亚政权的合法性均依赖其与德国的合作。这是德、匈、罗领导人的共识。对此，希特勒曾强调："匈牙利应该同意妥协，因为仅凭自己的力量，它什么也得不到。……必须对罗马尼亚说清楚，与匈牙利的和解是解决问题并且保留一定面积领土唯一可行的办法。德国和意大利同时要考虑是否给罗马尼亚剩余部分保障。……（这）体现德意对罗马尼亚未来的贡献。"② 结果，德国裁定罗马尼亚向匈牙利割让 4 万平方公里。③ 1939 年德国仲裁匈牙利与捷克斯洛伐克的边界后，匈牙利曾经挑战德国的仲裁结果。因此，为保证匈牙利和罗马尼亚接受德国的仲裁，德国向争议毗邻地区增调了 10 个步兵师和 2 个装甲师。在必要的情况下，德军将会以最快的速度介入，以便"保护罗马尼亚的油田"。④ 事实上，匈牙利和罗马尼亚均不满意德国的仲裁结果。然而，两国都接受了德国的仲裁结果。这体现了德国对两国很强的干涉能力。当匈牙利或罗马尼亚试图脱离德国的政策轨道时，德国可以占领其领土或更迭其政权。1944 年德国在与苏联的战争中连遭败绩。在这种情况下，匈牙利试图脱离德国的政策轨道，但被德军迅速占领。德国在罗马尼亚的驻军使得罗马尼亚领导人不敢轻易放弃与德国结盟的政策。直到驻罗德军遭到苏军毁灭性打击后，罗马尼亚才脱离了轴心国集团。⑤ 这表明，即使遭到重大打击，德国仍然具备干涉匈牙利和罗马尼亚的能力。

---

① Hitler's Talk with Gigurtu, July 26, 1940, *DGFP*, Series D, Vol. 10, p. 315; Hitler's Talk with Ciano, August 28, 1940, *DGFP*, Series D, Vol. 10, p. 569.

② Hitler's Talk with Ciano, August 28, 1940, *DGFP*, Series D, Vol. 10, pp. 569-570.

③ 〔意〕加莱阿佐·齐亚诺著，〔美〕休·吉布森编《齐亚诺日记：1939—1943 年》，武汉大学外文系译，第 334—335 页。

④ Constantinesco, *Romania in Harm's Way, 1939-1941*, p. 178.

⑤ Keith Hitchins, *Rumania, 1866-1947*, Oxford：Oxford University Press, 1994, p. 500.

　　德国的干涉能力还表现为德国可以通过聚居在匈牙利的德意志少数民族对匈牙利施加压力。1940 年之前，匈牙利和罗马尼亚境内分别有数十万德意志人，主要生活在特兰西瓦尼亚及其周边地区。1940 年夏，德国准备仲裁并保障匈牙利和罗马尼亚在特兰西瓦尼亚的边界。根据德国的设想，原位于匈牙利和罗马尼亚境内的德意志人均由匈牙利政府负责管理。作为仲裁领土的前提要求，德国分别与罗马尼亚和匈牙利签订了关于少数民族的协定。德罗协定仅笼统规定在罗马尼亚的德意志人享有和罗马尼亚人同样权利。[①] 毕竟，在德国仲裁罗匈领土争端之后，生活在罗马尼亚的德意志人已经所剩无几。与之相比，德匈协议却详细开列了在匈牙利的德意志人的各种权利和自由，特别强调了聚居在匈牙利的德意志人拥有和"大德意志祖国"（Großdeutschland Mutterland）自由交流的权利。[②] 根据纳粹的种族主义意识形态，德国应兼并所有的境外德意志人聚居区。对匈牙利境内的德意志人聚居区，德国既可通过拓展在奥地利边界予以兼并，也可直接在特兰西瓦尼亚建立飞地。如果兼并存在较大障碍，德国也可将特兰西瓦尼亚的德意志人迁徙至德国政府管辖的区域内。然而，希特勒根本未考虑过这些符合纳粹意识形态的方案，而是将这些德意志人留在了匈牙利境内。这表明，德国与罗马尼亚和匈牙利的少数民族协议是德国外交战略的产物。在德国仲裁罗匈边界后，罗马尼亚的领土和人口大为缩小，而获得罗马尼亚领土的匈牙利的能力将有所增长。因此，德国需要通过少数民族协议限制匈牙利的内外政策。匈牙利领导人清楚地了解，德匈协议使得德国获得了影响匈牙利国内政治的渠道，也获得了向匈牙利施加压力的额外手段。[③] 匈牙利增加领土和人口的代价是德国对其干涉能力明显提高。

　　第三，德国对匈牙利和罗马尼亚的补偿能力较强。第一次世界大战结束后，匈牙利不断对原匈牙利王国统治下而被割让给南斯拉夫的领土提出要求。1940 年 6 月，为争取德国在特兰西瓦尼亚问题上的支持，匈

---

① Das Volksgruppen-Abkommen, Deutsch-rumänisches Protokoll vom 30. August 1940, *Das Schicksal der Deutschen in Rumänien*, S. 127E.

② Das Wiener Abkommen, Deutsch-ungarisches Protokoll vom 30. August 1940, *Das Schicksal der Deutschen in Ungarn*, S. 73E–75E.

③ Réti, *Hungarian-Italian Relations in the Shadow of Hitler's Germany, 1933–1940*, pp. 263–264.

牙利大幅减少了对南斯拉夫的领土诉求。匈牙利对德国宣称，除了一小块只有几平方公里的地区之外，匈牙利将不再谋求针对南斯拉夫修改边界。匈牙利要求的领土修正面积如此之小，以至于在地图上都看不出来。[①] 此时，德国谋求将巴尔干地区变为德国军事工业的原料产地，并且正考虑与南斯拉夫结盟。德国希望匈牙利克制对邻国的领土诉求。因此，德国完全理解匈牙利在不得已的情况下才采取了上述政策。当德国对南斯拉夫的定位发生变化后，德国便可通过南斯拉夫的领土补偿匈牙利。这对匈牙利具有很强的吸引力。

与之类似，罗马尼亚对苏联也有领土要求。自布尔什维克掌握苏俄政权以来，苏联和罗马尼亚围绕比萨拉比亚归属的争议从未停止。苏方强调这一地区在帝俄时期曾属于苏联，而罗方则强调这一地区的多数居民是说罗马尼亚语的同族人。1940年苏联夺取比萨拉比亚后，罗马尼亚时刻不忘"收复失地"。自然，罗马尼亚的"失地"还包括割让给匈牙利的特兰西瓦尼亚和割让给保加利亚的南多布罗加。当匈牙利和保加利亚成为德国的盟国后，罗马尼亚不可能在不经德国同意的情况下从匈牙利和保加利亚"收复失地"。结果，罗马尼亚将苏联视为"收复失地"的主要目标。德苏两军交界的宽广平原既无明显天堑，又无坚固工事。德军对苏军较强的突防能力意味着德国以苏联的损失补偿罗马尼亚的能力较强。

第四，德国对匈牙利和罗马尼亚的损耗能力毫不亚于其补偿能力。1939—1940年，匈牙利和罗马尼亚分别与苏联存在一系列的冲突。匈、罗两国敌视苏联社会主义制度，且分别与苏联存在领土争端和民族冲突。捷克斯洛伐克被肢解后，匈牙利吞并了卢西尼亚。对这块土地，苏联将其称为"喀尔巴阡-乌克兰"。该地与乌克兰苏维埃社会主义共和国的历史联系可能成为苏联对匈牙利领土要求的依据。因此，卢西尼亚问题成为苏匈关系紧张的象征。1939年12月，苏芬冲突爆发后，匈牙利对德国强调：在北方获胜后，苏联将不可避免地在巴尔干地区扩张影响。匈牙利希望德国能帮助匈牙利避免这种情况。[②] 1940年6月，苏联对罗马尼亚提出关于比萨拉比亚的最后通牒。事件发生后，匈牙利向德国强调：

① Clodius and Erdmannsdorff to the Foreign Ministry, June 28, 1940, *DGFP*, Series D, Vol. 10, p. 57.

② Memorandum by Ribbentrop, December 13, 1939, *DGFP*, Series D, Vol. 8, p. 529.

"没有人能够确定苏联某一天不对喀尔巴阡-乌克兰提出要求。"① 在德苏合作不断深化的背景下，匈牙利仍然对德国不断表明其反苏立场。这体现了苏匈冲突根深蒂固的特点。与苏匈冲突相比，苏罗冲突已经持续了20多年。依托德苏《互不侵犯条约》，苏联对罗马尼亚发出最后通牒并夺取了比萨拉比亚。割让比萨拉比亚导致罗马尼亚的卡罗尔国王政府倒台，而夺回比萨拉比亚则成为罗马尼亚安东内斯库政府对外政策的宗旨。匈牙利和罗马尼亚均与苏联存在重要争端。因此，如果德国选择与苏联合作，那么匈牙利和罗马尼亚将成为德国对苏政策的牺牲品。

德苏巨大的经济体量和高度的贸易互补性意味着德国随时可能损耗匈牙利和罗马尼亚的利益。1940 年 2 月，德国和苏联达成了长期经济协定。苏联对德国提供农产品和石油，使德国免受英国经济封锁的困扰。苏联满足了德国的愿望——延长经济协定的执行期。苏联放弃了每 6 个月平衡双方贸易的立场。苏联将在 18 个月内完成供货，而德国将在 27 个月内完成供货。苏联对德国第 1—12 个月的发货将在 15 个月内由德国偿付，而第 13—17 个月的发货将在第 16—27 个月由德国偿付。② 这意味着苏联对德国的战时经济实行赊账。如果将苏联的产品以货币计算，那么苏联对德国提供了贷款。这不仅是德苏经贸合作的重要体现，而且也表明了苏联对德国长期对外政策走向的信任。根据 1940 年 12 月的德苏贸易协定，苏联对德国提供了 100 万吨谷物、50 万吨小麦、10 万吨棉花、90 万吨石油产品、50 万吨铁矿石、30 万吨废铁和数量庞大的锰及铂。按德国的估价，苏联向德国提供了价值 8 亿马克的各类产品。苏联还允许德国使用苏联的领土和铁路，从罗马尼亚、伊朗、阿富汗和东亚进口原料。③ 即使德苏安全竞争日益激烈，德苏经济合作仍在有条不紊地推进。即使德苏战争迫在眉睫，苏联的农产品和石油仍然源源不断地运往德国。若德国不进攻苏联，则德苏合作仍可维持 1—2 年。在这种情况下，德国以何种方式损耗匈牙利和罗马尼亚的利益取决于德国决策者对苏联估计的变化。匈牙利和罗马尼亚的领导人不可能充分把握希特勒

---

① Memorandum by Weizsäcker, July 2, 1940, *DGFP*, Series D, Vol. 10, p. 92.

② Memorandum by Schnurre, February 26, 1940, *DGFP*, Series D, Vol. 8, p. 815.

③ Jonathan Adelman, "German-Soviet Relations, 1939 - 1941," in Jonathan Adelman ed., *Hitler and His Allies in World War II*, New York: Routledge, 2007, pp. 38-39.

对苏联的判断。这就使得匈牙利和罗马尼亚时刻担心德苏合作将其置于危险的境地。

简言之，德国对匈牙利和罗马尼亚的援助能力、干涉能力、补偿能力和损耗能力很高。正是凭借这种谈判能力，德国开始推动德匈、德罗联盟转型为德、匈、罗联盟。1940年莫洛托夫访问柏林的情况表明，德国在匈牙利和罗马尼亚之间建立互助性的安全承诺已经刻不容缓。在芬兰、罗马尼亚、保加利亚三个问题上，德国和苏联的立场大相径庭。关于芬兰，德国不能允许苏芬之间再次爆发武装冲突，而苏联则不能允许德国插手苏芬关系。关于罗马尼亚，德国强调保障罗马尼亚是为了保证石油供应，而苏联则认为德国对罗马尼亚的保障是鼓励罗马尼亚反对苏联。关于保加利亚，苏联要求德国允许苏联对保加利亚给予保障，而德国则建议苏联与保加利亚会谈。在苏联看来，德国试图阻止苏联对保加利亚施加影响。[①] 如果德国试图在对苏政策中取得主动，那么就要强化在中东欧的存在。为此，德国需要缓和匈牙利与罗马尼亚之间的敌意，并在匈牙利和罗马尼亚之间建立针对苏联的联盟关系。

送走莫洛托夫后，希特勒会见了匈牙利和罗马尼亚的领导人，并着手推动德国主导的联盟的转型。德国对匈牙利和罗马尼亚领土争端的仲裁没有完全满足匈牙利的要求。因此，当匈牙利接受德国的仲裁后，希特勒对此表示赞赏。希特勒指出，他并不认为敌人越多越光荣。他强调德国应该赢得越来越多的朋友和盟友。关于匈牙利驱逐特兰西瓦尼亚的罗马尼亚人，希特勒宣称：过去20年罗马尼亚人恶劣地对待匈牙利人。因此，匈牙利人目前只是对忍受多年的错误行为的反应。当然，希特勒和里宾特洛甫也强调，德国将加强在罗马尼亚的部队，并在和平的环境中获得罗马尼亚的石油。[②] 这表明德国将不允许匈牙利对罗马尼亚使用武力。

在巩固德匈关系的同时，希特勒和里宾特洛甫也接见了罗马尼亚的

---

① Hitler's Talk with Molotov, November 12, 1940, *DGFP*, Series D, Vol. 11, pp. 541-549; Hitler's Talk with Molotov, November 13, 1940, *DGFP*, Series D, Vol. 11, pp. 550-562; Ribbentrop's Talk with Molotov, November 13, 1940, *DGFP*, Series D, Vol. 11, pp. 562-570.

② Hitler's Talk with Teleki, November 20, 1940, *DGFP*, Series D, Vol. 11, pp. 633-636.

安东内斯库。安东内斯库谴责了苏联在多瑙河地区的扩张。对此，里宾特洛甫指出，在与莫洛托夫的会谈中，希特勒已经抵制了苏联提出的参与多瑙河管理的要求。① 在与安东内斯库的谈话中，希特勒赞赏罗马尼亚付出的领土代价。他强调，除西线的 50 个师外，德国可以调用 180 个师保障罗马尼亚的安全。他相信安东尼斯库将会重组罗马尼亚军队。在与希特勒的谈话中，安东内斯库长时间抱怨匈牙利虐待境内的罗马尼亚少数民族。他指出，特兰西瓦尼亚在历史上只有 50 年属于匈牙利，而且从未被分割过。他强调罗马尼亚会尊重德国的仲裁。然而，罗马尼亚保留在全面和平来临时重提此事的权利。对此，希特勒宣称，德国的仲裁并非完全理性的解决办法。现在重提此事的时机还不成熟。然而，他完全理解安东内斯库的愤怒和悲伤。最后，希特勒宣称："历史不会停在 1940 年。"② 这无异于暗示，在纳粹建立所谓"欧洲新秩序"之后，德国将根据罗马尼亚的所谓"贡献"重新划分欧洲疆界。

在德国的推动下，1940 年 11 月，匈牙利和罗马尼亚几乎同时成为轴心国集团成员。此时，在德国的支持下，匈牙利已经以罗马尼亚为代价获得了数万平方公里的土地。因此，德国强化了对罗马尼亚的支持，以平衡德国与罗匈的关系。除了向罗马尼亚提供政治支持外，德国向罗马尼亚提供总价值 1 亿马克的经济援助，并准备按罗马尼亚的作训计划增派 1 个德国师进入罗马尼亚。为了减轻罗马尼亚的负担，德国全面负担德军的后勤。在与德国元帅威廉·凯特尔（Wilhelm Keitel）谈话时，安东内斯库指出，如果苏联进攻罗马尼亚，那么罗马尼亚将撤退至罗匈边界。他要求德国支持罗马尼亚的后方通信。凯特尔回答说，德国将尽可能地提供帮助。罗马尼亚军队背后不是罗匈边界，而是德国军队。③ 1940 年 12 月 13 日，匈牙利终于允许德军通过匈牙利前往罗马尼亚。④ 对此，希特勒指出：现在理解局势的人越来越多了。特别是匈牙利已经意识到欧洲命运的重要性。因此，匈牙利正在帮助德国运兵到罗马尼亚。⑤ 这

---

① Ribbentrop's Talk with Antonescu, November 22, 1940, *DGFP*, Series D, Vol. 11, p. 661.

② Hitler's Talk with Antonescu, November 22, 1940, *DGFP*, Series D, Vol. 11, p. 670.

③ Ribbentrop's Talk with Antonescu, November 23, 1940, *DGFP*, Series D, Vol. 11, p. 683; Keitel's Talk with Antonescu, November 23, 1940, *DGFP*, Series D, Vol. 11, p. 688.

④ Hitler to Mussolini, December 31, 1940, *DGFP*, Series D, Vol. 11, p. 992.

⑤ Hitler's Talk with Filov, January 4, 1941, *DGFP*, Series D, Vol. 11, p. 1022.

是匈牙利对德、匈、罗联盟安全承诺的实践。德国的联盟转型初见成效。

1941年1月，德国和苏联同时向中东欧大规模增派武装力量。在这种情况下，德国希望巩固在巴尔干地区的阵地。此时，德国正谋求与南斯拉夫结盟，而匈牙利仍未放弃对南斯拉夫的领土要求。因此，德国仍在约束匈牙利对南斯拉夫的诉求。1941年1月，希特勒指出，匈牙利有很多愿望，但他总是劝说匈牙利的政治家不可能在一代人的时间内实现所有的愿望。后面的人也要有事可做。[①] 同时，匈牙利与罗马尼亚并未消除对彼此的敌意。在和希特勒会面时，安东内斯库强调罗马尼亚对苏备战的措施。同时，他继续谴责匈牙利驱逐境内的罗马尼亚人。面对两个盟友之间的矛盾，希特勒请安东尼斯库换位思考。希特勒强调，目前在匈牙利境内的德意志少数民族的处境也不好。然而，德国好不容易才劝说匈牙利允许德军过境匈牙利。德国需要同匈牙利合作。所以德国不能对匈牙利施加压力，也不好对罗匈关系发表意见。[②]

在很大程度上，德国与匈牙利、罗马尼亚和南斯拉夫结盟的计划是相互矛盾的。匈牙利分别与罗马尼亚和南斯拉夫存在领土纠纷。罗马尼亚与南斯拉夫之间也存在民族问题。在这种情况下，德国分别与匈牙利和罗马尼亚建立联盟关系已属不易。德国想推动匈牙利和罗马尼亚建立互助安全承诺则是难上加难。1941年3月，德国找到了解决困难的钥匙——南斯拉夫。如第四章所述，在希腊战事吃紧的情况下，德国谋求与南斯拉夫结盟。但是，南斯拉夫拒绝对德军提供过境权。这引起了德国的强烈不满。德南关系急转直下。考虑到匈牙利对南斯拉夫的领土要求，德国开始以南斯拉夫补偿匈牙利。3月21日，匈牙利对德国提出，它理解与罗马尼亚达成妥协的必要性。匈牙利接受德国的领土仲裁，但希望今后再次修改边界能够对匈牙利更为有利。匈牙利愿意帮助德国向南方推进。[③] 3月27日，希特勒接见匈牙利驻德公使。希特勒指出，无论修改边界条约多么困难，历史有自己的发展趋势。德国将不允许建立

---

① Hitler's Talk with Filov, January 4, 1941, *DGFP*, Series D, Vol. 11, p. 1021.

② Hitler's Talk with Antonescu, January 14, 1941, *DGFP*, Series D, Vol. 11, pp. 1093 - 1094.

③ Hitler's Talk with Bárdossy, March 21, 1941, *DGFP*, Series D, Vol. 12, p. 334.

任何反德基地，也不会约束匈牙利修改边界的要求。① 次日，希特勒再次接见匈牙利公使，并向公使保证，他不会反对匈牙利的领土要求。德国将支持匈牙利得到亚得里亚海的出海口。现在是纠正不公正历史的时候。在历史上，德国和匈牙利是一体的。他们都要面对斯拉夫人。在与南斯拉夫的冲突结束后，他希望匈牙利能够满意地实现本国的领土诉求。② 如果匈牙利参与对南斯拉夫的备战，那么它担心罗马尼亚对特兰西瓦尼亚发动进攻。对此，德国承诺将不会允许罗马尼亚进攻匈牙利。③随后，德国与匈牙利组成了联军攻击南斯拉夫，并允许匈牙利占领了部分南斯拉夫领土。德国以南斯拉夫的损失满足匈牙利的愿望。

自然，德国没有忽视罗马尼亚在南斯拉夫问题上的诉求。第一次世界大战期间，为争取罗马尼亚参战，1916 年协约国曾与罗马尼亚秘密签署了《布加勒斯特条约》，许诺在战争胜利后将奥匈帝国治下的巴奈特（Banat）地区交给罗马尼亚。这一地区有 150 万人口，包括 60 万罗马尼亚人、38.5 万德意志人、35.8 万塞尔维亚人和 24 万马扎尔人。巴奈特是贝尔格莱德的战略屏障。因此，第一次世界大战结束后，协约国分割了巴奈特。这使得南斯拉夫和罗马尼亚境内均出现了 6.5 万—7.5 万的少数民族人口。④ 划界之后，巴奈特的人口大量减少。至 1931 年 3 月，巴奈特人口仅剩 58.6 万，包括 6.2 万罗马尼亚人、12 万德意志人、27.4万塞尔维亚人和 9.6 万马扎尔人。⑤ 在罗马尼亚与南斯拉夫合作反对匈牙利的时代，罗马尼亚并未对南斯拉夫提出关于巴奈特的领土要求。然而，即使在那个时代，德国也理解罗马尼亚对巴奈特的诉求。早在 1939 年 4月，希特勒曾对罗马尼亚领导人指出，在巴奈特的德意志人反对将其居住的土地并入匈牙利。因此，德国愿意帮助罗马尼亚防止匈牙利攻占巴

① Hitler's Talk with Sztójay, March 27, 1941, *DGFP*, Series D, Vol. 12, p. 369.

② Hitler's Talk with Sztójay, March 28, 1941, *DGFP*, Series D, Vol. 12, p. 403.

③ Erdmannsdorff to the Foreign Ministry, April 9, 1941, *DGFP*, Series D, Vol. 12, p. 494.

④ Charles Jelavich and Barbara Jelavich, *The Establishment of the Balkan National States, 1804–1920*, Seattle: University of Washington Press, 1977, pp. 293, 302, 306; Berend, *Decades of Crisis*, p. 171.

⑤ Holm Sundhaussen, "Die Deutschen in Kroatien-Slawonien und Jugoslawien," in Herg. von Günter Schödl, *Land an der Donau*, Berlin: Siedler, 1995, S. 329.

奈特。① 德国的这一立场有利于罗马尼亚。

随着匈牙利、保加利亚参与德国肢解南斯拉夫的行动,刚刚损失大量领土的罗马尼亚担心南斯拉夫的解体会刺激匈牙利和保加利亚对罗马尼亚提出更多的领土要求。这引发了罗马尼亚强烈的不安。罗马尼亚对德国提出,如果匈牙利占领巴奈特,那么罗马尼亚将使用武力将匈牙利军队驱离这一地区。② 面对罗马尼亚的诉求,德国采取了将匈牙利和罗马尼亚军队隔离的预防性措施。德国对匈牙利提出,德国军队(而非匈牙利军队)将占领巴奈特。③ 德国要求匈牙利放弃任何进入该地区的企图。德国已经对罗马尼亚保证,只有德国军队会进入这个地区。德国军队将保护这一地区的德国和匈牙利的利益。④ 同时,德国对罗马尼亚强调,南斯拉夫各地未来的命运将在达成最终和平的时候予以解决。⑤

随后,希特勒亲自向匈牙利和罗马尼亚领导人做了解释。面对匈牙利领导人,希特勒强调,匈牙利不应与罗马尼亚为敌,而应追随德国进攻苏联。希特勒指出,罗马尼亚对德国经济极为重要,并且允许德国军队过境。因此,德国对罗马尼亚在充满荆棘的道路上的前进表示赞赏。安东尼斯库正在进行孤独的、痛苦的战斗,并承受着各方面的压力。安东内斯库就任最高领导人之后,罗马尼亚的处境并未明显改善,外交政策还未取得明显的成功。只有取得一些成就,安东内斯库才能够宣传他的成就。德国不能允许安东内斯库政权的倒台,而将巩固这一政权。因此,德国将派兵占领罗马尼亚和匈牙利在南斯拉夫的争议地区,并将像警察一样行事。对此,匈牙利公使指出,安东尼斯库总是暗示要修改边界。这使得匈牙利感到不安。希特勒回答说,安东尼斯库这样做是为了对付国内的反对派。公使强调,罗马尼亚这样的政策使得匈牙利政府很难安抚匈牙利民众。虽然德匈在罗马尼亚问题上立场差距较大,但两国对苏联却有一致看法。面对匈牙利公使,希特勒大谈苏联对匈牙利的威胁。对此,公使指出:匈牙利欢迎与德国重建战斗的兄弟关系,欢迎这

① Hitler's Talk with Gafencu, April 19, 1939, *DGFP*, Series D, Vol. 6, p. 494.
② Bossy and Bossy eds., *Recollections of a Romanian Diplomat, 1918-1969*, Vol. 2, p. 404.
③ Hitler's Talk with Sztójay, March 27, 1941, *DGFP*, Series D, Vol. 12, p. 369.
④ Ribbentrop to the Legation in Hungary, April 14, 1941, *DGFP*, Series D, Vol. 12, p. 548.
⑤ Ribbentrop to the Legation in Romania, April 12, 1941, *DGFP*, Series D, Vol. 12, pp. 534-535.

个共同战斗的时刻的到来。①

　　接着，希特勒对罗马尼亚做了另一番解释。在肢解南斯拉夫的过程中，罗马尼亚对在南斯拉夫、匈牙利和保加利亚的罗马尼亚人聚居区提出了要求。在德罗结盟的情况下，罗马尼亚对德国提出了这些要求。②此时，德国已经开始了对苏战争准备。德国需要罗马尼亚为德国提供基地和兵源。因此，希特勒接见了安东内斯库。安东内斯库指出，按照希特勒的要求，他已经动员了罗马尼亚的军事、政治和社会资源，为实现对苏作战做了准备。考虑到未来即将发生的严重事件，安东内斯库已经强化了他在军队中的组织，并且动员了经济和财政资源。然而，这不意味着他将放弃任何权利。他相信希特勒的公正性。在仔细考虑种族、政治和历史观点之前，他要求希特勒不要对罗马尼亚的疆界做出最终的裁决。希特勒不能在未与罗马尼亚协商的情况下做出任何最终的决定。对此，希特勒答称，苏联已经成为德国的敌人。在这样严重的形势下，其他的愿望和要求必须退居次要地位。对苏作战将是决定性的。希特勒感谢安东内斯库理解这种局势，并且不在反苏联盟中制造紧张。今后将会发生欧洲的重组。希特勒保证，当冲突结束之后，罗马尼亚将得到无限制的领土补偿。③

　　德国对盟国的补偿能力有力地推动了匈牙利和罗马尼亚对苏联的备战。1941年德苏战争爆发前，根据意大利的判断，在对苏战争中，"匈牙利人和罗马尼亚人准备合作"。④这个判断很快得到了证实。德苏战争爆发后，匈牙利和罗马尼亚都将本国军队派往前线。在德苏战场的南段，德国、匈牙利和罗马尼亚的军队并肩作战。这意味着联盟成员以军事行动履行了它们对彼此的安全承诺。对德国外交来说，发动对苏战争是个无可挽回的错误。然而，德国、匈牙利和罗马尼亚军队共同参战却标志着德国在中东欧联盟转型的成功。强盟主对弱盟友的援助能力、干涉能力、补偿能力和损耗能力越强，联盟转型越容易成功。

① Hitler's Talk with Sztójay, April 19, 1941, *DGFP*, Series D, Vol. 12, pp. 581-586.
② Memorandum by Velhagen, April 23, 1941, *DGFP*, Series D, Vol. 12, pp. 616-617.
③ Hitler's Talk with Antonescu, June 11, 1941, *DGFP*, Series D, Vol. 12, pp. 1002-1004.
④ 〔意〕加莱阿佐·齐亚诺著，〔美〕休·吉布森编《齐亚诺日记：1939—1943年》，武汉大学外文系译，第399页。

# 第六章　协调对象理论

　　第四章和第五章讨论了小国影响国际格局的方式。与一个小国相比，小国集团对大国间的战略关系的影响更大。小国集团形成共同政策的条件是什么？如第一章所述，依据既有理论的思路，安全利益的一致性和政治体制/意识形态的一致性塑造了三类小国集团——小国联盟、小国协调和小国组成的安全共同体。每类小国集团均可能形成共同的对外政策。然而，每类小国集团并不必然形成共同的对外政策。因此，"安全利益"和"政治体制/意识形态"均非解释小国集团能否形成共同对外政策的必要条件。在上述三类小国集团中，每种类型的小国集团都存在政策协调现象，而小国联盟的政策协调行为最多，可观测的案例最多。因此，讨论小国联盟产生共同政策的条件是分析小国集团产生共同政策的突破口。本章拟通过研究小国联盟形成共同对外政策的条件，建构一个关于小国集团政策协调的理论——"协调对象理论"。

　　小国集团的政策协调对象是解释小国集团能否形成共同对外政策的关键因素。若小国集团仅试图协调对某个小国或某个大国的政策，则小国集团可以形成共同的对外政策。若小国集团试图同时协调对小国和大国的政策，则小国集团无法形成共同的对外政策。本章选择1922—1938年小协约国和1921—1939年波兰与罗马尼亚的联盟作为检验理论的案例。1922—1934年，小协约国只协调针对小国（匈牙利）的政策，并形成了共同的对外政策。1935—1938年，小协约国试图同时协调针对小国（匈牙利）和大国（德国）的政策，没能形成共同的对外政策。1921—1931年，波罗联盟只协调针对大国（苏俄/苏联）的政策，并形成了共同的对外政策。1932—1939年，波罗联盟试图同时协调针对大国（苏联、德国）和小国（波罗的海国家、捷克斯洛伐克、匈牙利）的政策，没能形成共同的对外政策。

## 第一节　理论假设

### 变量关系

在对小国集团分类的基础上，笔者对小国集团做出两项假定。第一，两个或两个以上小国组成小国集团。因此，小国集团的能力强于单个小国。例如，东盟是小国集团。东盟的力量强于每个东盟成员国的力量。第二，小国与大国存在本质区别。小国缺少独立的进攻性军事能力，而大国具备这种能力。因此，小国集团的能力弱于单个大国。例如，俄罗斯是中东欧地区的大国，而维谢格拉德集团是该地区的小国集团。维谢格拉德集团的力量弱于俄罗斯。

小国集团存在两类基本的"共同政策"——独立自主或依附大国。由于小国集团的能力强于小国，因此，若小国集团仅协调针对其他小国的政策，则小国集团有能力通过这种政策塑造协调对象。这种预期将推动小国集团形成独立自主的共同对外政策。例如，1934年2月，希腊、土耳其、南斯拉夫和罗马尼亚形成了《巴尔干协约》（The Balkan Entente）。该协约第1条规定，缔约国彼此保障各自在巴尔干地区的边界。协约第2条强调，在缔约国未充分协商的情况下，缔约国不与任何其他巴尔干地区国家发展政治关系或承担政治义务。各缔约国的共同邻国是保加利亚，而保加利亚与各缔约国均存在领土争端和族群冲突。因此，《巴尔干协约》名义上是缔约国之间的互不侵犯体系，实际上则是缔约国针对保加利亚的小国联盟。如果保加利亚试图发展军备以修改边界，那么《巴尔干协约》缔约国会对保加利亚采取强制措施。协约的"政治附件"第2条、第3条着重指出：缔约国不介入与任何大国之间的冲突。因此，《巴尔干协约》不协调缔约国针对巴尔干地区之外的任何大国的政策，如希腊不介入南斯拉夫与意大利的争端，土耳其不介入罗马尼亚与苏联的争端。保加利亚是《巴尔干协约》缔约国针对的唯一目标国家。当《巴尔干协约》缔约国的能力强于保加利亚时，这个小国集团对保加利亚采取独立自主的共同政策。[①]

　　与上述选择相比，小国集团也可能通过依附某个大国影响大国之间的权力投射。假设 A 国、B 国是存在竞争关系的两个大国。若小国集团只协调针对 A 国的政策，则小国集团可能与 B 国形成合作关系。小国集团将可能成为 B 国针对 A 国的工具。小国集团成员对 B 国排他性地提供战略物资，以便从 B 国获得针对 A 国的保护。这种预期将推动小国集团形成依附 B 国的共同对外政策。例如，1948 年，英国、法国、比利时、卢森堡、荷兰签署了《布鲁塞尔条约》，以防止德国重整军备。然而，此时德国处于分裂状态，尚未恢复主权。因此，《布鲁塞尔条约》不是针对德国的。第二次世界大战使得英法丧失了在欧洲的独立的进攻性军事能力，而冷战的爆发又使得西欧国家与苏联形成了敌对关系。这些国家与苏联的政治体制和意识形态的差异加剧了它们之间的矛盾。因此，《布鲁塞尔条约》是以针对德国为名而事实上针对苏联的小国联盟。[②] 在美苏竞争的情况下，上述西欧国家将其领土作为美国军事基地，从而获得美国的安全保障。这些西欧国家通过提供领土影响美国对苏联的权力投射，这一预期使得它们共同强化了与美国的安全关系。

　　当然，小国集团能否增加 B 国对 A 国的权力投射，还取决于小国集团与 B 国合作的形式和程度。小国集团与 B 国不同形式和程度的合作增加了小国集团与 A 国互动的不确定性。塑造这种不确定性是小国集团影响大国间关系的一种重要手段。例如，冷战初期，美国的孤立主义势力试图使美国采取"不干涉"欧洲大陆事务的政策，表现为主张将美军从欧洲撤回。同时，西欧不少国家的左派政治力量已经进入议会和政府。这些左派政治力量同苏联之间存在各种形式的联系。如果美国不对西欧集团做出明确的安全承诺，那么西欧集团可能会倾向苏联。第二次世界大战严重削弱了西欧国家的力量，并拉大了它们与苏联

---

① 关于《巴尔干协约》的内容及"政治附件"全文，参见 "The Balkan Entente Pact," February 9, 1934, in Marilynn Giroux Hitchens, *Germany, Russia, and the Balkans: Prelude to the Nazi-Soviet Non-Aggression Pact*, New York: Columbia University Press, 1983, pp. 327-330。关于对《巴尔干协约》的讨论，参见 Barbara Jelavich, *History of the Balkans: Twentieth Century*, Cambridge: Cambridge University Press, 1983, pp. 212-213。

② Wight, *Power Politics*, pp. 133-134.

之间的能力差距。这加重了西欧国家与苏联相处时的心理负担。[①] 在没有其他大国介入的情况下，欧洲很可能处于苏联影响之下，而这是美国无法接受的。结果，美国放弃了孤立主义的立场，转而打造以自身为核心包括西欧集团在内的北约组织。西欧集团在美苏之间政策取向的不确定性是推动美国克服国内孤立主义阻力并对西欧提供强有力安全保障的重要动力。

小国集团与大国的不同合作形式和程度可以塑造大国之间的关系。然而，出现这种情况的条件是，小国集团仅协调针对某个大国的对外政策。如果小国集团同时协调针对大国和小国的政策，那么小国集团塑造大国间关系的手段将成为制约小国集团自身的羁绊。小国集团将陷入决策困境，进而导致无法形成共同对外政策。

假设 A 国、B 国是存在竞争关系的两个大国。C 国是小国集团之外的小国。若小国集团同时协调针对 A 国和 C 国的政策，则 A 国与 C 国将加强合作。在这种情况下，小国集团将出现决策困境。一方面，小国集团无法准确判断 A 国与 C 国的合作程度。若 A 国与 C 国的合作程度较低，则小国集团可以独立自主地执行对 C 国的政策。若 A 国与 C 国的合作程度较高，则小国集团难以独立自主地执行对 C 国的政策。因此，小国集团将难以确定它能否独立自主地对 C 国采取对外政策。另一方面，小国集团也无法准确判断 A 国与 C 国的合作对 B 国产生的影响。A 国与 C 国的合作可能不会增加 A 国对 B 国的权力投射。在这种情况下，如果小国集团谋求依附 B 国，则 B 国将予以拒绝，以免承担对小国集团的义务。此外，A 国与 C 国的合作也可能增加 A 国对 B 国的权力投射。在这种情况下，如果 B 国谋求小国集团对其依附，则小国集团将予以拒绝，以免承担对 B 国的义务。因此，小国集团将难以确定它能否采取依赖 B 国的政策。综上所述，A-C 关系对 B 国的不同影响使得小国集团陷入了决策困境。小国集团既不能形成独立自主的政策，又不能形成依附大国的政策。因此，小国集团无法形成共同政策。

小国集团的决策困境在实践中产生了重大影响。第一次世界大战爆

---

① Wallace J. Thies, *Why NATO Endures*, New York：Cambridge University Press, 2009, pp. 92-93.

发前的"巴尔干联盟"（The Balkan Alliance/League）体现了小国集团政策协调的困境。1878年柏林会议后，土耳其沦为依赖于欧洲大国均势生存的弱小国家。然而，这个信奉伊斯兰教的国家却统治了信奉多种宗教的不同民族。针对土耳其人的民族主义和针对伊斯兰权威的宗教运动推动保加利亚、塞尔维亚、希腊、门的内哥罗（Montenegro）等国发起了瓦解土耳其统治的独立运动。为了将土耳其的影响逐出巴尔干地区，上述中小国家形成了针对土耳其的巴尔干联盟。[1] 为了同奥匈帝国争夺土耳其的"遗产"，俄国利用"泛斯拉夫主义"和东正教的跨国联系对保加利亚、塞尔维亚和门的内哥罗提供援助。例如，1910年12月15日，俄国与门的内哥罗签订军事协定。俄国每年对门的内哥罗提供60万卢布以及军事教官、武器装备和弹药。应俄国的要求，门的内哥罗承诺在未获得俄国允许的情况下不与第三方形成进攻性的联盟。若门的内哥罗未履行协定条款，俄国将延迟提供经济援助和军事装备。[2] 当塞尔维亚和保加利亚缔结联盟条约后，俄国向英国通报了其对塞尔维亚-保加利亚联盟的支持。[3] 俄国影响的扩大引起了奥匈帝国的担忧和英国的警觉。为抵制俄国影响的扩大，奥匈帝国加快了对波斯尼亚（Bosnia）-黑塞哥维那（Herzegovina）的渗透。相比而言，英国既担心俄奥矛盾激化引发军事冲突，又担心俄奥合作导致土耳其崩溃。两种情况都将威胁英国在地中海地区的权益。更为重要的是，此时欧洲已经形成了德奥联盟、法俄联盟、英法协约和英俄协约。巴尔干联盟准备划分土耳其欧洲部分疆界的任何行动都将可能导致英、法、俄、德、奥之间爆发武装冲突。

欧洲大国的介入成为巴尔干联盟运行的障碍。巴尔干联盟成员需要同时协调对欧洲大国和对土耳其的政策。巴尔干联盟的成员无法判断俄、奥、英与土耳其的关系。这就导致了巴尔干联盟的分裂。一些联盟成员主张强化与俄国的合作，而另一些联盟成员则主张通过联盟自身的力量

[1] Andrew Rossos, *Russia and the Balkans: Inter-Balkan Rivalries and Russian Foreign Policy, 1908-1914*, Toronto: University of Toronto Press, 1981, pp. 40-51.
[2] Edward C. Thaden, *Russia and the Balkan Alliance of 1912*, University Park: Pennsylvania State University Press, 1965, p. 31.
[3] Ernst Christian Helmreich, *The Diplomacy of the Balkan Wars, 1912-1913*, Cambridge: Harvard University Press, 1938, p. 62.

消除土耳其在欧洲的残余影响。① 在反对土耳其方面，巴尔干联盟成员国有共同诉求。然而，在分配土耳其战利品方面，巴尔干联盟成员国的诉求并不相同。例如，巴尔干联盟成员对如何处理土耳其统治下的马其顿存在分歧。保加利亚主张马其顿自治，并将这视为马其顿与保加利亚合并的必要步骤。相比而言，塞尔维亚、希腊等国则试图分割马其顿。②巴尔干联盟成员对自身权益的不同考虑刺激了各大国的介入。各大国的介入又进一步强化了巴尔干联盟成员对彼此的诉求。因此，巴尔干联盟成员国能够联合与土耳其作战。然而，当土耳其败局已定，联盟成员复杂的协调对象加深了联盟成员对彼此的猜忌和疑虑。这样的小国集团难以长期存在。对土耳其的战争结束后，巴尔干联盟成员几乎立即兵戈相向。这次，土耳其成了新联盟的成员，而原联盟成员国保加利亚则成为各国攻击的对象。巴尔干联盟成员政策协调失败不仅刺激了巴尔干半岛原有的矛盾，而且显示了小国集团与欧洲列强错综复杂的关系。这种错综复杂的矛盾预示着这一地区将成为世界大战的温床。

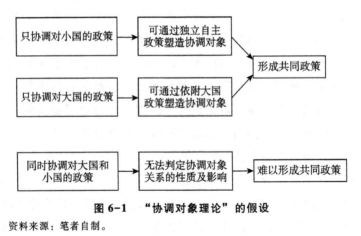

**图 6-1　"协调对象理论"的假设**
资料来源：笔者自制。

　　综上所述，若小国集团仅协调针对某个小国或某个大国的政策，则小国集团可以承担政策协调的成本，从而形成共同政策。这种政策可能是独立自主，也可能是依附大国。相反，如果小国集团同时协调针对小

----

① Leften Stavros Stavrianos, *The Balkans since 1453*, New York：Holt, Rinehart and Winston, 1965, p. 538.
② Marriott, *The Eastern Question*, pp. 443-452.

国和大国的政策，则小国集团将陷入决策困境，难以形成共同政策。由此，"协调对象理论"的基本假设如图 6-1 所示。

**案例选择**

为了检验协调对象类型对小国集团共同政策形成的影响，本章选取以下两个小国集团的案例：①1922—1938 年的小协约国；②1921—1939 年的波罗联盟。在前一个集团中，捷克斯洛伐克、罗马尼亚和南斯拉夫均为中东欧地区的小国。三国组成了小协约国，并承诺在匈牙利发动攻击时互相援助。在后一个集团中，波兰和罗马尼亚均为中东欧地区的小国。两国组成联盟，并承诺在与"东方邻国"发生冲突时互相援助。本章选择这两个案例主要基于以下三个原因。

第一，这两个案例中联盟成员的安全利益一致程度与其国内政治体制/意识形态的一致程度均未发生明显变化。1922—1938 年，小协约国与匈牙利之间始终存在安全矛盾。匈牙利是小协约国成员互助承诺的唯一目标。同时，小协约国各成员未发生重大的政体和意识形态变化。与此类似，1921 年形成的波罗联盟明确包含了针对所谓"东方邻国"的条款。波兰和罗马尼亚始终认为苏俄（苏联）是本国的重大威胁。同时，毕苏斯基在波兰掌权后，波兰和罗马尼亚也未发生重大的政体和意识形态变化。因此，选择这两个案例有利于笔者控制安全利益和国内政治体制/意识形态的影响，从而分析其他因素对能否形成共同政策的作用。

第二，这两个案例中"联盟成员协调政策的对象"和"联盟是否形成共同政策"均发生了明显变化。1922—1934 年，小协约国只协调针对小国（匈牙利）的政策，并形成了共同政策。1935—1938 年，小协约国试图同时协调针对小国（匈牙利）和大国（德国）的政策，且小协约国无法形成共同政策。在另一案例中，1921—1931 年，波罗联盟只协调针对大国（苏俄/苏联）的政策，并形成了共同政策。1932—1939 年，波罗联盟试图同时协调针对大国（苏联、德国）和小国（波罗的海国家、捷克斯洛伐克、匈牙利）的政策，且波罗联盟无法形成共同政策。在每个案例中，协调对象类型的变化塑造了小国联盟能否形成共同的对外政策。在案例部分，本章将对协调对象类型和共同政策形成的关系做详细讨论。

　　第三，两个小国联盟能否形成共同政策对国际局势的发展产生了持久、重大的影响。这使得这两个案例具备了检验理论的潜力。若1938年的小协约国能够形成对匈牙利的共同政策，则匈牙利将难以参与肢解捷克斯洛伐克的行动。在捷匈边界安全的情况下，捷克斯洛伐克可以向捷德边境投入更多的军事力量，凭借坚固的工事迟滞德国的军事行动。罗马尼亚既是捷克斯洛伐克的盟国，又是波兰的盟国。若1938年罗马尼亚和波兰能形成对匈牙利的共同政策，则波兰可能不会参与肢解捷克斯洛伐克的行动。这将巩固捷克斯洛伐克对德国的地位，从而迟滞世界大战的爆发。此外，1939年时英国和法国对波兰和罗马尼亚提供了安全保障。如果1939年波罗联盟能够形成共同政策，那么这将增强英法对德国的地位。德国可能会推迟对波兰的军事行动。同时，苏联可能会对波兰和罗马尼亚抵抗德国产生一定的信心。然而，现实中的波罗联盟没有形成共同政策。这不仅鼓励了德国对波兰的军事行动，而且导致苏联坚持要求以波兰和罗马尼亚在战时允许苏军过境作为苏联与英法结盟的条件。结果，英、法、苏结盟谈判失败，德、苏却缔结了《互不侵犯条约》。上述两个小国联盟能否形成共同政策涉及整个世界大战的发展进程，而既有理论却没有充分解释两个小国联盟形成共同政策的条件。因此，分析这两个案例不仅有助于检验和发展小国集团对外政策的理论，而且有助于理解第二次世界大战的爆发原因。

## 第二节　小协约国的对外政策

　　1920年的《特里亚农和约》使得匈牙利丧失了一半以上的国土和大量的马扎尔族人口。作为战败的奥匈帝国的一部分，匈牙利被迫对周边邻国——捷克斯洛伐克、南斯拉夫和罗马尼亚割让领土和人口。由此，匈牙利与邻国之间出现了领土争端和民族矛盾。修改《特里亚农和约》成为匈牙利对外政策的主要目标。用匈牙利政府的话说，如果匈牙利同意不再修约，那么匈牙利政府就垮台了。[①] 匈牙利以保护境外马扎尔人权利为名对邻国提出领土要求。结果，匈牙利的邻国均收紧了对本国马

---

①　Köster to the Foreign Ministry, September 18, 1933, *DGFP*, Series C, Vol. 1, p. 808.

扎尔少数民族的政策。边界与民族矛盾推动匈牙利的邻国形成了针对匈牙利的联盟——小协约国。1920 年 8 月，捷克斯洛伐克和南斯拉夫缔结了联盟条约，以维护《特里亚农和约》。联盟条约明确指出，匈牙利是潜在的侵略者。随后，捷克斯洛伐克与罗马尼亚约定——在匈牙利发动进攻时，两国应互相援助。罗马尼亚与南斯拉夫也签订了联盟条约。1922 年夏，针对匈牙利的小协约国成型。① 根据《特里亚农和约》，匈牙利只能拥有 3.5 万人组成的志愿军，而小协约国成员则拥有 42.5 万人的军队。② 小协约国的能力明显强于其政策协调对象。

　　1922—1932 年，小协约国将匈牙利作为主要的政策协调对象，并采取独立自主的共同对外政策。小协约国成员协调彼此的安全政策，以防止匈牙利使用武力改变边界。1929 年开始，小协约国成员同意它们之间的联盟条约每五年自动延长一次，并且开始举行经常性的军事会议以便讨论作战计划。③ 例如，1929 年 9 月，小协约国制定了对匈牙利的共同作战方案。如果匈牙利攻击捷克斯洛伐克或罗马尼亚，那么小协约国成员将发动联合的、具有决定意义的军事攻势，并占领匈牙利全境。1930 年 9 月，小协约国成员补充了在匈牙利进攻南斯拉夫的情况下进行反击的军事计划。除制定共同作战计划外，小协约国成员还交换关于匈牙利的情报。1931 年 5 月，小协约国修改了对匈牙利的军事计划。只要小协约国预期匈牙利将会采取军事行动，那么小协约国应立即进行军事动员。④ 这意味着小协约国可能会对匈牙利采取先发制人的军事打击。此外，捷克斯洛伐克向罗马尼亚提供了大量武器。1930 年和 1931 年，捷克斯洛伐克提供的武器分别占罗马尼亚进口武器的 60.5% 和 31.9%。⑤ 1933 年 2 月 16 日，小协约国的联盟建设取得了重要进展——联盟成员建立了常设理事会，并形成了外长定期会晤机制。小协约国试图以制度建

①　Wandycz, *France and Her Eastern Allies*, *1919-1925*, p. 194.

②　捷克斯洛伐克、南斯拉夫和罗马尼亚分别有 13 万人、11 万人和 18.5 万人的军队。在欧洲的所有小国中，捷克斯洛伐克军队拥有最好的装备和最高的训练水平。相关情况参见 John O. Crane, *The Little Entente*, New York：The Macmillan Company, 1931, pp. 146-147。

③　Wight, *Power Politics*, p. 131.

④　Dragan Bakić, *Britain and Interwar Danubian Europe：Foreign Policy and Security Challen-ges*, *1919-1936*, London：Bloomsbury Academic, 2017, pp. 110-111.

⑤　Hauner, "Military Budgets and the Armaments Industry," p. 64.

设保障共同的对外政策。对此，捷克斯洛伐克驻德公使沃捷特克·马斯特尼（Vojtěch Mastný）指出："协定对外界显示了捷克斯洛伐克、罗马尼亚和南斯拉夫的团结一致，并建立了采取共同行动的正式基础。三国认为这有利于欧洲和巴尔干的和平。"[1] 在政策协调的基础上，联盟成员推动武器装备统一制式，加强经济合作，并致力于打造一个中欧地区拥有 4700 万人口的集团。[2]

1933 年 3 月，匈牙利试图改变边界开始成为对小协约国成员的现实威胁。意大利独裁者墨索里尼提出了《四国公约》草案。他认为，匈牙利境外仅由马扎尔人居住的地区应该归还给匈牙利。[3] 墨索里尼试图通过《四国公约》促进意大利与法国的合作，并抵制德奥合并的计划。德奥合并将会改变德意之间的力量对比，也将使德国成为匈牙利的邻国。在这种情况下，德国将可能强化对匈牙利境内德意志少数民族的支持。因此，意大利与匈牙利均反对德奥合并。意大利提出的《四国公约》建议不仅是意大利缓和与法国关系的实际步骤，也是意大利拉拢匈牙利共同抵制德国计划的一部分。意大利的建议得到了匈牙利的热烈响应。[4] 在匈牙利与小协约国对立的情况下，意大利的建议立即引起了小协约国的激烈反对。《四国公约》草案的通过将意味着英、法、德、意可以不经小协约国成员的同意修改匈牙利与邻国的边界。

为此，小协约国采取了集中抵制匈牙利的措施。1933 年 3 月 25 日，小协约国常设理事会决定坚决抵制匈牙利改变边界。[5] 4 月 25 日，贝奈斯公开声明："这个问题涉及我们的政治、经济、文化和国家利益，涉及维持欧洲的新秩序，涉及根本的生存问题。"[6] 随后，小协约国在日内瓦召开了外长会议，并且发表了联合声明。"没有人能够放弃别人的财产，因此小协约国现在对缔结《四国公约》持保留意见，以防止这一条约损

① Memorandum by Neurath, February 22, 1933, *DGFP*, Series C, Vol. 1, p. 68.
② Zeman and Klimek, *The Life of Edvard Beneš, 1884-1948*, p. 83.
③ Graham to Simon, March 4, 1933, *DBFP*, Second Series, Vol. 5, pp. 56-57.
④ Brief, Gömbös an Mussolini, 24. Juni 1933, *Allianz Hitler-Horthy-Mussolini*, S. 112-113.
⑤ Vondracek, *The Foreign Policy of Czechoslovakia, 1918-1935*, pp. 361-362.
⑥ Konrad Hugo Jarausch, *The Four Power Pact, 1933*, Madison: The State Historical Society of Wisconsin for the Department of History, University of Wisconsin, 1965, pp. 94-95.

害别国的权利和政策。"[1] 匈牙利改变边界的政治依据是原奥匈帝国统治下匈牙利王国的疆界。因此，小协约国不仅反对匈牙利对联盟成员国提出领土要求，而且反对匈牙利与奥地利合并。罗马尼亚外长底图内斯库指出，罗马尼亚坚决反对修改已有的国际条约。因此，罗马尼亚反对拟议中的《四国公约》。如果发生了匈牙利和奥地利合并，那么这种合并对小协约国和罗马尼亚来说意味着战争。[2] 在反对匈牙利影响扩大方面，小协约国成员有明确的共同利益。

在协调对匈牙利政策的同时，小协约国并不协调对法、德、意等大国的政策。这突出表现为小协约国采取了有别于法国的独立政策。捷克斯洛伐克、罗马尼亚分别与法国存在军事协定，而南斯拉夫与法国之间有友好条约。如第二章所述，为实现对德政策协调，法国对意大利提出的《四国公约》草案态度暧昧。法国可能凭借与小协约国成员的纽带施加有利于匈牙利的影响。但是，正如贝奈斯对奥地利驻捷公使所强调的，小协约国反对德国统治中欧，也同样反对法国的霸权。小协约国将在拒绝法国霸权的同时维持成员国的声誉，从而将这些国家从它们与法国的关系中解脱出来。[3] 这表明，虽然小协约国与法国之间存在安全合作关系，但是小协约国明确拒绝将三国对匈牙利政策与法国对意大利的政策捆绑起来。一方面，小协约国努力避免来自法国的影响。另一方面，小协约国有能力遏制匈牙利可能采取的行动。结果，小协约国暂时消除了匈牙利改变边界的可能。这也表明，小协约国努力避免卷入大国冲突的政策是相当成功的。

不过，小协约国的这次共同行动是该集团最后一次执行共同政策。《四国公约》草案的失败使得德国认为通过和平方式修改边界条约无望。1933 年 10 月，德国退出裁军会议，并公开表明它将重整军备。这引起了法国和苏联的不安。10 月 31 日，法国首次对苏联提出结盟建议。法国强调，在德国备战的情况下，法苏应考虑签署互助协定。[4] 12 月 28 日，苏联表示不反对组成旨在防御德国侵略的互助性地区公约，并准备与比

---

[1]　Jarausch, *The Four Power Pact, 1933*, pp. 95–96.

[2]　Memorandum by Neurath, June 21, 1933, *DGFP*, Series C, Vol. 1, p. 585.

[3]　Gesandter Marek an Bundeskanzler Dollfuß, 25. April 1933, *ADÖ*, 9. Band, S. 89–90.

[4]　Radice, *Prelude to Appeasement*, pp. 17–18; Roberts, *The Unholy Alliance*, p. 61.

利时、法国、捷克斯洛伐克、波兰、立陶宛、拉脱维亚、爱沙尼亚和芬兰缔结此类协定。① 在区域互助公约的框架内，针对任何一个缔约国的侵略将触发其余缔约国对侵略国的联合制裁。苏联建议的公约成员国包括捷克斯洛伐克。这就使得协调对德政策进入了小协约国成员的视野。德国谋求将全体德意志人纳入"大德意志国家"中，而捷克斯洛伐克和罗马尼亚境内分别有 300 多万和 50 万—60 万德裔少数民族。德国向世界各国的法西斯主义运动提供物质和道义支持，而捷克斯洛伐克和罗马尼亚政府则镇压本国境内的法西斯组织。考虑到捷、罗两国都是小协约国成员，底图内斯库建议小协约国各国与苏联缓和关系。②

底图内斯库的建议明确将匈牙利和德国同时作为小协约国的政策协调对象。这触发了小协约国的决策困境。如果小协约国只针对匈牙利协调政策，那么小协约国应继续奉行独立自主的政策。小协约国抵制《四国条约》草案对匈牙利的影响证明，它完全有能力对匈牙利采取独立自主的政策。与此同时，20 世纪 20 年代法国与捷克斯洛伐克和罗马尼亚缔结了军事协定，与南斯拉夫缔结了友好条约。小协约国均为军事能力有限的小国。因此，如果小协约国仅针对德国协调政策，那么小协约国将成为法国的反德工具，奉行依附法国的政策。如果法国选择与苏联结盟，那么小协约国将成为依附于法苏联盟的反德工具。无论是独立自主还是依附法国，小协约国都可以形成共同的对外政策。

然而，如果小协约国同时制定针对匈牙利和德国的协调政策，那么小协约国将推动德国与匈牙利的合作。德国对匈牙利的模糊政策增加了小协约国政策协调的难度。1940 年以前，刻意模糊德匈合作程度是德国长期坚持的政策。在中东欧国家的争端中，德国从不选边站队。这使得德国获得了很大的政策回旋余地。早在 1927 年，魏玛共和国就采取了这种政策，拒绝与捷克斯洛伐克签订互不侵犯条约，以免影响德国与匈牙利的关系。③ 希特勒上台后，德国继续沿用这一政策。当小协约国仅协调对匈牙利的政策时，德国对匈牙利的政策效果有限。除了谴责小协约

---

① Radice, *Prelude to Appeasement*, p. 20.
② Lungu, *Romania and the Great Powers*, *1933-1940*, pp. 54-56.
③ Zara Steiner, *The Lights That Failed: European International History*, *1919-1933*, Oxford: Oxford University Press, 2005, p. 523.

国增加了南斯拉夫对匈牙利的挑衅之外，德国很难对小协约国施加实质性影响。[1] 但是，当小协约国同时协调对匈牙利和对德国的政策时，德国对匈牙利的政策迅速加剧了小协约国之间的分歧。在法苏缔约谈判期间，德国明确拒绝向小协约国成员澄清德匈合作的具体方式。德国声称不支持匈牙利以武力改变边界，但原则上支持匈牙利修改边界条约。[2] 结果，小协约国无法准确判断德国和匈牙利的合作程度及其对法国的影响。这导致小协约国陷入了决策困境——小协约国应独立自主地针对匈牙利采取共同政策，还是依附法国对德国采取共同政策？这种困境长期困扰小协约国成员国，使得联盟成员无法在集团框架下形成共同的对外政策，最终导致小协约国的解体。

1935年小协约国遭遇第一次政策协调失败。德国的重整军备、匈牙利的领土要求和德匈合作的不确定性增大了捷克斯洛伐克的安全压力。结果，在地理上处于德国和匈牙利之间的捷克斯洛伐克选择了法苏联盟。1935年5月，法苏缔结了联盟条约。随后，捷克斯洛伐克加入法苏联盟。德国立即将法、苏、捷联盟视为敌对性联盟。对此，贝奈斯对德国驻捷公使指出：只要中欧爆发冲突，捷克斯洛伐克就将卷入其中。在德国发展军备和苏联成为欧洲大国之后，捷克斯洛伐克卷入战争的可能性越来越大。因此，捷克斯洛伐克必须以集体安全的方式寻求自保。[3] 捷克斯洛伐克加入法苏联盟意味着小协约国要同时协调对匈牙利和德国的政策。此时，罗马尼亚谋求与苏联缓和关系来应对德国的重整军备。因此，贝奈斯和底图内斯库共同推动小协约国奉行依附法国的政策。

然而，这不是南斯拉夫的政策。此时，捷克斯洛伐克与苏联是盟国，罗马尼亚与苏联谋求结盟。两国都支持苏联的集体安全政策，都希望依托法苏联盟应对德国。然而，南斯拉夫与意大利存在安全冲突。当法国与意大利合作应对德国时，南斯拉夫对依托法国以应对意大利的前景心存疑虑。此外，南斯拉夫与苏联没有外交关系。因此，南斯拉夫不愿将小协约国依附于法国、苏联或法苏联盟，不愿将小协约国现有的针对匈牙利的安全承诺扩大化。换言之，南斯拉夫希望小协约国独立自主地应

---

[1]　Memorandum by Neurath, February 22, 1933, *DGFP*, Series C, Vol. 1, p. 68.

[2]　Memorandum by Neurath, December 10, 1934, *DGFP*, Series C, Vol. 3, pp. 733-734.

[3]　Koch to the Foreign Ministry, June 3, 1935, *DGFP*, Series C, Vol. 4, p. 245.

对匈牙利。结果，1935 年 9 月，小协约国成员出现了明显政策分歧。德国问题和与之相关的法苏联盟首次成为小协约国政策协调会议的议题。捷克斯洛伐克和罗马尼亚要求南斯拉夫与苏联建立外交关系，但是南斯拉夫却呼吁小协约国与德国、意大利合作。① 结果，小协约国没有形成共同的对外政策。

1936—1937 年小协约国遭遇第二次政策协调失败。1936 年 3 月 7 日，德国出兵莱茵兰非军事区。小协约国成员对事件的反应各不相同。南斯拉夫对德国强调，南斯拉夫对苏联仍持否定态度。② 这不仅表明了南斯拉夫对德国友好的态度，而且展示了南斯拉夫反对将小协约国与法苏联盟挂钩的政策。然而，与南斯拉夫的政策不同，捷克斯洛伐克却提出，它将与罗马尼亚和南斯拉夫磋商，以采取共同的外交政策。③ 捷克斯洛伐克准备将法、捷针对德国的安全承诺与小协约国针对匈牙利的安全承诺联系起来。罗马尼亚的立场则充分体现了小协约国的困境。一方面，如果德捷冲突导致匈牙利趁机对捷克斯洛伐克发动袭击，那么罗马尼亚将履行小协约国的义务对捷克斯洛伐克提供援助。另一方面，罗马尼亚在地理上处于捷克斯洛伐克和苏联之间。如果德捷冲突导致法国援助捷克斯洛伐克，那么苏联有义务援助捷克斯洛伐克。在这种情况下，苏联会提出过境罗马尼亚以援助捷克斯洛伐克的要求。然而，在比萨拉比亚争端未解决的情况下，罗马尼亚不愿向苏联提供这种便利。罗马尼亚既不希望苏联军队进入比萨拉比亚，又不希望本国成为德军和苏军的战场。④ 对罗马尼亚的上述考虑，德国心知肚明。在与罗马尼亚卡罗尔国王谈话时，德国驻罗公使法布里齐乌斯强调，如果罗马尼亚效仿捷克斯洛伐克与苏联缔结联盟条约，那将损害罗马尼亚的利益。对此，卡罗尔国王答称，罗马尼亚需要通过与苏联达成协定保障罗马尼亚对比萨拉比亚的控制。法布里齐乌斯敏锐地发现，卡罗尔国王对小协约国的政策协调情况避而不谈。⑤ 这表明，1936 年夏，罗马尼

---

① Papen to Hitler, September 11, 1935, *DGFP*, Series C, Vol. 4, p. 628.
② Memorandum by Neurath, March 10, 1936, *DGFP*, Series C, Vol. 5, p. 78.
③ Dieckhoff to the Legation in Czechoslovakia, March 12, 1936, *DGFP*, Series C, Vol. 5, p. 118.
④ Fabricius to the Foreign Ministry, June 19, 1936, *DGFP*, Series C, Vol. 5, p. 648.
⑤ Fabricius to the Foreign Ministry, June 23, 1936, *DGFP*, Series C, Vol. 5, p. 671.

亚仍在犹豫。罗马尼亚既支持小协约国针对匈牙利的政策协调，又不愿意触怒德国。然而，在捷克斯洛伐克加入法苏联盟的情况下，罗马尼亚无法同时实现上述两项目标。随着德捷关系的日益紧张，罗马尼亚必须做出明确的选择。

1936 年 8 月底，卡罗尔国王决定改弦更张。罗马尼亚不再理会法苏联盟抵制德国的努力，转而在法德之间谋求平衡并抵制苏联的要求。卡罗尔国王重组了内阁，而唯一有意义的内阁成员变动是底图内斯库的离职。9 月 5 日，罗马尼亚新任外长维克多·安东内斯库对法布里齐乌斯表示，罗马尼亚不想在欧洲事务中发挥积极作用，不会与苏联结盟。[①]换言之，法国或者苏联对捷克斯洛伐克的援助与罗马尼亚无关。如果捷克斯洛伐克遭到德国攻击，那么罗马尼亚可以宣称小协约国仅针对匈牙利，从而拒绝援助捷克斯洛伐克。

小协约国的困境也表现为南斯拉夫抵制捷克斯洛伐克和法国关于联盟转型的建议。1936 年底，捷克斯洛伐克提出小协约国应与法国建立反德联盟，遭到南斯拉夫的反对。[②] 在德国日益增长的压力之下，贝奈斯对德国驻捷公使指出，目前欧洲的国际政治问题存在很大的不确定性。因此，他必须基于本国的能力以及小协约国的能力制定政策。[③] 或许，贝奈斯认为小协约国协调对德政策是一个增进捷克斯洛伐克安全的措施。如果他认为小协约国将采取依附法国的政策，那么他无疑做出了一个错误的判断。他没有充分理解南斯拉夫的政策走向。

在与德国驻南公使的谈话中，南斯拉夫总理米兰·斯图雅迪诺维奇（Milan Stojadinović）解释了南斯拉夫的政策。他指出，匈牙利不会接受领土现状。因此，南斯拉夫将强化小协约国针对匈牙利的功能。然而，南斯拉夫不会与大国结盟。这样的联盟会把南斯拉夫卷入与南斯拉夫毫不相干的冲突中。因此，南斯拉夫将与英法保持距离。他不允许南斯拉夫被卷入法德冲突或者英意冲突中。在南斯拉夫看来，德国是忠诚的朋友。为实现南斯拉夫的政策目标，南斯拉夫已经使罗马尼亚与南斯拉夫的政策一致了。罗马尼亚已经不再关心欧洲大国之间的冲突。他强调，

---

① Fabricius to the Foreign Ministry, September 6, 1936, *DGFP*, Series C, Vol. 5, p. 950.

② Papen to the Foreign Ministry, September 16, 1936, *DGFP*, Series C, Vol. 5, p. 972.

③ Eisenlohr to the Foreign Ministry, October 17, 1936, *DGFP*, Series C, Vol. 5, p. 1114.

德国正在对意大利施加对南斯拉夫有利的影响。① 稍后，斯图雅迪诺维奇对齐亚诺进一步澄清了南斯拉夫的立场：法国提出希望小协约国与法国形成军事联盟，以防止捷克斯洛伐克遭受德国侵略。在过去 4 个月中，南斯拉夫以种种借口对此不予答复。现在南斯拉夫不准备再拖延了，而准备在即将召开的小协约国会议上坚决反对法国的提案。南斯拉夫反对和法国缔结双边联盟条约或者小协约国各成员国与法国缔结双边条约。即将在贝尔格莱德召开的小协约国会议将会导致南斯拉夫和法国进一步疏远，可能还会导致两国的公开冲突。法国将会谴责南斯拉夫的自私，但南斯拉夫将对此不予置理。捷克斯洛伐克渲染局势的严重性不过是谎言。小协约国将不会出现任何转型。南斯拉夫与罗马尼亚的关系不会受到影响，双方的关系是强有力的和友好的。然而，这两国和捷克斯洛伐克的关系将越来越只有形式上的意义。南斯拉夫不但拒绝承担反对德国的义务，而且还将从德国购买武器。② 根据齐亚诺对匈牙利方面的通报，斯图雅迪诺维奇继续坚持小协约国反对匈牙利修改边界条约的立场。然而，斯图雅迪诺维奇同时强调，南斯拉夫认为坚持上述立场并非当前对外政策中紧迫的问题。他希望领土争端不再干扰南斯拉夫和匈牙利的关系。③ 众所周知，此时意大利和匈牙利的关系比较亲近。因此，斯图雅迪诺维奇通过齐亚诺向匈牙利领导人传话表明，小协约国成员之间已经出现了深刻的裂痕。

　　捷克斯洛伐克和南斯拉夫的立场反映了两种不同的对外政策走向。一方面，即使以小协约国依附法国为代价，捷克斯洛伐克也希望小协约国协调对德国的政策。另一方面，即使以德捷冲突削弱小协约国遏制匈牙利的能力为代价，南斯拉夫也希望小协约国仅协调对匈牙利的政策。小协约国成员政策分歧的根本原因在于，小协约国既无法准确判断德匈合作的程度，也无法准确判断德匈关系对法国的影响。正如罗马尼亚对局势所做的分析——匈牙利面前有两条不同的道路，一条是与西方合作反对德国蚕食匈牙利，另一条是将匈牙利纳入德国的政

① Heeren to the Foreign Ministry, November 12, 1936, *DGFP*, Series C, Vol. 6, pp. 53-54.

② Ciano's Talk with Stoyadinovitch, March 26, 1937, *Ciano's Diplomatic Papers*, pp. 98-105.

③ Aufzeichnung über die Besprechung zwischen Ciano, Darányi und Kánya am 20. und 21. Mai 1937, *Allianz Hitler-Horthy-Mussolini*, S. 140.

策轨道。[1] 但究竟匈牙利选择哪条道路，小协约国无从知晓。在这种情况下，罗马尼亚改变了自己的立场。在底图内斯库任职期间，罗马尼亚与捷克斯洛伐克的立场一致。底图内斯库去职后，罗马尼亚躲在南斯拉夫背后抵制捷克斯洛伐克。因此，小协约国无法形成共同政策。

1937—1938 年小协约国遭遇第三次政策协调失败。小协约国试图与匈牙利妥协，而匈牙利则试图分化小协约国。1937 年 2 月，捷克斯洛伐克的处境恶化了。一方面，法国的联盟转型计划已经濒临破产的边缘；另一方面，德国对捷克斯洛伐克的压力明显增加。因此，捷克斯洛伐克向匈牙利提出，若两国缔结互不侵犯条约，则捷克斯洛伐克将不反对匈牙利获得平等发展军备的权利。匈牙利答称，平等发展军备是匈牙利应有的权利，而非谈判议题。匈牙利提出，捷克斯洛伐克善待境内马扎尔人是改善两国关系的前提。[2] 捷克斯洛伐克与匈牙利和解的政策不能脱离小协约国的政策轨道。因此，捷克斯洛伐克试图将和解政策作为小协约国整体的政策。这一努力取得了一定的效果。1937 年 4 月，小协约国召开会议，强调每个成员将不会在未获得其他成员同意的情况下与匈牙利缔结双边协定。[3] 1937 年 6 月，罗马尼亚对匈牙利重申了捷克斯洛伐克的建议；而匈牙利则要求，所有小协约国成员都应善待本国的马扎尔人。[4] 小协约国希望整体与匈牙利讨论少数民族问题，而匈牙利则主张与小协约国成员分别谈判。结果，小协约国再次出现分裂。1937 年 11 月，匈牙利与南斯拉夫开始了关于少数民族问题的谈判。匈牙利试图承诺不使用武力夺取南斯拉夫领土，以换取南斯拉夫给予马扎尔人文化自治权利。虽然匈牙利与南斯拉夫的谈判并未取得成果，但双方开始双边谈判的事实表明，南斯拉夫已经基本脱离了小协约国对外政策一体化的轨道。[5] 南斯拉夫与匈牙利谈判的事实也为罗马尼亚满足匈牙利的要求提供了借口。原本就对捷克斯洛伐克的建议犹豫不决的罗马尼亚效仿南

---

[1] Bossy and Bossy eds., *Recollections of a Romanian Diplomat*, *1918-1969*, Vol. 1, pp. 229-231.

[2] Memorandum by Dieckhoff, February 5, 1937, *DGFP*, Series C, Vol. 6, p. 378.

[3] Réti, *Hungarian-Italian Relations in the Shadow of Hitler's Germany*, *1933-1940*, p. 96.

[4] Erdmannsdorff to the Foreign Ministry, June 29, 1937, *DGFP*, Series C, Vol. 6, pp. 887-888.

[5] Hitler's Talk with Darányi, November 25, 1937, *DGFP*, Series D, Vol. 5, p. 201.

斯拉夫。当南斯拉夫和罗马尼亚分别与匈牙利谈判后，捷克斯洛伐克被孤立了。

小协约国与匈牙利签订的《互不侵犯条约》标志着小协约国的瘫痪。匈牙利只愿与南斯拉夫、罗马尼亚改善关系，而不愿对捷克斯洛伐克做出任何承诺。因此，匈牙利坚持与小协约国的 3 个成员分别缔结关于少数民族问题的协定。1938 年 4 月，匈牙利对罗马尼亚宣称，与小协约国成员分别缔结协定的目的不是为了分裂小协约国，而是为了保留匈牙利对捷克斯洛伐克的政策自由。① 事实上，匈牙利宣称的这两个目的没有性质区别。匈牙利区分这两者只不过是对其政策进行合理化的解释。直至 1938 年 8 月，匈牙利始终以各种借口回避与捷克斯洛伐克缔结协定。与此同时，匈牙利却加速与南斯拉夫和罗马尼亚的谈判。② 匈牙利的态度激怒了捷克斯洛伐克外交部部长凯米力·克罗夫塔（Kamil Krofta）。后者指责匈牙利的目的是要毁灭捷克斯洛伐克。③

捷克斯洛伐克的判断是正确的。事实上，小协约国的共同对外政策机制已经失去作用。1938 年 8 月底，在南斯拉夫小镇布莱德（Bled），南斯拉夫和罗马尼亚与匈牙利草签了关于少数民族问题的协定。捷克斯洛伐克与匈牙利却并未达成类似协定。④ 小协约国同意与匈牙利互不侵犯，并给予匈牙利平等发展军备的权利。然而，这只不过是掩盖小协约国政策协调失败的姿态。小协约国发表的《共同声明》第 3 条指出："常任理事会完全意识到，在目前的情况下国际联盟不可能完全执行成员国赋予它的职能。然而，小协约国一致同意与在日内瓦的机构合作，并在现实可行的约束条件下这样做。"⑤ 换言之，小协约国意识到没有任何

① Bossy and Bossy eds., *Recollections of a Romanian Diplomat, 1918-1969*, Vol. 1, pp. 218-219.

② Bossy and Bossy eds., *Recollections of a Romanian Diplomat, 1918-1969*, Vol. 1, p. 234.

③ Eric Roman, "Munich and Hungary: An Overview of Hungarian Diplomacy During the Sudeten Crisis," *East European Quarterly*, Vol. 8, No. 1, 1974, p. 82.

④ Betty Jo Winchester, "Hungary and the Austrian Anschluss," *East European Quarterly*, Vol. 10, No. 4, 1976, p. 417; Magda Ádám, "The Munich Crisis and Hungary: The Fall of the Versailles Settlement in Central Europe," *Diplomacy and Statecraft*, Vol. 10, No. 2-3, 1999, p. 92.

⑤ William A. Oldson, "Romania and the Munich Crisis, August-September 1938," *East European Quarterly*, Vol. 11, No. 2, 1977, pp. 182-183.

力量能够保障小协约国与匈牙利落实《互不侵犯协定》。不但国联无法保障，而且小协约国也无法保障。小协约国和匈牙利达成的所谓"协议"是没有实际价值的。布莱德会议刚一结束，匈牙利立即宣布，只有在小协约国成员解决少数民族问题之后，它才能承担不侵犯小协约国成员的义务。匈牙利政府不能在议会讨论已经与小协约国达成的协议。否则，匈牙利与捷克斯洛伐克之间的合作将会引爆匈牙利的民意。[1] 对此，齐亚诺评论道："无论如何，布莱德会议标志着毁灭小协约国的新阶段。"[2]

的确，布莱德会议的闭幕预示着小协约国的解体。1938 年 9 月，捷克斯洛伐克的处境再次恶化。德国和波兰分别要求捷克斯洛伐克割让苏台德和特申地区，并准备在必要时使用武力实现了上述目标。匈牙利对捷克斯洛伐克的领土要求不仅包括卢西尼亚，而且还包括斯洛伐克。在斯洛伐克南部，生活着约 80 万马扎尔人。[3] 无论匈牙利是否追随德国肢解捷克斯洛伐克，匈牙利获得捷克斯洛伐克领土的前景将会鼓励其对南斯拉夫和罗马尼亚提出要求。然而，德匈合作的程度模糊了南斯拉夫和罗马尼亚对局势的判断。一方面，德国宣称支持匈牙利对捷克斯洛伐克的领土要求；另一方面，匈牙利没有参与德国和波兰针对捷克斯洛伐克的军事行动。捷克斯洛伐克希望凭借小协约国遏制匈牙利。然而，如果法国迫使捷克斯洛伐克对德国妥协，那么南斯拉夫和罗马尼亚也将抛弃捷克斯洛伐克，而寻求与匈牙利的和解。当匈牙利利用德捷危机谋求捷克斯洛伐克割让领土时，南斯拉夫不愿按照小协约国的盟约帮助捷克斯洛伐克抵制匈牙利。随后，罗马尼亚也采取了与南斯拉夫类似的政策。罗马尼亚宣称，它赞成匈牙利谋求曾经属于它而现在属于捷克斯洛伐克的地区。当然，如果匈牙利谋求并非马扎尔族聚居的地区，那么罗马尼亚将重新考虑自身立场。一个小协约国的成员国竟然赞同匈牙利改变边界。这与联盟的宗旨背道而驰。因此，正如齐亚诺所说，小协约国实际上已经解体。[4] 1938 年 9 月 29 日，英、法、德、意签订《慕尼黑协定》，

[1] Bossy and Bossy eds., *Recollections of a Romanian Diplomat*, *1918-1969*, Vol. 1, p. 237.
[2] *Ciano's Hidden Diary*, *1937-1938*, p. 146.
[3] Ferdinand Seibt, *Deutschland und die Tschechen: Geschichte einer Nachbarschaft in der Mitte Europas*, München: Piper, 1993, S. 287.
[4] Weizsäcker to Ribbentrop, September 26, 1938, *DGFP*, Series D, Vol. 2, p. 936.

捷克斯洛伐克丧失了 20% 的领土。至此，捷克斯洛伐克不仅无法推动小
协约国形成共同的对外政策，而且也失去了推行本国对外政策的能力。
小协约国退出了历史舞台。

## 第三节　波罗联盟的对外政策

与小协约国类似，波罗联盟也是小国联盟。与小协约国不同，波
罗联盟针对的不是匈牙利这样的小国，而是苏俄（苏联）这一大国。
第一次世界大战结束后，沙皇俄国解体。新生的波兰和新生的苏俄爆
发了武装冲突。利用这一冲突，罗马尼亚巩固了它对比萨拉比亚的控
制。1920 年，罗马尼亚建议波兰加入小协约国，实际上提出了与波兰
结盟的建议。然而，罗马尼亚和捷克斯洛伐克都是小协约国成员，且
小协约国是针对匈牙利的集团。波兰不但与捷克斯洛伐克有领土争端，
而且与匈牙利关系友好。在波兰看来，匈牙利是在苏波战争中唯一对
波兰提供帮助的中东欧国家。波兰反对形成针对匈牙利的联盟。因此，
波兰提出与罗马尼亚缔结双边联盟，以保证两国的东部边界。波兰的
建议得到了法国的支持。[1]

1921 年春，罗马尼亚响应了波兰的建议，与波兰签订了联盟条约。
条约包含 4 项主要内容：第一，如果一国目前的东部边界遭到攻击，那
么另一国将提供军事援助；第二，为协调两国对"东方邻国"的政策，
两国应磋商共同的外交政策；第三，两国缔结军事协定，决定在战争期
间如何协调行动；第四，如果发生第一条所述战争，那么两国不与敌国
单独媾和。[2] 由此，波兰与罗马尼亚结成了针对苏俄的联盟。1922 年 9
月底，波兰最高领导人毕苏斯基对罗马尼亚国王费迪南指出："没什么能
将我们分开……从波罗的海到黑海，在（波兰和罗马尼亚的）两面旗帜
下只有一个民族。"随后，波兰和罗马尼亚将经济合作纳入了联盟框
架。[3] 自然，波罗联盟引起了苏俄的强烈谴责。在苏俄看来，"法帝国主

①　Richard K. Debo, *Survival and Consolidation*：*The Foreign Policy of Soviet Russia*，*1918-
1921*，Montreal：McGill-Queen's University Press，1992，pp. 325-326.

②　Robert Machray，*The Poland of Pilsudski*，London：G. Allen & Unwin，1936，p. 128.

③　Thomson，"Foreign Relations," in Schmitt ed.，*Poland*，p. 379.

义"利用波罗联盟条约，"借欧洲小国之手，实现它反对苏维埃共和国的新的破坏阴谋"。[1]

苏俄的立场表明波罗联盟力量的有限性。只有依附法国，波罗联盟才能制约苏俄。事实上，波兰与罗马尼亚协调对苏政策以获得法国的支持为前提。例如，1924年3月，波兰总参谋长和罗马尼亚外交部部长访问巴黎。在巴黎期间，罗马尼亚方面向波兰方面核实苏军在边界地区的动态。波兰方面答复称，所谓苏军集结是夸大之词。[2] 又如，1926年5月14日，波兰和罗马尼亚的代表在巴黎签署了互助军事协定。[3] 波兰和罗马尼亚的代表在法国首都协调对苏政策反映了法国对波罗联盟的重大影响。与此同时，法国也努力巩固与波罗联盟的关系。例如，1927年秋，苏联向法国提出签订互不侵犯条约的建议。对此，法国答复称，法国愿意开始谈判，但是法国必须考虑波兰和罗马尼亚的利益。[4] 在法国的支持下，波罗联盟形成了共同的对苏政策。

波兰拒绝与苏联就互不侵犯条约进行谈判巩固了波罗联盟的政治基础。1926年8月，苏联向波兰提交了《互不侵犯条约》的草案——苏联和波兰不针对彼此采取侵略行动。当缔约方遭到第三方攻击时，另一方应保持中立。[5] 一方面，如果波兰接受这个建议，那么波罗联盟将失去所针对的目标。波罗联盟的解体不符合波兰的政策；另一方面，波兰也不愿承担拒绝苏联建议的政治责任。因此，波兰将苏联与波罗的海国家缔结类似的互不侵犯条约作为缔结波苏互不侵犯条约的条件。这一建议暗示波兰愿意成为波罗的海国家与苏联的中间人。波兰的建议遭到苏联拒绝。苏联外交人民委员格奥尔基·瓦西里耶维奇·契切林（Georgy Va-silyevich Chicherin）指出，波兰的提案是"非常可笑的"。[6] 1927年4月，苏联重申其立场：苏联反对波兰作为从罗马尼亚、波罗的海国家到芬兰

---

① 〔苏〕维诺格拉多夫等：《罗马尼亚近现代史》（上），中国科学院世界历史研究所翻译组译，商务印书馆1974年版，第380页。

② Lipski, *Diplomat in Berlin, 1933-1939*, p. 7.

③ Gaines Post, *The Civil-Military Fabric of Weimar Foreign Policy*, Princeton：Princeton University Press, 1973, p. 55.

④ Korbel, *Poland Between East and West*, p. 220.

⑤ Bohdan B. Budurowycz, *Polish-Soviet Relations, 1932-1939*, New York：Columbia University Press 1963, p. 6.

⑥ Korbel, *Poland Between East and West*, p. 221.

这一系列国家的保护国。苏联反对将波兰作为苏联和这些国家谈判的必经之路。①

　　虽然波苏关系处于紧张状态，但是拟议中的苏波《互不侵犯条约》将削弱波罗联盟的反苏性质。因此，苏联并未放弃与波兰缔约的努力。1928年夏，法国和美国提出签署禁止将战争作为国家对外政策工具的普遍性公约，即所谓《非战公约》。此时，波兰也考虑加入这一条约。1928年7月26日，联共（布）政治局讨论了苏联参加《非战公约》的问题。8月2日，契切林在一次访谈中表达了苏联并不反对参加这一公约的意见。这是苏联政府首次对外公开声明愿意加入一个集体安全协定。② 虽然，这并不意味着苏联取消了对波兰的备战措施，③ 但是却表明苏联愿意在政治上同波兰增加接触。8月27日，波兰成为《非战公约》的缔约国，而罗马尼亚并未加入。这鼓励了苏联加紧同波兰缓和关系。12月29日，苏联再次公开声明准备与波兰签署互不侵犯条约。1929年1月10日，波兰重申要求波罗的海国家和罗马尼亚都加入谈判。对此，苏联做出了让步。④ 1929年春，苏联声明愿意与所有的西部邻国签订《非战公约》，并试图将其发展成为一个多边的互不侵犯条约体系。⑤ 波兰理解苏联试图分化波罗联盟的政策目的。因此，波兰避免以波罗联盟为代价与苏联缔结互不侵犯条约。在获悉苏联让步后，波兰与罗马尼亚签订了新的双边联盟条约。条约规定，双方将互相尊重和维护现有领土的完整和主权独立，防御一切有损于此的外部侵略。⑥ 这一条约仍然是针对苏联的。

　　波罗联盟的协调对象是苏联。然而，法德关系的变化导致波罗联盟

---

①　Korbel, *Poland between East and West*, p. 209.

②　*Deutschland, Russland, Komintern*, Ⅱ. *Dokumente*, *1918-1943*, S. 628.

③　1928年7月，斯大林在中央全会上明确指出，苏联需要额外的粮食储备以便准备同波兰的战争。相关讨论参见 Peter Whitewood, "In the Shadow of the War: Bolshevik Perceptions of Polish Subversive and Military Threats to the Soviet Union, 1920-32," *Journal of Strategic Studies*, Vol. 44, No. 5, 2021, p. 678。

④　Korbel, *Poland Between East and West*, pp. 249-252.

⑤　Thomson, "Foreign Relations," in Schmitt ed., *Poland*, p. 389.

⑥　"Treaty of Guarantee Between Poland and Rumania of January 15, 1931," in Stephan M. Horak ed., *Poland's International Affairs*, *1919-1960*: *A Calendar of Treaties*, *Agreements*, *Conventions*, *and Other International Acts*, *with Annotations*, *References*, *and Selections from Documents and Texts of Treaties*, Bloomington: Indiana University, 1964, p. 161.

的政策协调对象发生了变化。1931年春，德国试图与奥地利建立关税联盟。这表明德国试图以经济手段在中欧增加政治影响。这一倡议反映了法国影响力的下降，却也引起了法国的反弹。因此，法国开始推动法苏互不侵犯条约谈判，并敦促波兰与苏联缔约。1926—1931年，波兰提出将波罗的海国家与苏联签订互不侵犯条约作为波苏签订互不侵犯条约的条件。只要法国对推动法苏缔约缺少兴趣，波兰就可以波罗的海国家为借口拒绝苏联。然而，当法国愿意推动法苏缔约并且苏联也愿意与波罗的海国家缔约时，波兰就不得不考虑与苏联开始缔约谈判。这就使得苏联和波罗的海国家同时成为波罗联盟的协调对象。

波罗的海国家介入波罗联盟使得联盟的决策复杂化。苏联与罗马尼亚存在围绕比萨拉比亚的领土争端。因此，苏联和罗马尼亚很难达成互不侵犯条约。如果波兰和波罗的海国家都与苏联缔结互不侵犯条约，而罗马尼亚没有与苏联缔结类似条约，那么罗马尼亚将遭到苏联的孤立。这正是苏联谋求与周边国家缔结互不侵犯条约的一个重要原因。在和平时期，苏联会针对罗马尼亚备战。在战争时期，波兰则可能受制于波苏互不侵犯条约而对苏罗冲突作壁上观。在对苏缔约问题上，波罗的海国家的态度也存在矛盾。它们既反对苏联的霸权，又反对波兰的干涉。爱沙尼亚和拉脱维亚是苏联的邻国，历史上是沙皇俄国的领土，现实中与苏联存在领土纠纷和民族矛盾。这两个国家与立陶宛之间存在外交协作机制。立陶宛和波兰之间存在领土争端。立陶宛和波兰之间曾经爆发战争。即使在和平时期，两国边界冲突也不断发生。因此，波兰与波罗的海国家之间存在紧张关系。在这种情况下，波罗的海国家可能选择与波罗联盟合作反对苏联，也可能选择依附苏联抵制波罗联盟。波兰和罗马尼亚无法判断苏联与波罗的海国家的合作程度及其对法国的影响。这就导致波罗联盟陷入决策困境。如果波兰和罗马尼亚仅协调针对苏联的政策，那么波罗联盟应继续奉行依赖法国的政策，对苏联做出让步。如果波兰和罗马尼亚仅协调针对波罗的海国家的政策，那么波罗联盟应转而奉行独立自主的政策，敦促波罗的海国家拒绝苏联的建议。最终，波兰选择了前者，而罗马尼亚选择了后者，这预示着波罗联盟政策协调的失败。

1932年波罗联盟遭遇第一次政策协调失败。根据波兰和法国的建议，苏联同意与波罗的海国家和罗马尼亚同时就《互不侵犯条约》展开谈判。然而，一旦苏罗开始缔约谈判，苏联就会要求将比萨拉比亚确定为苏罗之间的争议领土。这是罗马尼亚努力避免的情况。在罗马尼亚看来，苏联提出缔结互不侵犯条约的建议的目的是分化波罗联盟。[①] 罗马尼亚对波兰强调，"很多罗马尼亚人""很害怕苏联在缔约期间采取行动将导致波罗同盟的弱化，而这一同盟是受到法国支持的。目前……波兰和罗马尼亚是团结的。为什么明天要达成波苏协定，并让罗马尼亚做同样的事情？法国难道不认为这会削弱而非增强自己的地位？当一项影响波罗团结的机制发生改变，难道法国的地位不会削弱么？"[②] 然而，法国需要与苏联的合作以便应对来自德国的挑战。因此，法国努力推动波兰和罗马尼亚与苏联谈判缔约。既然波兰的提案中包含了波罗的海国家，那么波罗联盟就必须同时协调对法国、苏联和波罗的海国家的政策。结果，在法国和波兰同意谈判的情况下，罗马尼亚不得不同意开启苏联缔约谈判。"罗马尼亚同意谈判只是出于考虑盟友之间的团结，以满足法国和波兰的愿望。"[③] 在苏罗谈判中，罗马尼亚坚持比萨拉比亚属于罗马尼亚。罗马尼亚与苏联之间不存在领土争端。[④] 这样的立场只能导致苏罗谈判陷于停滞。波兰希望罗马尼亚尽快与苏联达成协议，这样波罗联盟可以依靠法国协调对苏政策。然而，罗马尼亚要求波兰维持业已存在的波罗联盟。这意味着波兰、罗马尼亚和波罗的海国家都不会与苏联缔结互不侵犯条约。这可以帮助罗马尼亚避免遭到孤立。

　　同时协调对苏联和波罗的海国家的政策削弱了波罗联盟的政策协调机制。1932 年 1 月，波兰向罗马尼亚承诺不会在苏罗未达成协议的情况下签署波苏互不侵犯条约。[⑤] 然而，1932 年 2 月，苏联与拉脱维亚签订了《互不侵犯条约》。这对波兰拖延签订波苏互不侵犯条约造成了很大的压力。1932 年 4 月，波兰开始改变立场。在访问罗马尼亚时，毕苏斯基强调缔结与苏联的互不侵犯条约的倡议来自法国而非波兰。在试图缓

①　Ghika to Warsaw Legation, November 28, 1931, *Behind Closed Doors*, p. 43.

②　Ghika to Warsaw Legation, December 5, 1931, *Behind Closed Doors*, pp. 44-45.

③　Ghika to Paris Legation, January 6, 1932, *Behind Closed Doors*, p. 62.

④　Titulescu to Ministry of Foreign Affairs, March 9, 1932, *Behind Closed Doors*, pp. 95-96.

⑤　Intradepartmental Memo by Arion, January 1932, *Behind Closed Doors*, p. 91.

解罗马尼亚领导人的不安后，毕苏斯基提出了波兰的新政策。"现在波罗的海国家准备与苏联缔约。苏联有能力对芬兰、拉脱维亚和爱沙尼亚施加强大的经济压力，要求它们与苏联缔约。当爱沙尼亚签约之后，波兰准备签约。如果罗马尼亚坚持目前的拒绝立场，那么波兰不准备维持与罗马尼亚的团结了。"① 这表明，波兰准备将它对法国的义务置于它对罗马尼亚的义务之上。1932 年 5 月，苏联与爱沙尼亚签订《互不侵犯条约》，这使得波兰对苏联缔约的拖延政策更加难以为继，也意味着波罗联盟没能采取有效措施防止波罗的海国家采取亲近苏联的政策。1932 年 7 月 25 日，波兰与苏联签订《互不侵犯条约》，而罗马尼亚并未与苏联达成类似协定。

　　波兰和波罗的海国家与苏联缔结《互不侵犯条约》意味着罗马尼亚成为苏联邻国中唯一与苏联有领土争端却无政治条约的国家。因此，罗马尼亚对波兰极为不满。波兰和罗马尼亚政策协调的失败动摇了波罗联盟。苏波缔结条约后，波兰宣称：缔结苏波条约的时机是恰当的，而苏罗谈判的失败是令人遗憾的。苏波条约的第 4 条可以保证波罗联盟的巩固。波兰仍然将波罗联盟作为波兰对外政策的一个基础。② 然而，这不过是波兰的自说自话。罗马尼亚对波兰在签订波苏《互不侵犯条约》上的态度感到失望。③ 在波苏缔约后，罗马尼亚开始考虑对苏缓和政策——在搁置比萨拉比亚争端的情况下与苏联结盟。换言之，罗马尼亚试图在未与苏联签订互不侵犯条约的情况下直接和苏联结盟。推行这一政策的是罗马尼亚外长底图内斯库。在波兰外长贝克看来，底图内斯库的对苏政策不符合波罗联盟的宗旨。如果苏联和罗马尼亚结盟，那么罗马尼亚将成为苏联和捷克斯洛伐克共同的盟国。如果德国攻击捷克斯洛伐克，那么罗马尼亚可对苏联援助捷提供便利（如允许苏军过境罗马尼亚）。此时，德国和波兰均对捷克斯洛伐克提出了领土要求，而波兰地处捷克斯洛伐克和苏联之间。因此，围绕捷克斯洛伐克的冲突将演变为苏德在波兰领土上的军事冲突。为防止罗马尼亚倒向苏联，波兰开始在罗马尼亚国内寻找反对苏罗合作的人。波兰驻罗马尼亚公使警告罗马尼亚的政

---

① 　Pilsudski's Talk with Iorga, April 14, 1932, *Behind Closed Doors*, pp. 97-98.

② 　Erskine to Simon, December 7, 1932, *DBFP*, Second Series, Vol. 7, pp. 284-285.

③ 　Memorandum by Bülow, February 22, 1933, *DGFP*, Series C, Vol. 1, p. 69.

治人物，罗马尼亚采取亲苏政策是危险的。波兰的政策引起了底图内斯库和贝克个人关系的恶化。底图内斯库私下要求贝克撤换驻罗马尼亚的公使，但被贝克拒绝。结果，底图内斯库拒绝再次会见波兰公使。至1934年底，波罗联盟的军事联络机制停止了。波罗联盟处于冻结状态。①在与德国驻罗马尼亚代表谈话时，底图内斯库明确指出，罗马尼亚正在开始考虑修改波罗联盟条约。②"现在的波罗关系已经不是以前的波罗关系了……（波兰人）是无理和凶残的。波兰不考虑罗马尼亚盟友的意见，事前不和罗马尼亚协商。他们在不和罗马尼亚磋商的情况下缔结了1932年的波苏《互不侵犯条约》。"③

尽管如此，波罗联盟在复杂的国际环境中得以维持。波兰和罗马尼亚仍需要波罗联盟。在1934—1935年的法苏结盟缔约谈判中，苏联提出让波兰加入法苏联盟。这既有利于法苏联盟遏制德国重整军备，又可以削弱法波联盟的反苏属性。然而，波兰奉行在德苏之间的"平衡外交"，拒绝加入法苏联盟。在苏联看来，这意味着波兰对苏联采取敌视政策。法苏结盟缔约谈判的发展恶化了苏波关系，也削弱了法波联盟的基础。于是，波兰着手改善与罗马尼亚的关系。捷克斯洛伐克加入法苏联盟后，捷克斯洛伐克与德国的关系迅速恶化。在法、苏、捷三国中，罗马尼亚与法、捷两国均为盟国，且罗马尼亚在地理上处于苏、捷两国之间。一旦爆发德捷冲突，如果法国援助捷克斯洛伐克，那么苏联有义务援助捷克斯洛伐克。因此，苏联要求罗马尼亚为苏联出兵援助捷克斯洛伐克提供便利。然而，罗马尼亚担心自身成为德苏战场。苏军动员的速度比德军慢。因此，在苏军抵达罗马尼亚前，罗马尼亚可能已经被德国占领了。第一次世界大战期间罗马尼亚在协约国出兵之前即遭到德军占领的经历使得它并不完全相信苏联援助的有效性。此外，罗马尼亚还担心苏军会利用军事过境权强化对比萨拉比亚主权要求。如果苏军进入比萨拉比亚后不再退出，那么罗马尼亚将失去对这块领土的控制。用底图内斯库的话说，苏联是个危险的邻国。为此，罗马尼亚不但建议捷克斯洛伐克应

---

① Lungu, *Romania and the Great Powers, 1933–1940*, p. 87.

② Dehn-Schmidt to the Foreign Ministry, November 12, 1934, *DGFP*, Series C, Vol. 3, p. 621.

③ Pochhammer to the Foreign Ministry, March 17, 1935, *DGFP*, Series C, Vol. 3, p. 1012.

与德国和解，而且还赞赏波兰与德国已经实现的和解。即使底图内斯库也曾表示，贝克对德国的政策对罗马尼亚有积极意义。① 在苏罗未解决领土争端的情况下，波罗联盟仍然是罗马尼亚对外政策的重要依托。简言之，波兰和罗马尼亚仍需要保持针对苏联的合作。因此，1936 年 1 月，罗马尼亚认为，在过去几个月内，波兰和罗马尼亚的关系有所好转。② 1936 年 8 月，底图内斯库去职。罗马尼亚新任领导人强调，罗马尼亚准备加强与波兰的联盟。③

然而，只要波罗联盟试图同时协调对小国和大国的政策，那么波罗联盟就无法形成共同的对外政策。1935—1938 年，波罗联盟遭遇第二次政策协调失败。1935 年，匈牙利和捷克斯洛伐克的冲突给波罗联盟带来了困难。此时，波兰与捷克斯洛伐克仍存在围绕特申的领土争端。匈牙利对捷克斯洛伐克提出关于卢西尼亚和斯洛伐克的领土要求。因此，捷克斯洛伐克问题成为波兰与匈牙利之间合作的动力。自 20 世纪 20 年代以来，即使波兰试图缓和与捷克斯洛伐克的关系，波兰也始终强调波捷关系不能损害波匈合作。④ 与此同时，捷克斯洛伐克与罗马尼亚均反对匈牙利改变边界。罗马尼亚从未忘记匈牙利对特兰西瓦尼亚的领土要求。波兰是罗马尼亚的盟国。然而，罗马尼亚却发现，波兰逐步和匈牙利接近。正如底图内斯库所说："在法德战争中，罗马尼亚唯一的义务是维持善意中立。如果匈牙利采取行动，那么罗马尼亚将反对匈牙利。这要靠小协约国。……然而，现在出现了一个新的危险，波兰逐步和匈牙利站在一起了。这让他感到尴尬。虽然他可以动员整个国家反对匈牙利，但是他不能这样对待他的旧盟友。"⑤ 罗马尼亚的波兰盟友确认了罗马尼亚的处境。正如贝克所强调的，他准备和匈牙利密切协商多瑙河流域的问题。⑥ 显而易见，波匈合作是针对捷克斯洛伐克的。

这就使得波罗联盟陷入决策困境。一方面，波兰和罗马尼亚都反对

---

① Pochhammer to the Foreign Ministry, November 27, 1935, *DGFP*, Series C, Vol. 4, p. 863.

② Memorandum by Neurath, January 23, 1936, *DGFP*, Series C, Vol. 4, p. 1028.

③ Fabricius to the Foreign Ministry, September 6, 1936, *DGFP*, Series C, Vol. 5, p. 950.

④ Wandycz, *France and Her Eastern Allies*, pp. 243-244.

⑤ Pochhammer to the Foreign Ministry, March 17, 1935, *DGFP*, Series C, Vol. 3, pp. 1011-1012.

⑥ Moltke to the Foreign Ministry, May 7, 1935, *DGFP*, Series C, Vol. 4, p. 135.

苏联。另一方面，波兰支持匈牙利反对捷克斯洛伐克，而罗马尼亚支持捷克斯洛伐克反对匈牙利。如果波罗联盟只协调对苏政策，那么波罗联盟可以依附法国甚至依附德国。在这些情况下，波罗联盟均可形成共同的对外政策。波罗联盟的能力强于匈牙利。依托波罗联盟，波兰一直在试图促进罗匈和解。波兰与匈牙利加强合作，却不考虑和匈牙利缔结双边互助协定。[①] 这种政策有利于罗马尼亚。同时，1937年4月，贝克对罗马尼亚领导人提出建议，组成由波兰、罗马尼亚、南斯拉夫、匈牙利和保加利亚参加的小国集团，通过排斥捷克斯洛伐克来缓和匈牙利对罗马尼亚的领土要求，从而实现罗匈和解。[②] 在贝克看来，罗匈和解可以使得罗马尼亚获得更多的政策空间，以便对苏联采取独立的政策。[③] 因此，贝克强调，为了强化罗马尼亚的反苏立场，有必要让罗马尼亚觉得其在罗匈边界上是安全的。[④] 如果波罗联盟只协调针对匈牙利的政策，那么波兰可以实现罗匈和解。然而，波罗联盟却试图同时协调对匈牙利、捷克斯洛伐克及捷克斯洛伐克盟国（苏联）的政策。在这种情况下，波罗联盟既未实现通过依附法国进而与苏联友好的目标，也未实现通过依附德国抵制苏联的目标，更未实现通过自身力量推动罗匈和解的目标。联盟复杂的协调对象导致成员国无法形成共同的对外政策。最终，波罗联盟没有形成共同的对外政策。

波罗联盟第二次政策协调的失败集中表现为波兰参与肢解捷克斯洛伐克——罗马尼亚的盟国。1938年5月，德国开始对捷克斯洛伐克直接施加压力。德国谋求捷克斯洛伐克割让苏台德地区。如果法国援助捷克斯洛伐克，那么苏联也将援助捷克斯洛伐克。然而，苏联和捷克斯洛伐克没有共同边界。因此，苏联敦促法国对波兰和罗马尼亚施压，允许苏军在德捷冲突爆发后通过波兰和罗马尼亚的领土援助捷克斯洛伐克。波兰不但反对苏联的计划，而且还要求罗马尼亚履行波罗联盟的义务，共同执行反苏政策。与波兰相同的是，罗马尼亚对苏联军队过境可能增强

---

① Moltke to the Foreign Ministry, May 14, 1935, *DGFP*, Series C, Vol. 4, p. 159.

② Hitchins, *Rumania, 1866-1947*, pp. 438-439.

③ Memorandum by Neurath, January 13, 1938, *DGFP*, Series D, Vol. 5, p. 37; Beck's Talk with Neurath, January 13, 1938, in Lipski, *Diplomat in Berlin, 1933-1939*, p. 327.

④ Beck's Talk with Göring, February 23, 1938, in Lipski, *Diplomat in Berlin, 1933-1939*, pp. 346-347.

其在领土争端中的地位而心存疑虑。但与波兰不同的是，罗马尼亚反对匈牙利挑战捷克斯洛伐克的边界，更反对匈牙利借德捷危机和波匈合作而对罗马尼亚施压。波兰推动罗匈和解的立场是罗马尼亚熟知的。因此，当罗马尼亚担心遭到匈牙利攻击时，罗马尼亚派遣总参谋长访问华沙。对罗马尼亚而言，保证罗匈边界安全至关重要。[1] 但是，如果波兰保证罗匈边界的安全，那么这将限制匈牙利的政策空间，进而将影响波匈合作。在德匈合作的背景下，波兰迎合罗马尼亚的愿望可能影响德波关系。这是波兰多年来一直努力避免的情况。

结果，波兰和罗马尼亚对捷克斯洛伐克的政策出现了明显矛盾。对德国而言，对捷克斯洛伐克施压可能意味着德、法、苏爆发全面武装冲突。在这一冲突中，德国不仅会在捷克斯洛伐克坚固的工事下受阻，还可能遭到法国和苏联两个大国的夹击。因此，1938年8月，德国向捷克斯洛伐克施加压力意味着会出现重大的政策风险。德国非常担心苏联通过罗马尼亚援助捷克斯洛伐克。在这种情况下，波兰敌视捷克斯洛伐克的政策缓和了德国的忧虑。一方面，德国敦促罗马尼亚不得允许苏军通过罗马尼亚援助捷克斯洛伐克。希特勒甚至提出，如果罗马尼亚满足德国的愿望，那么德国愿意保障罗马尼亚的所有边界。在这种情况下，波兰敦促罗马尼亚接受德国的建议，要求罗马尼亚政府正式宣布不允许苏军通过罗马尼亚。[2] 另一方面，波罗联盟存在交换情报信息的机制。因此，德国从波兰获得了关于罗马尼亚的政治情报：罗马尼亚并未与苏联达成援助捷克斯洛伐克的协议。波兰相信，罗马尼亚将尽可能地在冲突中保持中立。即使匈牙利和德国联合占领了捷克斯洛伐克的领土，罗马尼亚也不会出兵援助捷克斯洛伐克。[3] 波兰的情报鼓励了德国对捷克斯洛伐克使用武力。除了加强与德国的合作外，波兰还直接参与了德国肢解捷克斯洛伐克的进程。波兰提出："如果德国军队跨过德捷边界，那么波兰军队就会立即跨过波捷边界。波兰军队将不只会占领特申地区，还

① Lipski to Beck, June 19, 1938, in Lipski, *Diplomat in Berlin*, *1933-1939*, p. 372.

② Bossy and Bossy eds., *Recollections of a Romanian Diplomat*, *1918-1969*, Vol. 1, pp. 237-238.

③ Fabricius to the Foreign Ministry, September 20, 1938, *DGFP*, Series D, Vol. 2, p. 855.

会占领整个斯洛伐克东部，以便建立波匈边界。"① 波兰的政策旨在消灭罗马尼亚的盟国，这显然违背了罗马尼亚的利益。结果，德国和波兰都从捷克斯洛伐克获得了新的领土，而罗马尼亚并未加以阻挠。苏联对波兰施加了压力，而罗马尼亚则未做表示。② 波罗联盟既未形成针对捷克斯洛伐克的共同政策，也未形成针对苏联的共同政策。

1938—1939 年，波罗联盟遭遇第三次政策协调失败，集中表现为双方对波匈边界的态度。1938 年 9 月，波兰打算对捷克斯洛伐克使用武力，直接建立波匈之间的共同边界。在波兰看来，波匈边界不但可以巩固两国基于反对捷克斯洛伐克的共同利益，而且可以防止苏联从南线包抄波兰。毕竟，波苏之间从未达成解决边界和民族问题的协议，而匈牙利是反苏的。因此，波匈合作是波兰对苏政策的额外保险。德国占领苏台德地区推动了波兰采取更明确的行动。10 月 8 日，波兰对罗马尼亚提出建立波兰、罗马尼亚和匈牙利的联盟。匈牙利应放弃对罗马尼亚的领土要求。③ 但是，罗马尼亚反对完全切断它与捷克斯洛伐克联系的政策。对此，波兰不能允许罗马尼亚阻挠波匈边界的形成。在必要时，波兰将使用武力解决问题。④

在这种情况下，波罗联盟的分歧日益深化。波兰的政策目标不是抛弃罗马尼亚，而是凭借波罗联盟独立自主地实现罗匈和解。如果匈牙利在北方边界问题上得到了满足，那么匈牙利可能会放弃在南部对罗马尼亚的领土要求。即使罗马尼亚和匈牙利不能结盟，两国也会达成互不侵犯的谅解。⑤ 波兰的意见引起了德国的不满。德国希望维持捷克斯洛伐克和匈牙利边界的平静，以便从容地肢解捷克斯洛伐克。因此，德国敦促波兰约束匈牙利对捷克斯洛伐克的领土要求。即使面临来自德国的压力，波兰也强调匈牙利对捷克斯洛伐克的领土要求是正当的。在波兰看

---

① Bullitt to Hull, September 25, 1938, *FRUS*, *1938*, Vol. 1, p. 651.
② 《苏联政府向波兰政府的声明》，1938 年 9 月 23 日，苏联外交部、捷克斯洛伐克外交部编《慕尼黑历史的新文件》，蔡子宇译，第 57—58 页。
③ Łukasiewicz, *Diplomat in Paris*, *1936-1939*, p. 130；Bossy and Bossy eds., *Recollections of a Romanian Diplomat*, *1918-1969*, Vol. 1, pp. 250-251.
④ Moltke to the Foreign Ministry, October 22, 1938, *DGFP*, Series D, Vol. 5, p. 102.
⑤ Moltke to the Foreign Ministry, October 25, 1938, *DGFP*, Series D, Vol. 5, pp. 109-110.

来，只有满足匈牙利对卢西尼亚的要求，匈牙利才会放弃对特兰西瓦尼亚的诉求。只有罗匈实现和解，两国才能联合起来反对苏联。① 然而，这只是波兰的一厢情愿。罗马尼亚明确反对匈牙利建立波匈边界，并试图游说德国支持罗马尼亚的立场。② 卡罗尔国王对希特勒强调，罗马尼亚与中欧的联系不能依赖于匈牙利。因此，罗马尼亚反对匈牙利占领这个地区。卢西尼亚问题已经成为波罗联盟中的麻烦。③ 事实上，卡罗尔国王还有一个不能对希特勒言明的担心：匈牙利获得捷克斯洛伐克的领土将鼓励它更快地对罗马尼亚提出领土要求。

波罗联盟无法形成共同政策的根本原因在于，它不得不同时协调针对苏联和匈牙利的政策。协调对苏政策要求波罗联盟成为法国或者德国反对苏联的工具，协调对匈牙利的政策则要求波罗联盟独立自主地解决罗匈冲突。在波罗联盟出现困难的情况下，卡罗尔国王对贝克极为不满。他曾私下对罗马尼亚外交官强调："贝克对我们采取的态度与对法国人的态度类似。通过与法国结盟，贝克抛弃了法国以便与德国和解。通过与我们结盟，贝克抛弃了我们以便与我们在匈牙利的敌人合作。"④ 即使对德国元帅戈林，卡罗尔国王也强调："波罗联盟完全是针对东方的，然而有的时候波兰会提出一些不可能实现的政治建议。"⑤ 这不仅表达了罗马尼亚对波兰通过波罗联盟介入罗匈冲突的不满，而且揭示了波罗联盟政策协调失败的原因。波罗联盟既未形成针对苏联的共同政策，也未形成针对匈牙利的共同政策。结果，1939 年 3 月，匈牙利占领了卢西尼亚，建立了波匈边界。罗马尼亚感受到了更多来自匈牙利的压力。不过，与波兰的愿望相反，建立波匈边界并未扩大波兰的影响。匈牙利将领土扩张归功于德国肢解了捷克斯洛伐克，而非波兰对匈牙利的支持。结果，波兰和罗马尼亚的利益均遭到重大损失，两国的协调机制也遭到破坏。

德国成为波罗联盟新的协调对象导致波罗联盟遭遇第四次政策协调失败。1939 年春，德国彻底肢解了捷克斯洛伐克。此时，德国对波兰提

---

① Moltke to the Foreign Ministry, November 22, 1938, *DGFP*, Series D, Vol. 5, p. 135.

② Memorandum by Weizsäcker, October 28, 1938, *DGFP*, Series D, Vol. 5, p. 117.

③ Memorandum by Ribbentrop, November 24, 1938, *DGFP*, Series D, Vol. 5, p. 340.

④ Bossy and Bossy eds., *Recollections of a Romanian Diplomat, 1918-1969*, Vol. 1, p. 258.

⑤ Göring's Talk with King Carol, November 30, 1938, *DGFP*, Series D, Vol. 5, [Enclosure], p. 345.

出了领土要求，并对罗马尼亚施加压力。对波兰，德国要求在德国本土
和东普鲁士之间建立有治外法权的交通联系，并建立对但泽的政治主权。
对罗马尼亚，德国要求罗马尼亚将 4 年内出产的全部谷物和石油以及在
罗马尼亚开采新油田的权利交给德国。罗马尼亚政府不得控制德国在罗
马尼亚开发的油田。① 面对共同的德国威胁，波兰和罗马尼亚均有加强
合作的愿望。波兰、罗马尼亚均为法国的盟国。在德国的压力之下，法
波、法罗联盟迅速强化。同时，为防止德国在中东欧形成霸权，英国对
波兰和罗马尼亚提供了安全保障。为了更好地增强这种保障，英法还试
图与苏联结盟。

　　波罗联盟同时协调对德国和对匈牙利的政策严重阻碍了联盟的运转。
在英、法、苏结盟谈判中，苏联要求波兰和罗马尼亚在战时为苏军提供
过境权。英法倾向于接受苏联的倡议；然而，波兰和罗马尼亚却反对苏
联的倡议。此时，波罗联盟不仅要协调对德国和对苏联的政策，也要协
调对匈牙利的政策。一方面，罗马尼亚拒绝了匈牙利对罗马尼亚的领土
要求；另一方面，波兰拒绝保障罗马尼亚的边界，以便维持波匈关系。
1939 年 3 月，法国询问波兰盟友：如果罗马尼亚遭到攻击，波兰是否准
备参战？波兰是法国和罗马尼亚的盟友。然而，波兰却答复法国称：波
兰不想回答这样的假设性问题。波兰认为，现在不存在德国或者匈牙利
进攻罗马尼亚的危险。波兰政府正在尽一切努力实现罗匈和解，基础是
罗匈双方互相让步。波兰政府不想通过保障罗马尼亚目前的边界干涉罗
匈谈判。此外，波兰与罗马尼亚有联盟，这个联盟是针对苏联的。除非
得到罗马尼亚的同意，波兰不能够与法国讨论波兰盟友的事情。② 法国
尝试进一步澄清波兰的立场，而波兰则宣称，如果德国想进攻罗马尼亚，
那么德国要跨过匈牙利的领土。因此，德国并未对罗马尼亚构成紧迫的
威胁。波兰正在推动罗匈双方达成持久性的协议。在这种情况下，波兰
认为保障罗马尼亚是不明智的。③

　　波兰的答复不仅反映了法波联盟的紧张，也反映了波罗联盟的困境。
面对来自德国和匈牙利的压力，波兰和罗马尼亚无法判断德国与匈牙利

①　Bullitt to Hull, March 20, 1939, *FRUS*, *1939*, Vol. 1, pp. 79-80.

②　Bullitt to Hull, March 21, 1939, *FRUS*, *1939*, Vol. 1, p. 84.

③　Łukasiewicz, *Diplomat in Paris*, *1936-1939*, pp. 175-176.

的合作程度，这导致两者的不同选择。波兰试图凭借波罗联盟独立自主地解决罗匈冲突，而罗马尼亚则选择依附英法反对德国。结果，波罗联盟陷于瘫痪。1939年4月，英法对罗马尼亚提出建议：如果罗马尼亚准备武装抵抗对它的进攻或者受到进攻威胁及经济压力，那么英法准备给罗马尼亚军事援助。英法愿意扩大波罗联盟，以使波罗联盟也能起到抵抗德国的作用。对此，罗马尼亚允诺与波兰商议联盟条约问题。[①] 然而，在形势危急的情况下，波兰外长和罗马尼亚外长之间沟通迟缓而低效。对来自罗马尼亚的建议，波兰拖了一周多才给了一个含糊的答复。贝克宣称，波兰不想参加对德国的包围圈。英波互助协定只是法波联盟的延续。[②] 这一答复体现了波兰对英法建议的消极态度。

同时协调对德国、苏联和匈牙利的政策不仅成为波罗联盟无法运作的原因，也成为波兰覆亡的催化剂。1939年4月，战争的阴霾已经笼罩在波兰上空。此时，英法已经开始了和苏联的结盟谈判。法国向波兰转述了英国提出的英、法、苏结盟的条件：参考英国对罗马尼亚提供的保障，苏联可对波兰和罗马尼亚提供保障。这一建议被波兰一口回绝。[③] 随后，苏联对波兰提出建议：要么使1926年的波罗条约具有反对任何侵略行为的普遍性，要么废除该条约。对此，波兰并未否认波罗条约是一个针对苏联的政治条约。然而，波兰拒绝了苏联的建议。[④] 波兰不愿将波罗联盟作为依附英法联盟（以及拟议中的英、法、苏联盟）的反德工具。波兰向罗马尼亚解释了拒绝法国和苏联建议的原因，并且再次强调罗匈和解的重要性。波兰认为其保障罗马尼亚安全只会阻碍罗匈和解。[⑤] 一方面，波兰希望波罗联盟能够推动罗匈和解，从而增强波兰在其东南部的战略纵深。另一方面，匈牙利的政策又使得波兰误以为波兰仍能对罗马尼亚施加影响。1939年7月，匈牙利对波兰提出：如果德波冲突仅

---

① 《苏联外交人民委员给苏联驻土耳其、法国和英国全权代表的电报》，1939年4月11日，苏联外交部编《第二次世界大战前夕苏联为争取和平而斗争（1938年9月—1939年8月）》，外交学院译，第335—336页。

② Ribbentrop's Talk with Gafencu, April 18, 1939, DGFP, Series D, Vol. 6, p. 281.

③ Łukasiewicz, Diplomat in Paris, 1936-1939, pp. 199-201.

④ 《苏联外交人民委员同波兰驻苏大使的谈话记录》，1939年5月8日，苏联外交部编《第二次世界大战前夕苏联为争取和平而斗争（1938年9月—1939年8月）》，外交学院译，第396—397页。

⑤ Łukasiewicz, Diplomat in Paris, 1936-1939, p. 203.

局限于当地，那么匈牙利将在德波之间保持中立。匈牙利致力于和罗马尼亚缓和关系。因此，如果波兰能够劝说罗马尼亚降低在罗匈边界针对匈牙利的备战措施，匈牙利将不胜感激。① 匈牙利的意见使得波兰对协调罗匈关系仍存幻想。如果罗马尼亚能接受波匈的建议，那么波罗联盟将得以巩固。但是，波兰的设想与罗马尼亚的政策背道而驰。

1939 年 8 月，对波罗联盟最终的考验到来了。在战争即将爆发的关头，波兰和罗马尼亚决定抵抗德国的压力。波兰并未将军队部署在德波边界上，而是准备通过运动战在 3 周内攻取德国首都柏林。② 虽然波兰对军事形势的判断是完全错误的，但这一军事计划却体现了波兰抵抗德国的决心。与此同时，卡罗尔国王出访土耳其。在这之前，英国和土耳其已于 1939 年 5 月 12 日签订了协定。根据协定的第 3 条，若英国援助罗马尼亚导致战争爆发，则土耳其有义务援助英国。6 月 23 日，法国加入了这一协定。8 月 11 日，卡罗尔国王对土耳其领导人指出，德国在西里西亚（Silesia）的军队不是针对波兰的，而是为了获取罗马尼亚石油。双方一致同意，英法的态度是罗马尼亚和土耳其抵抗侵略的"根本因素"。③ 当战争已经迫在眉睫时，罗马尼亚再次对波兰提议，将波罗联盟变成一个针对德国的联盟，通过两国政府换文将波罗联盟针对苏联的军事条款变为同时针对德国的军事条款。④ 罗马尼亚的提议是挽救波罗联盟的最后机会。如果波兰同意与罗马尼亚采取依附英法的政策，那么联盟的共同对外政策将强化波兰和罗马尼亚对德国的地位。

然而，波兰和罗马尼亚同时协调对德国与对匈牙利政策彻底葬送了波罗联盟。波兰对罗马尼亚的答复是：如果罗马尼亚愿意在特兰西瓦尼亚的马扎尔少数民族问题上对匈牙利做出让步，那么波兰愿意和罗马尼亚就形成一个针对德国的联盟进行谈判。⑤ 换言之，波罗联盟协调对德国政策的结果是不确定的，但谈判开始的前提条件是罗马尼亚对匈牙利

---

① Chiffretelegramm, Csáky an Hory, 13. Juli 1939, *Allianz Hitler-Horthy-Mussolini*, S. 232 - 233.

② Bossy and Bossy eds., *Recollections of a Romanian Diplomat, 1918-1969*, Vol. 1, p. 297.

③ Hitchins, *Rumania, 1866 - 1947*, p. 443；Önder, *Die türkische Aussenpolitik im Zweiten Weltkrieg*, S. 247.

④ Bullitt to Hull, August 18, 1939, *FRUS, 1939*, Vol. 1, pp. 236-237.

⑤ Bullitt to Hull, August 18, 1939, *FRUS, 1939*, Vol. 1, pp. 236-237.

做出让步。波兰的态度毁掉了波罗联盟最后的希望。8 月 25 日，罗马尼亚对波兰提出，一旦德波爆发军事冲突，罗马尼亚将保持中立。[①] 随后，罗马尼亚对德国强调，波罗联盟不是反对德国的。罗马尼亚最近无法向波兰施加影响。罗马尼亚希望和匈牙利缔结互不侵犯条约，以便向德国和意大利证明罗马尼亚希望置身于冲突之外。罗马尼亚也愿意考虑和匈牙利发表关于少数民族问题的互惠性联合声明。[②] 9 月，德国和苏联出兵进攻波兰，罗马尼亚立即宣布中立，并拒绝履行作为波兰盟国的义务。波兰的军事溃败宣告波罗联盟退出历史舞台。小协约国和波罗联盟的案例表明，小国集团的共同对外政策可以深刻影响大国之间的战略关系。若小国集团仅试图协调对某个小国或某个大国的政策，则小国集团可以形成共同的对外政策。若小国集团试图同时协调对小国和大国的政策，则小国集团无法形成共同的对外政策。

---

① Hitchins, *Rumania, 1866−1947*, p. 444.
② Fabricius to the Foreign Ministry, August 31, 1939, *DGFP*, Series D, Vol. 7, p. 471.

# 余　论

在既有理论的基础上，本书发展了关于联盟和伙伴关系的理论。联盟是一种特殊的伙伴关系。联盟成员彼此做出安全承诺，期望在与某个国家发生武装冲突时可以得到盟国的支持。在武装冲突爆发前，盟国之间预先形成安全承诺；而非盟国之间则不存在这种承诺。基于上述定义，本书检验了既有理论的解释力并提出了 5 个新的理论。余论将反思理论创新的过程，并分析中东欧国家之间的联盟及伙伴关系对第二次世界大战爆发的历史影响。

## 理论创新的反思

关于理论创新，笔者有三点体会。首先，界定概念和提出分类是进行理论创新的前提。在本书开篇，笔者即定义了联盟的概念，将本书的研究聚焦涉及安全承诺的军事联盟。随后，笔者通过国家在某个地区的军事能力性质上的差异界定了"大国"和"小国"的概念，将本书的研究聚焦地区层面国家间的联盟与伙伴关系。之后，笔者分别讨论了大国间的战略关系、大国-小国间的战略关系以及小国集团的相关理论。这种界定概念和分类的方式有助于笔者寻找既有理论未解释的问题。如前所述，既有理论缺少对大国间军事协作和小国间政策协调的理论解释。这就为笔者在第二章和第六章提出新理论创造了条件。

其次，既有理论是进行理论创新的基础。笔者积极评价既有理论的贡献，并检验了既有理论的解释力。在第一章中，笔者分析了既有理论的主要观点。既有理论以"安全利益"和"国内政治体制/意识形态"作为解释联盟及伙伴关系的形成和运行的主要条件。在第三至五章，笔者按照既有理论的思路分别检验了结盟大国履约的条件、不对称联盟形成的条件和不对称联盟转型的条件。既有理论无法充分解释其应当解释的经验现象。这就为笔者改进和完善既有理论创造了条件。这并不意味着笔者忽视或者贬低既有理论的贡献。恰恰相反，笔者在承认既有理论贡献的基础上寻找新的解释因素和机制。

最后,经验研究是进行理论创新的依据。笔者选择了两次世界大战之间欧洲国家的联盟与伙伴关系作为经验基础。如前所述,这一案例是既有理论应解释的案例,又是既有理论无法充分解释的案例,还是影响人类历史走向的案例。同时,这一案例有利于笔者检验新理论涉及的变量关系。只有比较充分地认识经验现象与既有理论的关系,笔者才能开始案例研究。只有比较充分地理解案例本身的特点和变化,笔者才能逐步明晰案例所蕴含的理论含义。因此,经验研究和理论研究是不可分割的。

在明确案例选择之后,笔者曾对自己能否依据西方案例进行理论创新进行过较长时间的思考。中国研究者利用西方学者熟知的案例进行理论创新存在相当的难度。这与中西学者的文化背景和知识结构差异密切相关。然而,克服相关研究困难是国际关系理论研究的题中应有之义。如果西方学者熟知的案例并不能完全支持西方学者提出的理论,那么以西方案例进行理论创新可更为有效地揭示既有理论的局限。同时,在确定研究问题之后,只有比较充分地掌握古、今、中、外相关的重要经验现象,研究者才可能逐步实现在跨地区、跨国别、跨时段基础上的理论研究,进而推动理论观点在更大时空范围内融会贯通。在撰写本书的研究过程中,笔者初步克服了知识储备、语言运用和接触资料等方面的困难,逐步提高了自己对欧洲国际关系的理解和认识水平。笔者希望自己能够在未来的研究中进一步形成更有利于理论创新的经验层面的知识结构。

## 中东欧国家联盟的历史意义

本书的经验基础是两次世界大战之间欧洲国家的外交政策。对这一研究对象,既有研究已经提出了很多真知灼见。这不仅包括政治学的研究,也包括历史学的研究。在充分肯定既有研究意义的基础上,笔者认为既有研究对中东欧的中小国家的作用估计略显不足。既有研究往往倾向于从大国的角度阐述大国间结盟政策和大国对中小盟国的政策。从这些角度分析联盟和伙伴关系的形成与运行是必要和重要的。这也是笔者分析的重要视角。但仅从这些角度分析显然不够充分或不够全面。在本书提出的 5 个理论中，有 3 个理论直接和中小国家相关，占理论建构的 60%。在本书涉及的 14 个国家中，有 9 个是中东欧地区的中小国家，约占涉及国家总数的 2/3。在笔者看来，中东欧的中小国家的联盟和伙伴关系具有重要的历史意义。

首先，中东欧的中小国家大多存在跨国民族联系。这种局面既是历史上各民族长期交流融合的结果，也是第一次世界大战结束之后《凡尔赛和约》《圣日耳曼条约》《特里亚农和约》等国际协定划定疆界的结果。1919—1941 年，中东欧国家主要包括两种类型：一种是本国在境外存在大量少数民族的国家，如奥地利、匈牙利、保加利亚；另一种是极不稳定的多民族国家，如捷克斯洛伐克、南斯拉夫、罗马尼亚。有的国家则是上述两种情况兼而有之，如波兰。前一类国家受国际条约的限制无法实现民族诉求。后一类国家在多个主要民族并未解决相互之间深刻矛盾的情况下仓促形成了各民族联合体，由不稳定的主权国家承载多民族的不同诉求。在后一类国家中，主体民族希望巩固自身的统治；而少数民族希望争取更多的权益。同时，这类国家中少数民族人口的绝对数量和所占人口比例又相当可观。跨国族群纽带与多民族国家的国内矛盾互相交织，恶化了这些国家的国内政治生态和国际环境。无论是哪类国家，中东欧国家均为中小国家，自身的资源和能力有限。这些国家的邻国又多为军事和经济潜力强大的国家。这就加剧了这些国家对国内政权合法性和外部安全环境的敏感性①。在无力通过自身政权建设解决民族问题的情况下，中东欧国家往往诉诸外国结盟实现本国内政和外交的目标。本书案例部分讨论的 9 个中小国家均曾诉诸各种形式的联盟或伙伴关系，而兼具两种国家类型特征的波兰则是这些国家中结盟倾向变化最频繁的国家。

其次，中东欧的中小国家从地理上将 5 个大国分为 4 组，从而凸显了中小国对大国权力投射的影响。1933 年初至 1938 年初，即希特勒上台伊始至德奥合并之前，欧洲各大国在地理层面可分为 4 组。第一组为英

---

① 关于两次世界大战期间中东欧国家民族政策与对外政策的关系的更多讨论，参见 Erin K. Jenne, *Ethnic Bargaining: The Paradox of Minority Empowerment*, Ithaca: Cornell University Press, 2007; Erin K. Jenne, *Nested Security: Lessons in Cooperative Conflict Management from the League of Nations and the European Union*, Ithaca: Cornell University Press, 2015.

国；第二组为法国、德国；第三组为法国、意大利；第四组为苏联。英吉利海峡、比利时、波罗的海国家、芬兰等分隔了第一组和第二组、第一组和第三组、第一组和第四组。奥地利、捷克斯洛伐克等分隔了第二组和第三组。波兰、罗马尼亚、捷克斯洛伐克、匈牙利、南斯拉夫、保加利亚等分隔了第二组和第四组、第三组和第四组。在这种情况下，没有中东欧的中小国家的支持，大国很难超越地理限制投射自身的权力。因此，大国经常将中东欧的中小国家作为结盟或结伴的目标。本书案例部分讨论的大国均曾与中东欧的中小国家形成各种形式的联盟与伙伴关系。

最后，1919—1941年中东欧中小国家的疆界变迁是其联盟政策的结果，也是其盟国政策的结果。这些疆界变迁又多为相关国家使用武力或威胁使用武力的结果。因此，联盟政策与国家对外使用武力的决策高度相关。两者相辅相成。这一时期中东欧国家的领土变迁，如苏台德危机、捷克斯洛伐克被肢解、波兰的覆亡、两次"维也纳仲裁"、南斯拉夫的覆亡等，既是中小国家联盟政策的结果，又是大国联盟政策的结果；既是强者的联盟对弱者使用或威胁使用武力的结果，又是弱者的联盟失效乃至解体的结果。没有联盟和伙伴关系作为依托，无论大国还是小国使用武力的可能性和方式都将改变，疆界变迁的程度和时机也将改变。因此，厘清中东欧的中小国家联盟和伙伴关系的形成、运行与解体是理解第二次世界大战爆发和地缘政治变迁的一把钥匙。

# 参考文献

## 档案资料

### 英国：

*Documents on British Foreign Policy*，*1919-1939*［*DBFP*］，London：Her/His Majesty's Stationery Office，various years.

### 法国：

*The French Yellow Book*：*Diplomatic Documents*，*1938-1939*，New York：Reynal & Hitchcock，1940.

### 德国：

《德国外交文件有关中国交涉史料选译》（第一卷），孙瑞芹译，商务印书馆 1960 年版。

*Documents on German Foreign Policy*，*1918-1945*［*DGFP*］，Washington，D. C.：United States Government Printing Office，various years.

Bundesministerium für Vertriebene，Flüchtlinge und Kriegsgeschädigte，*Das Schicksal der Deutschen in Ungarn*：*mit einer Karte*，München：Deutscher Taschenbuch Verlag，2004.

Bundesministerium für Vertriebene，Flüchtlinge und Kriegsgeschädigte，*Das Schicksal der Deutschen in Rumänien*：*mit zwei Karte*，München：Deutscher Taschenbuch Verlag，2004.

### 意大利：

〔意〕加莱阿佐·齐亚诺著，〔美〕休·吉布森编《齐亚诺日记：1939—1943 年》，武汉大学外文系译，商务印书馆 1983 年版。

*Ciano's Diplomatic Papers*，London：Odhams Press，1948.

*Ciano's Hidden Diary*，*1937-1938*，New York：Dutton，1953.

Strang，G. Bruce，"Imperial Dreams：The Mussolini-Laval Accords of January 1935," *Historical Journal*, Vol. 44, No. 3, 2001.

**苏联：**

莫洛托夫：《论苏联对外政策——一九三九年十月三十一日在苏联最高苏维埃会议上的报告》，外交学院国际关系与中国对外政策史研究室编《现代国际关系史参考资料（1939—1945）》，1957 年版。

《莫洛托夫报告苏联外交政策——一九四〇年八月一日在苏联最高苏维埃大会演词全文》，周康靖编《二次世界大战史料（第一年）》，大时代书局 1946 年版。

《第二次世界大战前夜的文件和材料》（第二卷），狄克逊存件，苏联外交部公布，莫斯科：苏联外国文书籍出版局 1948 年版。

苏联外交部编《第二次世界大战前夕苏联为争取和平而斗争（1938 年 9 月—1939 年 8 月）》，外交学院译，莫斯科，1971 年版。

沈志华总主编《苏联历史档案选编》，社会科学文献出版社 2002 年版。

"First Steps of Russian Imperialism in Far East, 1888–1903," *Chinese Social and Political Science Review*, Vol. 18, No. 2, 1934.

Weber, Hermann Jakov Drabkin, Bernhard H. Bayerlein, Hrsg., *Deutschland, Russland, Komintern, II. Dokumente, 1918–1943*, Berlin: De Gruyter, 2015.

**美国：**

*Foreign Relations of the United States* [FRUS], Washington, D.C.: United States Government Printing Office, various years.

**奥地利：**

*Außenpolitische Dokumente der Republik Österreich, 1918–1938* [ADÖ], Wien: Verlag für Geschichte und Politik, Bande 8–12, 2009–2016.

**波兰：**

*Official Documents Concerning Polish-German and Polish-Soviet Relations 1933–1939*, London: Hutchinson, n. d.

Horak, Stephan M. ed., *Poland's International Affairs, 1919–1960: A Calendar of Treaties, Agreements, Conventions, and Other International Acts, with Annotations, References, and Selections from Documents and*

*Texts of Treaties*, Bloomington: Indiana University, 1964.

Lipski, Józef, *Diplomat in Berlin*, *1933-1939*, New York: Columbia University Press, 1968.

Łukasiewicz, Juliusz, *Diplomat in Paris*, *1936-1939: Papers and Memoirs of Juliusz Łukasiewicz*, New York: Columbia University Press, 1970.

### 捷克斯洛伐克：

苏联外交部、捷克斯洛伐克外交部编《慕尼黑历史的新文件》，蔡子宇译，世界知识出版社 1962 年版。

Gajan, Koloman and Robert Kvaček, et. al. , *Germany and Czechoslovakia: 1918-1945: Documents on German Policies*, Prague: Orbis, 1965.

### 罗马尼亚：

Bacon, Walter M. , Jr. ed. , *Behind Closed Doors: Secret Papers on the Failure of Romania-Soviet Negotiations*, *1931-1932*, Stanford: Hoover Institution Press, 1979.

Bossy, G. H. and M. A. Bossy eds. , *Recollections of a Romanian Diplomat*, *1918-1969: Diaries and Memoirs of Raoul V. Bossy*, Vols. 1-2, Stanford: Hoover Institution Press, 2003.

### 匈牙利：

Ádám, Magda, Gyula Juhász und Lajos Kerekes, *Allianz Hitler-Horthy-Mussolini: Dokumente zur ungarischen Aussenpolitik*, *1933-1944*, Budapest: Akadémiai Kiadó, 1966.

Sakmyster, Thomas L. , ed. , "The Hungarian State Visit to Germany of August 1938," *Canadian Slavic Studies*, Vol. 3, No. 4, 1969, pp. 677-691.

### 相关网站

The Correlates of War Project: https://correlatesofwar. org/

SIPRI Military Expenditure Database

NATO: http://www. nato. int/

## 中文、汉译论著

〔美〕埃利奥特·A.科恩：《丘吉尔和第二次世界大战中的联盟战略》，〔美〕保罗·肯尼迪编《战争与和平的大战略》，时殷弘、李庆四译，世界知识出版社 2005 年版。

〔英〕彼得·卡尔沃科雷西编著，科拉尔·贝尔助编《国际事务概览，1953 年》，季国兴、刘士箴译，上海译文出版社 1989 年版。

曹玮：《不对称同盟下的小国：行为模式与理论启示》，中国社会科学出版社 2021 年版。

陈晖：《1933—1941 年的苏德关系》，南京大学出版社 2005 年版。

陈开科：《嘉庆十年：失败的俄国使团与失败的中国外交》，社会科学文献出版社 2014 年版。

陈琪、黄宇兴：《国家间干涉理论：春秋时期的实践及对当代中国的启示》，社会科学文献出版社 2012 年版。

陈之骅主编《苏联史纲（1917—1937）》（下），人民出版社 1991 年版。

董柞壮：《联盟类型、机制设置与联盟可靠性》，《当代亚太》2014 年第 1 期。

——：《从战略到机制——联盟议题研究进展》，《中国社会科学报》2020 年 6 月 11 日，第 4 版。

葛夫平：《法国与中日甲午战争》，《中国社会科学》2013 年第 3 期。

郭洪茂、郑毅：《试析三国干涉还辽事件对远东国际关系的影响》，《外国问题研究》1990 年第 1 期。

黄宇兴：《国际关系史研究的理论意义》，李丹慧主编《冷战国际史研究》第 28 辑，世界知识出版社 2019 年版。

——：《地区竞争、联盟关系与不对称外交战略》，《世界经济与政治》2023 年第 9 期。

〔美〕杰弗里·罗伯茨：《斯大林的战争》，李晓江译，社会科学文献出版社 2018 年版。

〔美〕杰弗里·瓦夫罗：《哈布斯堡的灭亡：第一次世界大战的爆发和奥匈帝国的解体》，黄中宪译，社会科学文献出版社 2016 年版。

军事科学院军事历史研究部世界军事历史研究室编《第二次世界大战大

事纪要——起源、进程与结局》，解放军出版社 1990 年版。

〔美〕凯文·奥康纳：《波罗的海三国史》，王加丰等译，中国大百科全书出版社 2009 年版。

〔英〕科拉尔·贝尔著，F.C. 贝纳姆编《国际事务概览，1954 年》，云汀等译，上海译文出版社 1984 年版。

梁占军：《1935 年法意罗马协定的缔结与意埃战争的爆发》，《历史教学》2001 年第 11 期。

林利：《往事琐记》，中央文献出版社 2006 年版。

凌胜利：《联盟的转型：一项概念分析》，《太平洋学报》2015 年第 3 期。

——：《联盟管理：概念、机制与议题——兼论美国亚太联盟管理与中国的应对》，《社会科学》2018 年第 10 期。

刘丰：《国际政治中的联合阵线》，《外交评论》2012 年第 5 期。

——：《美国联盟政治研究与国家安全》，《中国社会科学报》2022 年 9 月 15 日，第 5 版。

〔美〕罗伯特·K. 迈锡：《通往权力之路：叶卡捷琳娜大帝》，徐海幨译，北京时代华文书局 2018 年版。

马勇：《列强对日本的纵容及其限度：以"干涉还辽"为中心的探讨》，《文化学刊》2014 年第 4 期。

戚其章：《晚清海军兴衰史》，人民出版社 1998 年版。

秦亚青：《霸权体系与国际冲突：美国在国际武装冲突中的支持行为（1945—1988 年）》，上海人民出版社 2022 年版。

〔法〕让·洛佩、〔格鲁吉亚〕拉沙·奥特赫里梅祖里：《巴巴罗萨行动：1941，绝对战争》（上），张竝译，译林出版社 2022 年版。

〔英〕萨宾·巴林-古尔德：《拿破仑·波拿巴与反法同盟战争》，张莉译，华文出版社 2020 年版。

宋伟：《联盟的起源：理性主义研究新进展》，《国际安全研究》2013 年第 6 期。

苏若林、唐世平：《相互制约：联盟管理的核心机制》，《当代亚太》2012 年第 3 期。

孙德刚：《联而不盟：国际安全合作中的准联盟理论》，《外交评论》2007 年第 6 期。

——：《论"准联盟"战略》，《世界经济与政治》2011年第2期。

孙德刚、李典典：《俄乌冲突与中东安全伙伴的异化》，《国际政治科学》
　　2023年第1期。

孙茹：《中美全球博弈下的北约亚太化》，《现代国际关系》2022年第
　　7期。

〔美〕特尔福德·泰勒：《慕尼黑：和平的代价》（下），石益仁译，新华
　　出版社，1984年版。

〔苏〕维诺格拉多夫等：《罗马尼亚近现代史》（上），中国科学院世界历
　　史研究所翻译组译，商务印书馆1974年版。

韦民：《小国与国际安全》，北京大学出版社2016年版。

〔德〕沃尔夫拉姆·希曼：《梅特涅：帝国与世界》（全2册），杨惠群
　　译，社会科学文献出版社2019年版。

武向平：《1936—1941年日本对德同盟政策研究》，社会科学文献出版社
　　2020年版。

解海南等：《杨得志一生》，中共党史出版社2011年版。

徐凤江：《"卢布林三角"：欧亚大陆的新玩家?》，《世界知识》2021年
　　第4期。

杨原：《大国政治的喜剧——两极体系下超级大国彼此结盟之谜》，《世
　　界经济与政治》2019年第12期。

——：《弱权即公理——决心对比、选择效应与不对称冲突的结果》，
　　《世界经济与政治》2022年第5期。

尹继武：《国际关系中的信任概念与联盟信任类型》，《国际论坛》2008
　　年第2期。

——：《国际关系中的联盟信任形成研究：一项基本评估》，《外交评论》
　　2008年第2期。

于铁军：《国际政治中的同盟理论：进展与争论》，《欧洲》1999年第
　　5期。

张景全：《同盟视野探析》，《东北亚论坛》2009年第1期。

——：《观念与同盟关系探析》，《世界经济与政治》2010年第9期。

张景全、刘丽莉：《成本与困境：同盟理论的新探索》，《东北亚论坛》
　　2016年第2期。

中共中央文献研究室编《邓小平思想年编（1975—1997）》，中央文献
　　出版社 2011 年版。

中共中央文献研究室、中央档案馆编《建国以来周恩来文稿》（第七
　　册），中央文献出版社 2018 年版。

周建仁：《联盟形成理论：评估及对中国的政策启示》，《当代亚太》
　　2012 年第 3 期。

周旭东：《夹缝中的罗马尼亚：二十世纪三十年代罗马尼亚外交政策研
　　究》，中国社会科学出版社 2003 年版。

## 英文论著

Acharya, Amitav, "'Why Is There No NATO in Asia?' The Normative Origins
　　of Asian Multilateralism," Weatherhead Center for International Affairs
　　Working Paper Series, Paper No. 05-05, Harvard University, 2005.

Ádám, Magda, "The Munich Crisis and Hungary: The Fall of the Versailles Set-
　　tlement in Central Europe," *Diplomacy and Statecraft*, Vol. 10, No. 2-3,
　　1999.

Adamthwaite, Anthony P. , *France and the Coming of the Second World War,
　　1936-1939*, London: Frank Cass, 1977.

Adelman, Jonathan, "German-Soviet Relations, 1939-1941," in Jonathan
　　Adelman ed. , *Hitler and His Allies in World War II* , New York: Rout-
　　ledge, 2007.

Adler, Emanuel and Michael Barnett eds. , *Security Communities*, Cam-
　　bridge: Cambridge University Press, 1998.

Alagappa, Muthiah, "Regionalism and Conflict Management: A Framework
　　for Analysis," *Review of International Studies*, Vol. 21, No. 3, 1995.

Albertini, Luigi, *The Origins of the War of 1914*, Vol. 1, trans. by Isabella
　　M. Massey, London: Oxford University Press, 1952.

Albrecht-Carrié, René, *A Diplomatic History of Europe since the Congress of
　　Vienna*, New York: Harper & Row, 1973.

——, *Italy at the Paris Peace Conference*, New York: Columbia University
　　Press, 1938.

Anderson, M. S., *The Eastern Question 1774-1923: A Study in International Relations*, London: Macmillan, 1966.

——, *The Ascendancy of Europe, 1815-1914*, New York: Routledge, 2003.

Aron, Raymond, *Peace and War: A Theory of International Relations*, Garden City: Doubleday & Company, 1966.

Art, Robert J., "American Foreign Policy and the Fungibility of Force," *Security Studies*, Vol. 5, No. 4, 1996.

Askew, William C., "The Austro-Italian Antagonism, 1896-1914," in Lillian Parker Wallace et al., *Power, Public Opinion, and Diplomacy: Essays in Honor of Eber Malcolm Carroll by His Former Students*, Durham: Duke University Press, 1959.

Axworthy, Mark, et al., *Third Axis, Fourth Ally: Romanian Armed Forces in the European War, 1941-1945*, London: Arms and Armour, 1995.

Badem, Candan, *The Ottoman Crimean War, 1853-1856*, Leiden: Brill, 2010.

Bakić, Dragan, *Britain and Interwar Danubian Europe: Foreign Policy and Security Challenges, 1919-1936*, London: Bloomsbury Academic, 2017.

Balogh, Béni L., *The Second Vienna Award and the Hungarian-Romanian Relations, 1940-1944*, trans. by Andrew Gane, New York: Columbia University Press, 2011.

Barnes, Harry Elmer, *The Genesis of the World War: An Introduction to the Problem of War Guilt*, New York: A. A. Knopf, 1926.

Barnett, Michael N., "Identity and Alliances in the Middle East," in Peter Katzenstein, ed., *The Culture of National Security*, New York: Columbia University Press, 1996.

Barnett, Michael N. and Jack S. Levy, "Domestic Sources of Alliances and Alignments: The Case of Egypt, 1962-73," *International Organization*, Vol. 45, No. 3, 1991.

Baumont, Maurice, *The Origins of the Second World War*, trans. by Simone de Couvreur Ferguson, New Haven: Yale University Press, 1978.

Beloff, Max, *The Foreign Policy of Soviet Russia, 1929-1941*, Vols. 1-2,

London: Oxford University Press, 1947-1949.

Berend, Ivan T. , *Decades of Crisis: Central and Eastern Europe before World War II* , Berkeley: University of California Press, 1998.

Boia, Eugene, *Romania's Diplomatic Relations with Yugoslavia in the Interwar Period, 1919-1941*, New York: Columbia University Press, 1992.

Bosworth, Richard J. B. , *Italy the Least of the Great Powers: Italian Foreign Policy Before the First World War*, Cambridge: Cambridge University Press, 1979.

Bretton, Henry L. , *Stresemann and the Revision of Versailles: A Fight for Reason*, Stanford: Stanford University Press, 1953.

Bridge, F. R. , *From Sadowa to Sarajevo: The Foreign Policy of Austria-Hungary, 1866-1914*, London: Routledge & Kegan Paul, 1972.

Bridge, F. R. , and Roger Bullen, *The Great Powers and the European States System, 1814-1914*, New York: Pearson/ Longman, 2005.

Broers, Michael, *Europe under Napoleon, 1799 - 1815*, London: Arnold, 1996.

Budurowycz, Bohdan B. , *Polish-Soviet Relations, 1932 - 1939*, New York: Columbia University Press, 1963.

Bull, Hedley, *The Anarchical Society: A Study of Order in World Politics*, New York: Palgrave, 2002.

Burrows, Montagu, *The History of the Foreign Policy of Great Britain*, London: W. Blackwood & Sons, 1895.

Buzan, Barry, *People, States, and Fear: The National Security Problem in International Relations*, Chapel Hill: University of North Carolina Press, 1983.

——, "Third World Regional Security in Structural and Historical Perspective," in Brian L. Job ed. , *The Insecurity Dilemma: National Security of Third World States*, Boulder: L. Rienner Publishers, 1992.

Campbell, F. Gregory, *Confrontation in Central Europe: Weimar Germany and Czechoslovakia*, Chicago: University of Chicago Press, 1975.

Cattaruzza, Marina, *Italy and Its Eastern Border, 1866 - 2016*, trans. by

Daniela Gobetti, New York: Routledge, 2017.

Cha, Victor, "Powerplay: Origins of the U. S. Alliance System in Asia," *International Security*, Vol. 34, No. 3, 2009/2010.

Chiba, Daina, Jesse C. Johnson and Brett Ashley Leeds, "Careful Commitments: Democratic States and Alliance Design," *Journal of Politics*, Vol. 77, 2015.

Christensen, Thomas J. and Jack Snyder, "Chain Gangs and Passed Bucks: Predicting Alliance Patterns in Multipolarity," *International Organization*, Vol. 44, No. 2, 1990.

Chu, Winson, *The German Minority in Interwar Poland*, Cambridge: Cambridge University Press, 2012.

Constantinesco, Nicholas, *Romania in Harm's Way, 1939 - 1941*, New York: Columbia University Press, 2004.

Coolidge, Archibald Cary, *Origins of the Triple Alliance: Three Lectures*, New York: C. Scribner's Sons, 1919.

Coogan, John W. and Peter F. Coogan, "The British Cabinet and the Anglo-French Staff Talks, 1905 - 1914: Who Knew What and When Did He Know It?" *Journal of British Studies*, Vol. 24, No. 1, 1985.

Crane, John O. , *The Little Entente*, New York: The Macmillan Company, 1931.

Darwin, John, *The Empire Project: The Rise and Fall of the British World-system, 1830-1970*, Cambridge: Cambridge University Press, 2009.

David, Steven R. , "Explaining Third World Alignment," *World Politics*, Vol. 43, No. 2, 1991.

Davis, Richard, *Anglo-French Relations before the Second World War: Appeasement and Crisis*, New York: Palgrave, 2001.

Deák, Ladislav, *Hungary's Game for Slovakia*, Bratislava: Veda, 1996.

Debo, Richard K. , *Survival and Consolidation: The Foreign Policy of Soviet Russia, 1918-1921*, Montreal: McGill-Queen's University Press, 1992.

Deutsch, Karl, et al. , *Political Community and the North Atlantic Area: International Organization in the Light of Historical Experience*, Princeton:

Princeton University Press, 1957.

Doughty, Robert A. , *The Seeds of Disaster*: *The Development of French Army Doctrine*, *1919-1939*, Hamden, C. T. : Archon Books, 1985.

Dreifort, John E. , *Yvon Delbos at the Quai d'Orsay*: *French Foreign Policy during the Popular Front*, *1936-1938*, Lawrence: University Press of Kansas, 1973.

Duroselle, Jean-Baptiste, *France and the Nazi Threat*: *The Collapse of French Diplomacy 1932-1939*, New York: Enigma Books, 2004.

Dwyer, Philip G. , "Two Definitions of Neutrality: Prussia, the European States-System, and the French Invasion of Hanover in 1803," *International History Review*, Vol. 19, No. 3, 1997.

Emmerson, James Thomas, *The Rhineland Crisis*, *7 March 1936*: *A Study in Multilateral Diplomacy*, London: M. Temple Smith, 1977.

Fearon, James, "Selection Effect and Deterrence," *International Interactions*, Vol. 28, No. 5, 2002.

Ford, Guy Stanton, *Hanover and Prussia*, *1795-1803*: *A Study in Neutrality*, New York: Columbia University Press, 1903.

Fuller, William C. , Jr. , *Strategy and Power in Russia*, *1600-1914*, New York: Free Press, 1992.

Gehl, Jürgen, *Austria*, *Germany*, *and the Anschluss*, *1931-1938*, London: Oxford University Press, 1963.

Geiss, Imanuel, *German Foreign Policy*, *1871-1914*, New York: Routledge, 2002.

Gidyński, Joseph C. , "Constitutional Development of Poland," in Bernadotte E. Schmitt ed. , *Poland*, Berkeley: University of California Press, 1945.

Gorodetsky, Gabriel, *Grand Delusion*: *Stalin and the German Invasion of Russia*, New Haven: Yale University Press, 1999.

Gottschall, Terrell D. , *By Order of the Kaiser*: *Otto von Diederichs and the Rise of the Imperial German Navy*, *1865-1902*, Annapolis: Naval Institute Press, 2003.

Grab, Alexander, *Napoleon and the Transformation of Europe*, New York:

Palgrave, 2003.

Grainger, John D. , *The Amiens Truce*: *Britain and Bonaparte 1801 – 1803*, Woodbridge: The Boydell Press, 2004.

Greenhalgh, Elizabeth, *The French Army and the First World War*, Cambridge: Cambridge University Press, 2014.

Grenzebach, William S. , *Germany's Informal Empire in East-Central Europe*: *German Economic Policy toward Yugoslavia and Rumania*, *1933 – 1939*, Stuttgart: F. Steiner Verlag Wiesbaden, 1988.

Gulick, Edward Vose, *Europe's Classical Balance of Power*: *A Case History of the Theory and Practice of One of the Great Concepts of European Statecraft*, New York: W. W. Norton, 1955.

Gunsburg, Jeffery A. , "La Grande Illusion: Belgian and Dutch Strategy Facing Germany, 1919 – May 1940," *Journal of Military History*, Vol. 78, 2014.

Haas, Mark L. , "Ideology and Alliances: British and French External Balancing Decisions in the 1930s," *Security Studies*, Vol. 12, No. 4, 2003.

——, *Frenemies*: *When Ideological Enemies Ally*, Ithaca: Cornell University Press, 2022.

Harding, Nick, *Hanover and the British Empire*, *1700 – 1837*, Woodbridge: The Boydell Press, 2007.

Hargreaves, J. D. , "The Origin of the Anglo-French Military Conversations in 1905," *History*, Vol. 36, No. 128, 1951.

Hauner, Milan, "Military Budgets and the Armaments Industry," in Michael Charles Kaser and E. A. Radice eds. , *The Economic History of Eastern Europe*, *1919 – 1975*, Vol. 2, Oxford: Oxford University Press, 1986.

He, Kai and Huiyun Feng, " 'Why is There No NATO in Asia' Revisited: Prospect Theory, Balance of Threat, and US Alliance Strategies," *European Journal of International Relations*, Vol. 18, No. 2, 2012.

Helmreich, Ernst Christian, *The Diplomacy of the Balkan Wars*, *1912 – 1913*, Cambridge: Harvard University Press, 1938.

Hemmer, Christopher and Peter J. Katzenstein, "Why Is There No NATO in

Asia? Collective Identity, Regionalism, and the Origins of Multilateralism," *International Organization*, Vol. 56, No. 3, 2002.

Hiden, John, "Introduction: Baltic Security Problems between the Two World Wars," in John Hiden and Thomas Lane eds., *The Baltic and the Outbreak of the Second World War*, Cambridge: Cambridge University Press, 1992.

Hill, Alexander, *The Red Army and the Second World War*, Cambridge: Cambridge University Press, 2017.

Hitchens, Marilynn Giroux, *Germany, Russia, and the Balkans: Prelude to the Nazi-Soviet Non-Aggression Pact*, New York: Columbia University Press, 1983.

Hitchins, Keith, *Rumania, 1866–1947*, Oxford: Oxford University Press, 1994.

Hochman, Jiří, *The Soviet Union and the Failure of Collective Security, 1934–1938*, Ithaca: Cornell University Press, 1984.

Hoensch, Jörg K., *Geschichte Polens*, Stuttgart: E. Ulmer, 1983.

Hoptner, Jacob B., *Yugoslavia in Crisis, 1934–1941*, New York: Columbia University Press, 1962.

Hovi, Kalervo, *Cordon Sanitaire or Barrieère de l'est? The Emergence of the New French Eastern European Alliance Policy, 1917–1919*, Turku: Turun Yliopisto, 1975.

Huang, Yuxing, *Asymmetric Statecraft: Alliances, Competitors, and Regional Diplomacy in Asia and Europe*, Ph. D. Dissertation, Boston College, 2016.

——, "An Interdependence Theory of Wedge Strategies," *Chinese Journal of International Politics*, Vol. 13, No. 2, 2020, pp. 253–286.

——, *China's Asymmetric Statecraft: Alignments, Competitors, and Regional Diplomacy*, Vancouver: University of British Columbia Press, 2023.

——, "Review of Mark L. Haas, *Frenemies: When Ideological Enemies Ally*, Ithaca: Cornell University Press, 2022," *International Studies Review*, Vol. 26, No. 1, 2024.

Ikenberry, G. John, "The Future of International Leadership," *Political Science Quarterly*, Vol. 111, No. 3, 1996.

Izumikawa, Yasuhiro, "Network Connections and the Emergence of the Hub-and-Spokes Alliance System in East Asia," *International Security*, Vol. 45, No. 2, 2020.

Jacobs, Seth, *Cold War Mandarin: Ngo Dinh Diem and the Origins of the Vietnam War, 1950-1963*, Lanham: Rowman & Littlefield, 2006.

Jarausch, Konrad Hugo, *The Four Power Pact, 1933*, Madison: The State Historical Society of Wisconsin for the Department of History, University of Wisconsin, 1965.

Jelavich, Barbara, *St. Petersburg and Moscow: Tsarist and Soviet Foreign Policy, 1814-1974*, Bloomington: Indiana University Press, 1974.

——, *History of the Balkans: Twentieth Century*, Cambridge: Cambridge University Press, 1983.

——, *Russia's Balkan Entanglements, 1806-1914*, Cambridge: Cambridge University Press, 1991.

Jelavich, Charles and Barbara Jelavich, "The Danubian Principalities and Bulgaria under Russian Protectorship," *Jahrbücher für Geschichte Osteuropas*, Neue Folge, Bd. 9, H. 3, 1961.

——, *The Establishment of the Balkan National States, 1804-1920*, Seattle: University of Washington Press, 1977.

Jenne, Erin K., *Ethnic Bargaining: The Paradox of Minority Empowerment*, Ithaca: Cornell University Press, 2007.

——, *Nested Security: Lessons in Cooperative Conflict Management from the League of Nations and the European Union*, Ithaca: Cornell University Press, 2015.

Jervis, Robert, "A Political Science Perspective on the Balance of Power and the Concert," *American Historical Review*, Vol. 97, No. 3, 1992.

——, "Political Science Perspectives," in Robert W. D. Boyce and Joseph A. Maiolo eds., *The Origins of World War Two: The Debate Continues*, New York: Palgrave Macmillan, 2003.

Jordan, Nicole, *The Popular Front & Central Europe: The Dilemmas of French Impotence, 1918-1940*, Cambridge: Cambridge University Press, 1992.

Jussila, Osmo, Seppo Hentilä and Jukka Nevakivi, *From Grand Duchy to Modern State: A Political History of Finland Since 1809*, London: Hurst & Co. , 1999.

Kallis, Aristotle A. , *Fascist Ideology: Territory and Expansionism in Italy and Germany, 1922-1945*, New York: Routledge, 2000.

Keiger, John F. V. , *France and the Origins of the First World War*, London: Macmillan, 1983.

Kennan, George F. , *The Fateful Alliance: France, Russia, and the Coming of the First World War*, New York: Pantheon Books, 1984.

Kennedy, Paul M. , "The First World War and the International Power System," *International Security*, Vol. 9, No. 1, 1984.

Kim, Tongfi, *The Supply Side of Security: A Market Theory of Military Alliances*, Stanford: Stanford University Press, 2016.

Kim, Tongfi and Jennifer Dabbs Sciubba, "The Effect of Age Structure on the Abrogation of Military Alliances," *International Interactions*, Vol. 41, No. 2, 2015.

Kitchen, Martin, *The Coming of Austrian Fascism*, Montreal: McGill-Queen's University Press, 1980.

Knox, MacGregor, *Mussolini Unleashed, 1939-1941: Politics and Strategy in Fascist Italy's Last War*, Cambridge: Cambridge University Press, 1982.

——, "Conquest, Foreign and Domestic, in Fascist Italy and Nazi Germany," *Journal of Modern History*, Vol. 56, No. 1, 1984.

Komjathy, Anthony Tihamer, *The Crises of France's East Central European Diplomacy, 1933-1938*, New York: Columbia University Press, 1976.

Korbel, Josef, *Poland between East and West: Soviet and German Diplomacy toward Poland, 1919 - 1933*, Princeton: Princeton University Press, 1963.

Kraehe, Enno E. , *Metternich's German Policy*, Vol. I: *The Contest with Napoleon, 1799-1814*, Princeton: Princeton University Press, 1963.

Kuo, Raymond, "Secrecy among Friends: Covert Military Alliances and Port-folio Consistency," *Journal of Conflict Resolution*, Vol. 64, No. 1, 2020.

Kupchan, Charles A., "After Pax Americana: Benign Power, Regional Integration, and the Sources of a Stable Multipolarity," *International Security*, Vol. 23, No. 2, 1998.

Kupchan, Charles A. and Clifford A. Kupchan, "Concerts, Collective Security and the Future of Europe," *International Security*, Vol. 16, No. 1, 1991.

Lacaze, Yvon, *France and Munich: A Study of Decision Making in International Affairs*, New York: Columbia University Press, 1995.

Land, Jeremy and Jari Eloranta, "Wartime Economics, 1939 – 1945: Large and Small European States at War," in Nicholas Doumanis ed., *The Oxford Handbook of European History*, *1914 – 1945*, Oxford: Oxford University Press, 2016.

Langer, William L., *Diplomacy of Imperialism*, *1890 – 1902*, Vol. 1, New York: A. A. Knopf, 1935.

Ledonne, John P., *The Russian Empire and the World*, *1700 – 1917: The Geopolitics of Expansion and Containment*, New York: Oxford University Press, 1997.

——, *The Grand Strategy of the Russian Empire*, *1650 – 1831*, New York: Oxford University Press, 2004.

Leeds, Brett Ashley, "Alliance Reliability in Times of War Explaining State Decisions to Violate Treaties," *International Organization*, Vol. 57, 2003.

Leeds, Brett Ashley, Jeffrey Ritter, Sara Mitchell and Andrew Long, "Alliance Treaty Obligations and Provisions 1815 – 1944," *International Interactions*, Vol. 28, 2002.

Leeds, Brett Ashley and Sezi Anac, "Alliance Institutionalization and Alliance Performance," *International Interactions*, Vol. 31, No. 3, 2005.

Leeds, Brett Ashley and Burcu Savun, "Terminating Alliances: Why Do States Abrogate Agreements," *Journal of Politics*, Vol. 69, 2007.

Leitz, Christian, "Arms as Levers: 'Matériel' and Raw Materials in Germany's Trade with Romania in the 1930s," *International History Review*, Vol. 19,

No. 2, 1997.

Levy, Jack S. , *War in the Modern Great Power System*, *1495 – 1975*, Lexington: University Press of Kentucky, 1983.

Lowe, C. J. and F. Marzari, *Italian Foreign Policy*, *1870–1940*, New York: Routledge, 2002.

Lowe, John, *The Great Powers*, *Imperialism*, *and the German Problem*, *1865–1925*, New York: Routledge, 1994.

Luard, Evan, *The Balance of Power*: *The System of International Relations*, *1648–1815*, New York: Palgrave Macmillan, 1992.

Lungu, Dov B. , *Romania and the Great Powers*, *1933 – 1940*, Durham: Duke University Press, 1989.

Machray, Robert, *The Poland of Pilsudski*, London: G. Allen & Unwin, 1936.

——, *The Struggle for the Danube and the Little Entente*, *1929–1938*, London: G. Allen & Unwin, 1938.

Marriott, J. A. R. , *The Eastern Question*: *An Historical Study in European Diplomacy*, Oxford: Clarendon Press, 1940.

McMahon, Robert J. , "Fragile Alliances: America's Security Relationships in Cold War Asia," in Vojtech Mastny and Zhu Liqun, eds. , *The Legacy of the Cold War*: *Perspectives on Security*, *Cooperation*, *and Conflict*, Lanham: Lexington Books, 2014.

Mearsheimer, John J. , *The Tragedy of Great Power Politics*, New York: Norton, 2001.

Medlicott, William Norton, *The Congress of Berlin and After*: *A Diplomatic History of the Near Eastern Settlement*, *1878 – 1880*, Hamden, C. T. : Archon Books, 1963.

Millman, Richard, *Britain and the Eastern Question*, *1875–1878*, Oxford: Clarendon Press, 1979.

Monger, George W. , *The End of Isolation*: *British Foreign Policy*, *1900 – 1907*, London: Thomas Nelson and Sons Ltd. , 1963.

Morgan, Forrest E. and Paphael S. Cohen, *Military Trends and Future of War-*

*fare*: *The Changing Global Environment and the Implications for the U. S. Air Force*, Rand Corporation, 2020.

Morgan, Patrick, *Deterrence Now*, Cambridge: Cambridge University Press, 2003.

Morrow, James D. , "Alliances and Asymmetry: An Alternative to the Capability Aggregation Model of Alliances," *American Journal of Political Science*, Vol. 35, No. 4, 1991.

——, "The Strategic Setting of Choices: Signaling, Commitment, and Negotiation in International Relations," in David A. Lake and Robert Powell, eds. , *Strategic Choice and International Relations*, Princeton: Princeton University Press, 1999.

——, "Alliances: Why Write Them Down," *Annual Review of Political Science*, Vol. 3, 2000.

Mosse, W. E. , *The European Powers and the German Question*, *1848 – 71*, Cambridge: Cambridge University Press, 1958.

Neilson, Keith, *Britain and the Last Tsar*: *British Policy and Russia*, *1894 – 1917*, Oxford: Clarendon Press, 1995.

Newnham, Randall Everest, *Economic Linkage in German-Polish Relations*, *1918–1939*, Pittsburgh: Center for Russian and East European Studies, 2006.

Nicolson, Nigel, *Napoleon in Russland*, Zürich: Benziger Verlag, 1987.

Niederhauser, Emil, "The National Question in Hungary," in Mikuláš Teich and Roy Porter eds. , *The National Question in Europe in Historical Context*, Cambridge: Cambridge University Press, 1993.

Nish, Ian H. , *The Anglo-Japanese Alliance*: *The Diplomacy of Two Island Empires*, *1894–1907*, London: Bloomsbury Academic, 2012.

Oldson, William A. , "Romania and the Munich Crisis, August-September 1938," *East European Quarterly*, Vol. 11, No. 2, 1977.

Orvis, Julia Swift, "Partitioned Poland, 1795 – 1914," in Bernadotte E. Schmitt ed. , *Poland*, Berkeley: University of California Press, 1945.

Otte, T. G. , *The China Question*: *Great Power Rivalry and British Isolation*,

*1894-1905*, Oxford: Oxford University Press, 2007.

Owen, John M., Ⅳ, "When Do Ideologies Produce Alliances: The Holy Roman Empire, 1517-1555," *International Studies Quarterly*, Vol. 49, 2005.

Petre, Francis Loraine, *Napoleon's Campaign in Poland, 1806 - 7: A Military History of Napoleon's First War with Russia*, London: Sampson Low, Marston and Company, 1901.

Phillips, Hugh D., *Between the Revolution and the West: A Political Biography of Maxim M. Litvinov*, Boulder: Westview Press, 1992.

Poast, Paul, *Arguing about Alliances: The Art of Agreement in Military-Pact Negotiations*, Ithaca: Cornell University Press, 2019.

Post, Gaines, *The Civil-Military Fabric of Weimar Foreign Policy*, Princeton: Princeton University Press, 1973.

Press-Barnathan, Galia, *Organizing the World: The United States and Regional Cooperation in Asia and Europe*, New York: Routledge, 2003.

Pressman, Jeremy, *Warring Friends: Alliance Restraint in International Politics*, Ithaca: Cornell University Press, 2008.

Procházka, Theodor, *The Second Republic: The Disintegration of Post-Munich Czechoslovakia, October 1938 - March 1939*, New York: Columbia University Press, 1981.

Puryear, Vernon J., *England, Russia and the Straits Question, 1844-1856*, Berkeley: University of California Press, 1931.

Radice, Lisanne, *Prelude to Appeasement: East Central European Diplomacy in the Early 1930's*, New York: Columbia University Press, 1981.

Ramm, Agatha and B. H. Sumner, "The Crimean War," in John P. T. Bury ed., *The New Cambridge Modern History*, Vol. 10, *The Zenith of European Power, 1830-70*, Cambridge: Cambridge University Press, 1960.

Resnick, Evan N., *Allies of Convenience: A Theory of Bargaining in U. S. Foreign Policy*, New York: Columbia University Press, 2019.

Réti, György, *Hungarian-Italian Relations in the Shadow of Hitler's Germany, 1933 - 1940*, trans. by Thomas J. Dekornfeld and Helen D. Hiltabidle, New York: Columbia University Press, 2003.

Rich, Norman, *Great Power Diplomacy since 1914*, Boston: McGraw-Hill, 2003.

Ripka, Hubert, *Munich: Before and After*, trans. by Ida Sindelková and Edgar P. Young, New York: H. Fertig, 1969.

Roberts, Geoffrey, *The Unholy Alliance: Stalin's Pact with Hitler*, Bloomington: Indiana University Press, 1990.

——, *The Soviet Union and the Origins of the Second World War: Russo-German Relations and the Road to War, 1933-1941*, New York: St. Martin's Press, 1995.

Robertson, Esmonde M. , *Mussolini as Empire-builder: Europe and Africa, 1932-36*, New York: St. Martin's Press, 1977.

——, ed. , *The Origins of the Second World War: Historical Interpretations*, London: Macmillan, 1971.

Roman, Eric, "Munich and Hungary: An Overview of Hungarian Diplomacy During the Sudeten Crisis," *East European Quarterly*, Vol. 8, No. 1, 1974.

Rose, J. Holland, *The Revolutionary and Napoleonic Era, 1789-1815*, Cambridge: Cambridge University Press, 1935.

Ross, Robert S. , "On the Fungibility of Economic Power: China's Economic Rise and the East Asian Security Order," *European Journal of International Relations*, Vol. 25, No. 1, 2019.

Rossos, Andrew, *Russia and the Balkans: Inter-Balkan Rivalries and Russian Foreign Policy, 1908-1914*, Toronto: University of Toronto Press, 1981.

Rothstein, Robert, *Alliances and Small Powers*, New York: Columbia University Press, 1968.

Schmitt, Bernadotte E. , "Triple Alliance and Triple Entente, 1902-1914," *American Historical Review*, Vol. 29, No. 3, 1924.

——, *The Coming of the War, 1914*, Vol. 1, New York: Charles Scribner's Sons, 1930.

——, "Rebirth of Poland, 1914-1923," in Bernadotte E. Schmitt ed. , *Poland*, Berkeley: University of California Press, 1945.

——, "1914 and 1939," *Journal of Modern History*, Vol. 31, No. 2, 1959.

Schroeder, Paul W., "Alliances, 1815–1945: Weapons of Power and Tools of Management," in Klaus Knorr, ed., *Historical Dimension of National Security Problems*, Lawrence: University of Kansas Press, 1976.

——, "Quantitative Studies in the Balance of Power: An Historian's Reaction," *Journal of Conflict Resolution*, Vol. 21, No. 1, 1977.

——, *The Transformation of European Politics, 1763–1848*, Oxford: Oxford University Press, 1994.

Schweller, Randall L., *Unanswered Threats: Political Constraints on the Balance of Power*, Princeton: Princeton University Press, 2008.

Scott, Hamish, *The Birth of a Great Power System, 1740–1815*, New York: Routledge, 2006.

Scott, William Evans, *Alliance against Hitler: The Origins of the Franco-Soviet Pact*, Durham: Duke University Press, 1962.

Seton-Watson, R. W., *Britain in Europe, 1789–1914*, Cambridge: Cambridge University Press, 1938.

Shorrock, William I., *From Ally to Enemy: The Enigma of Fascist Italy in French Diplomacy, 1920–1940*, Kent: Kent State University Press, 1988.

Silverstone, Scott A., "The Legacy of Coercive Peace Building: The Locarno Treaty, Anglo-French Grand Strategy, and the 1936 Rhineland Crisis," in Jeffrey W. Taliaferro, Norrin M. Ripsman and Steven E. Lobell, eds., *The Challenge of Grand Strategy: The Great Powers and the Broken Balance Between the World Wars*, Cambridge: Cambridge University Press, 2012.

Simms, Brendan, *The Impact of Napoleon: Prussian High Politics, Foreign Policy and the Crisis of the Executive, 1797–1806*, Cambridge: Cambridge University Press, 1997.

——, *Europe: The Struggle for Supremacy, from 1453 to the Present*, New York: Basic Books, 2013.

Singer, Marshall R., *Weak States in a World of Powers: The Dynamics of International Relationships*, New York: Free Press, 1972.

Smith, Denis Mack, *Italy and Its Monarchy*, New Haven: Yale University Press, 1989.

Snyder, Glenn H. , "Alliance Theory: A Neorealist First Cut," *Journal of International Affairs*, Vol. 44, No. 1, 1990.

——, *Alliance Politics*, Ithaca: Cornell University Press, 1997.

Stanley, John D. , "Napoleon's Last Allies: The Poles in 1814," *The Polish Review*, Vol. 61, No. 3, 2016.

Stavrianos, Leften Stavros, *The Balkans since 1453*, New York: Holt, Rinehart and Winston, 1965.

Stein, Arthur A. , "Recalcitrance and Initiative: US Hegemony and Regional Powers in Asia and Europe after World War II ," *International Relations of the Asia-Pacific*, Vol. 14, No. 1, 2014.

Steiner, Zara S. , *Britain and the Origins of the First World War*, London: Macmillan, 1977.

——, *The Lights That Failed: European International History, 1919–1933*, Oxford: Oxford University Press, 2005.

——, *The Triumph of the Dark: European International History, 1933 – 1939*, Oxford: Oxford University Press, 2011.

Stephenson, Charles, *Germany's Asia-Pacific Empire: Colonialism and Naval Policy, 1885–1914*, Woodbridge: Boydell Press, 2009.

Stone, N. , "Moltke and Conrad: Relations between the Austro-Hungarian and German General Staffs, 1909 – 1914," in Paul M. Kennedy ed. , *The War Plans of the Great Powers: 1880–1914*, New York: Routledge, 1979.

Strang, G. Bruce, *On the Fiery March: Mussolini Prepares for War*, Westport: Praeger, 2003.

Strohn, Matthias, *The German Army and the Defence of the Reich: Military Doctrine and the Conduct of the Defensive Battle, 1918 – 1939*, Cambridge: Cambridge University Press, 2011.

Taliaferro, Jeffrey W. , Norrin M. Ripsman, and Steven E. Lobell, eds. , *The Challenge of Grand Strategy: The Great Powers and the Broken Balance*

*Between the World Wars*, Cambridge: Cambridge University Press, 2012.

Tarulis, Albert N. , *Soviet Policy toward the Baltic States, 1918 – 1940*, Notre Dame: University Press of Notre Dame, 1959.

Thaden, Edward C. , *Russia and the Balkan Alliance of 1912*, University Park: Pennsylvania State University Press, 1965.

Thies, Wallace J. , *Why NATO Endures*, New York: Cambridge University Press, 2009.

Thomas, Martin, *Britain, France, and Appeasement*, Washington, D. C. : Berg, 1996.

——, "To Arm an Ally: French Arms Sales to Romania, 1926 – 1940," *Journal of Strategic Studies*, Vol. 19, No. 2, 1996.

Thomson, S. Harrison, "Foreign Relations," in Bernadotte E. Schmitt ed. , *Poland*, Berkeley: University of California Press, 1945.

Toscano, Mario, *The Origins of the Pact of Steel*, Baltimore: Johns Hopkins University Press, 1968.

——, *Designs in Diplomacy: Pages from European Diplomatic History in the Twentieth Century*, trans. by George A. Carbone, Baltimore: Johns Hopkins University Press, 1970.

Vondracek, Felix John, *The Foreign Policy of Czechoslovakia, 1918–1935*, New York: Columbia University Press, 1937.

Walt, Stephen M. , *The Origins of Alliances*, Ithaca: Cornell University Press, 1987.

Waltz, Kenneth N. , "The Origins of War in Neorealist Theory," in Robert I. Rotberg and Theodore K. Rabb eds, *The Origins and Prevention of Major Wars*, Cambridge: Cambridge University Press, 1989.

Wandycz, Piotr Stefan, *France and Her Eastern Allies, 1919–1925*, Minneapolis: University of Minnesota Press, 1962.

Weitsman, Patricia A. , "Intimate Enemies: The Politics of Peacetime Alliances," *Security Studies*, Vol. 7, No. 3, 1997.

——, *Dangerous Alliances: Proponents of Peace, Weapons of War*, Stanford: Stanford University Press, 2004.

White, John Albert, *Transition to Global Rivalry*: *Alliance Diplomacy and the Quadruple Entente*, *1895 - 1907*, Cambridge: Cambridge University Press, 1995.

Whitewood, Peter, "In the Shadowof the War: Bolshevik Perceptions of Polish Subversive and Military Threats to the Soviet Union, 1920-32," *Journal of Strategic Studies*, Vol. 44, No. 5, 2021.

Wight, Martin, *Power Politics*, Leicester: Leicester University Press, 1978.

Williamson, Samuel R. , *The Politics of Grand Strategy*: *Britain and France Prepare for War*, *1904 - 1914*, Cambridge: Harvard University Press, 1969.

——, "Joffre Reshapes French Strategy, 1911-1913," in Paul M. Kennedy, ed. , *The War Plans of the Great Powers*, *1880 - 1914*, London: Allen & Unwin, 1985.

Winchester, Betty Jo, "Hungary and the Austrian Anschluss," *East European Quarterly*, Vol. 10, No. 4, 1976.

Wohlforth, William C. , "U. S. Strategy in a Unipolar World," in G. John Ikenberry, ed. , *America Unrivaled*: *The Future of the Balance of Power*, Ithaca: Cornell University Press, 2002.

Wolfers, Arnold, *The Small Powers and the Enforcement of Peace*, New Haven: Yale Institute of International Studies, 1943.

——, *Britain and France between Two Wars*: *Conflicting Strategies of Peace from Versailles to World War II* , New York: W. W. Norton, 1966.

Wolford, Scott, *The Politics of Military Coalitions*, Cambridge: Cambridge University Press, 2015.

Womack, Brantly, *China among Unequals*: *Asymmetric Foreign Relationships in Asia*, Singapore: World Scientific Press, 2010.

——, *Asymmetry and International Relationships*, Cambridge: Cambridge University Press, 2016.

Woolf, Stuart, *Napoleon's Integration of Europe*, New York: Routledge, 1991.

Yarhi-Milo, Keren, Alexander Lanoszka and Zack Cooper, "To Arm or to Ally? The Patron's Dilemma and the Strategic Logic of Arms Transfers and

Alliances," *International Security*, Vol. 41, No. 2, 2016.

Young, Robert J. , *In Command of France: French Foreign Policy and Military Planning, 1933 – 1940*, Cambridge, M. A. : Harvard University Press, 1978.

——, *France and the Origins of the Second World War*, New York: St. Martin's Press, 1996.

Zeman, Zbyněk and Antonín Klimek, *The Life of Edvard Beneš, 1884–1948: Czechoslovakia in Peace and War*, Oxford: Clarendon Press, 1997.

## 德文论著

Angelow, Jürgen, *Kalkül und Prestige: der Zweibund am Vorabend des Ersten Weltkrieges*, Köln: Böhlau, 2000.

Baumgart, Winfried, *Europäisches Konzert und nationale Bewegung: internationale Beziehungen, 1830 – 1878*, Paderborn: Ferdinand Schöningh, 2007.

Boockmann, Hartmut, *Deutsche Geschichte im OstenEuropas: Ostpreußen und Westpreußen*, Berlin: Siedler, 1992.

Conrad, Benjamin, *Umkämpfte Grenzen, umkämpfte Bevölkerung: die Entstehung der Staatsgrenzen der Zweiten Polnischen Republik 1918 – 1923*, Stuttgart: Franz Steiner Verlag, 2014.

Kotowski, Albert S. , *Polens Politik: gegenüber seiner deutschen Minderheit 1919–1939*, Wiesbaden: Harrassowitz, 1998.

Möller, Horst, *Europa zwischen den Weltkriegen*, München: R. Oldenbourg, 1998.

Nipperdey, Thomas, *Deutsche Geschichte, 1800 – 1866*, München: C. H. Beck, 2013.

Önder, Zehra, *Die türkische Aussenpolitik im Zweiten Weltkrieg*, München: Oldenbourg, 1977.

Schieder, Theodor, "Europäische Staatensystem und Gleichgewicht nach der Reichsgründung," in Karl Otmar von Aretin, Hrsg. , *Bismarcks Aussenpolitik und der Berliner Kongress*, Wiesbaden: Steiner, 1978.

Seibt, Ferdinand, *Deutschland und die Tschechen: Geschichte einer Nachbarschaft in der Mitte Europas*, München: Piper, 1993.

Singer, Arthur, *Geschichte des Dreibundes*, Leipzig: Dr. Sally Rabinowitz Verlag, 1914.

Sundhaussen, Holm, "Die Deutschen in Kroatien-Slawonien und Jugoslawien," in Herg. von Günter Schödl, *Land an der Donau*, Berlin: Siedler, 1995.

Urban, Thomas, *Deutsche in Polen: Geschichte und Gegenwart einer Minderheit*, München: C. H. Beck, 1993.

Winkler, Heinrich August, *Geschichte des Westens: die Zeit der Weltkriege 1914-1945*, München: C. H. Beck, 2011.

# 后 记

我对欧洲外交的兴趣来源于博士学位论文的写作。我的博士学位论文基于中国冷战外交的案例发展了一个关于"不对称外交战略"的理论。在那项研究中，我尝试比较中国与欧洲大国外交战略的异同，以地区竞争者和联盟关系解释大国的不对称外交战略。[①] 在这本书中，我以两次世界大战之间欧洲国家的外交案例解释联盟政策的动因及其结果。因此，上述两项研究体现了我近 10 年对联盟研究在理论选题和经验基础方面的差异。我非常感谢博士学位论文答辩委员会主席 Robert Ross 老师对我研究欧洲外交所提供的毫无保留的支持。此外，Timothy Crawford 老师和 Vojetch Mastny 老师为我理解欧洲国际关系历史提供了无可替代的指导和帮助。

本选题的构思、写作和修改均得益于清华大学的支持。阎学通老师和陈琪老师在我从事相关研究各个阶段给予的帮助令我永志不忘。我感谢孙学峰老师、赵可金老师和唐晓阳老师作为行政领导为我提供了温馨而宽松的学术环境；感谢李彬老师、吴大辉老师、刘丰老师、佘纲正老师和吴日强老师对联盟问题的真知灼见；感谢吉俊民老师和田静老师对我融入清华大学教学科研生活的关心和帮助；感谢清华大学和唐仲英基金会对本书选题涉及的前期成果提供的宝贵资助。

本选题的前期成果曾发表于《国际政治科学》和《世界经济与政治》。我非常感谢上述刊物的编辑部成员和匿名审稿人对我提升研究质量和写作能力做出的重要贡献。本选题的最终成果得到国家社会科学基金后期资助项目"联盟政治：大战间的欧洲外交"（项目编号：21FGJB017）的

---

[①] Yuxing Huang, *Asymmetric Statecraft：Alliances，Competitors，and Regional Diplomacy in A-sia and Europe*, Ph. D. Dissertation, Boston College, 2016; Yuxing Huang, *China's Asym-metric Statecraft：Alignments，Competitors，and Regional Diplomacy*, Vancouver：University of British Columbia Press，2023；黄宇兴：《地区竞争、联盟关系与不对称外交战略》，《世界经济与政治》2023 年第 9 期，第 58—82 页。

资助。我非常感谢项目评审阶段的 5 位匿名专家和项目结项阶段的 3 位匿名专家提供的宝贵意见。这些意见不但帮助我提炼研究意义和提升论证水平，而且为我后续的研究工作指明了方向。我也特别感谢社会科学文献出版社姚冬梅老师和高明秀老师对书稿项目的鼎力支持。

我曾在不同场合向国内外专家请教过涉及联盟和中东欧国际关系的有关问题。我谨向董希骁教授、胡伟星教授、黄琪轩教授、黄诗朗老师、Erin Jenne 教授、江天骄老师、姜鹏老师、金东希（Tongfi Kim）老师、连玉如教授、梁占军教授、Jack S. Levy 教授、刘博文老师、牛军凯教授、祁昊天老师、泉川泰博（Yasuhiro Izumikawa）教授、任琳研究员、宋伟教授、苏若林老师、孙德刚教授、唐世平教授、田野教授、王梓元老师、韦宗友教授、魏志江教授、吴征宇教授、熊炜教授、徐进研究员、徐弃郁教授、杨原研究员、尹继武教授、于铁军教授、袁正清研究员、张清敏教授、赵怀普教授、左希迎教授等表示诚挚谢意。

本书涉及资料来源于波士顿学院图书馆、哈佛大学图书馆、约翰·霍普金斯大学国际关系学院图书馆、自由柏林大学图书馆、柏林洪堡大学图书馆、特里尔大学图书馆、牛津大学图书馆、中欧大学图书馆、外交学院图书馆、中山大学图书馆和清华大学图书馆。我感谢上述图书馆管理人员对本书写作提供的支持，特别是清华大学图书馆杨玲老师的帮助。

最后，我感谢父母和妻子若兰不厌其烦地阅读与本研究有关的各类草稿，并修正了其中逻辑、论证和表述方面的错误与不足。我曾将第一本英文专著献给父母；现将第一本中文专著献给妻子。自然，书中仍然存在的局限应归咎于我。

黄宇兴

2024 年 4 月

于清华园